통합사회
30일 달성
학습 계획표

학습 계획표

학습 계획표를 따라 차근차근 독해 공부를 시작해 보세요.
빠작과 함께라면 통합사회 독해, 어렵지 않습니다.

영역	지문명	교재 쪽수	학습한 날		
지리	독립운동의 역사를 간직한 고장, 천안	016~019쪽	1일차	월	일
	'대전역'의 역사	020~023쪽	2일차	월	일
	혼일강리역대국도지도	024~027쪽	3일차	월	일
	바다로 돌아간 바다거북	028~031쪽	4일차	월	일
	대한민국 여러 지역의 랜드마크	032~035쪽	5일차	월	일
역사	연표에서 사라진 고구려와 발해	038~041쪽	6일차	월	일
	조선 시대를 대표하는 화가, 신윤복	042~045쪽	7일차	월	일
	잃어버린 가족을 찾아서	046~049쪽	8일차	월	일
	지금은 사라진 추억 속 물건들	050~053쪽	9일차	월	일
	지명으로 알 수 있는 지역의 특징	054~057쪽	10일차	월	일
	자연의 시간표, 절기	058~061쪽	11일차	월	일
	윷놀이, 국가무형유산 되다	062~065쪽	12일차	월	일
	로마 제국을 키운 도로	066~069쪽	13일차	월	일
	진도로 떠나는 여행	070~073쪽	14일차	월	일
	미래의 교통수단, 상상에서 현실로	074~077쪽	15일차	월	일

빠작

초등 비문학 독해

통합사회

3학년

『빠작 초등 비문학 독해 통합사회·통합과학』을 추천합니다

흔히 교과서를 읽는 것이 중요하다고 말합니다. 그런데 교과서를 어떻게 읽고 학습해야 하는지 올바로 가르치는 경우는 적습니다.

이번 『빠작 초등 비문학 독해 통합사회·통합과학』은 교과서 중심의 비문학 학습이 어떠해야 하는지를 아주 쉽게, 효과적으로 제시하고 있습니다. 특히 지문을 읽고 내용을 독해한 뒤 이어지는 교과 개념 학습이 아이들에게는 교과 개념을 반복 학습시키는 데 매우 도움이 될 것으로 기대됩니다. 그뿐만 아니라 기존의 독해 파트 역시 내용 이해, 추론, 적용의 단계를 구분하여 체계적으로 독해력을 훈련 시키고 있어 학습 효과 향상이 기대됩니다.

최성호
에이프로 아카데미

저는 비문학 교재를 볼 때 스스로 몇 가지 질문을 던지곤 합니다. '좋은 제시문을 선정했는가?' '학생들의 배경지식을 활성화하고 의미 있는 지식과 정보를 제공하는가?', '비문학을 읽어내는 독법, 즉 읽는 역량을 키워 주는가?'

『빠작 초등 비문학 독해 통합사회·통합과학』은 이러한 저의 질문에 고개를 끄덕이게 해 주었습니다. 사회, 과학의 세부 영역에서 좋은 제시문을 선정했을 뿐 아니라 내용 독해에서도 이해, 추론, 적용으로 진행되는 탄탄한 구성과 글에 블록 조각이 결합되는 것처럼 깔끔하게 구성된 어휘, 표현과 해제까지도 모두 체계적입니다.

무엇보다 구조 분석을 통해 단락에서 전체 글을 한눈에 보게 하는 과정이 좋았습니다. 이 교재를 한번 공부한 학생들이 나중에 각각의 글을 '한 판 구조도'로 다시 만들어 복습한다면, 더욱 큰 효과가 있을 것으로 예상합니다.

비문학 공부는 때로 인내심과 끈기가 필요합니다. 하지만 그만큼 배움의 효과를 크게 돌려주는 공부라는 점을 잊지 말았으면 합니다.

강용철
EBS 국어 대표 강사

초등학교 3학년부터는 사회, 과학 교과 공부가 시작됩니다. 그런데 생각보다 많은 아이들이 사회, 과학 교과를 어려워합니다. 이야기책보다 흥미 요소가 적고 내용이 어렵기 때문입니다. 학년이 올라갈수록 어려워지는 교과 내용을 이해하려면 두 가지가 필요합니다. 바로 독해력과 배경지식입니다. 독해력은 교과 내용을 이해하는 데 필수적이고, 배경지식은 이해를 돕고 학습의 흥미를 높이는 데 결정적인 역할을 합니다. '아는 만큼 보인다'고 하듯이 배경지식이 풍부한 아이일수록 사회, 과학 과목을 더 재미있게 받아들일 수 있습니다.

이번에 출간된 『빠작 초등 비문학 독해 통합사회·통합과학』은 양질의 비문학 지문을 통해 국어 독해력을 향상 시키는 것은 물론이고 사회, 과학 공부에 필요한 배경지식을 쌓아갈 수 있도록 구성되었습니다. 이렇게 국어 독해력과 교과 배경지식 두 마리 토끼를 잡은 책이 출시되어 반갑습니다. 각 학년 별, 과목 별 교육과정이 체계적이고 충실하게 반영된 것도 눈에 띕니다. 매일 일정 분량을 학습하며 교과 개념 지식과 배경지식을 쌓아 나간다면 어느새 사회, 과학이 재미있게 느껴질 것입니다.

최선민
초등교사, 『오늘부터 초등 어휘왕』 저자

❝ 과학과 사회 과목 학습이 탄탄한 학생이 비문학 독해에 강하다는 것은 누구도 부정할 수 없는 현실입니다. ❞

고등학생들을 지도하고 수능 대비를 하면서 가장 크게 절감하는 것이 학생들의 비문학 독해 능력 격차입니다. 단기간의 학습으로 극복이 어려운 비문학 독해 및 문제 풀이 능력은 학생들의 개인적 역량에 의존하는 경향이 크기 때문입니다.

그리고 정말 불편한 진실은, 비문학 독해의 성패는 국어 능력에 의해서라기보다는 여러 과목 공부를 잘하는 학생인가 그렇지 않은가에 따라 좌우된다는 점입니다. 특히 '과학'과 '사회' 과목 학습이 탄탄한 학생이 비문학 독해에 강하다는 것은 누구도 부정할 수 없는 현실입니다. 그러나 지금은 독해법으로 문제를 푸는 시대가 아닙니다. 어찌 보면 수능의 취지에 가장 부합한, 충실한 범교과적 학습이 필요한 시대입니다.

그래서 초등학교 때부터 미리 '과학'과 '사회' 과목의 배경지식을 기르고, 교과 개념과 연계된 문제 풀이를 통해 수능과 고등 교과 학습의 기초를 다지는 것이 중요합니다.

『빠작 초등 비문학 독해 통합사회·통합과학』은 그런 길을 열어가는 기준이 될 학습서입니다. 교과 개념을 충실하게 반영하면서도 우리 아이들이 흥미를 갖고 도전하고 싶은 지문들로 구성되어 있기 때문입니다. 아이들뿐만 아니라 학부모님들도 지문을 함께 읽다 보면, 배경지식이 쌓이는 느낌을 받을 수 있을 것입니다.

이석호
이석호국어학원 원장

❝ 국어 또한 난도가 계속 올라가고 있으며, 여러 분야의 텍스트 독해력이 미치는 영향이 절대적입니다. ❞

『빠작 초등 비문학 독해 통합사회·통합과학』은 모든 초등학생에게 권하고 싶을 정도로 꼭 필요한 것과 심화 내용이 흥미롭게 구성되어 있습니다. 교과 연계 개념이기 때문에 친숙하면서도 깊이가 있고, 내용이 재미있어 지식을 확장하는 데에도 크게 도움이 될 듯합니다.

국어의 독서 과목에도 사회, 과학 지문이 어려운 난이도로 출제되어 힘들어하는 고등학생들이 많은데, 초등학생 때부터 이렇게 공부하면 중고등 내신과 수능까지 매우 든든할 것입니다.

중·고등과 수능까지 2022개정 교육 과정을 배우게 되어 시험을 치르게 될 초등학생들에게는 통합사회, 통합과학이 사·과탐 영역에서 최대 비중이 됩니다. 국어 또한 난도가 계속 올라가고 있으며, 여러 분야의 텍스트 독해력이 미치는 영향이 절대적입니다.

『빠작 초등 비문학 독해 통합사회·통합과학』을 통해 최신 사회 현상과 과학 원리를 공부해 추론하고 적용하는 힘을 기르면 국어, 사회, 과학은 물론이고 범교과적인 성적과 사고력 향상을 기대할 수 있을 것입니다.

김소희
한올국어학원 원장

❝ 『빠작 초등 비문학 독해 통합사회·통합과학』은 최신 사회 현상과 과학 원리를 접목한 교과 연계 독해 학습으로 학생들에게 흥미를 더해 줍니다. ❞

사회와 과학을 암기 과목이라고 생각하고 달달 외우는 경우가 많습니다. 하지만 그 많은 개념을 외우기란 쉬운 일이 아닐뿐더러 재미없는 과목으로 인식하게 되는 지름길이 됩니다. 사회와 과학 교과서를 제대로 읽고 이해하지 못하는 학생들의 어려움은 결국 '어휘'에 있습니다. 낯선 어휘를 익숙하게 만들면 교과 개념을 쉽게 이해할 수 있습니다.

『빠작 초등 비문학 독해 통합사회·통합과학』은 최신 사회 현상과 과학 원리를 접목한 교과 연계 독해 학습으로 학생들에게 흥미를 더해 줍니다.

'다음에는 또 어떤 이야기가 나올까?'라는 생각이 들며 궁금해지는 지문과 문제, 비주얼 개념이 한데 어우러져 '어휘–개념–독해'를 한 번에 해결할 수 있도록 돕습니다. 문항 구성에 있어 내용 이해에만 국한하지 않고 목적, 추론, 어휘·어법, 요약, 적용 등 다양한 문제를 접할 수 있게 만들어 폭넓은 독해 능력 향상에도 도움을 줍니다. 초등학생의 사회와 과학 공부에 도움을 줄만한 학습서를 찾기 어려웠는데 좋은 교재가 나와 기쁜 마음입니다.

정예슬
교육인플루언서, 전직 초등 교사

독해

초등 국어 문학 독해

- 지문 독해–지문 분석–어휘 학습 3단계로 학습하는 초등 독해 기본서
- 소설, 시, 수필 등 문학 작품의 갈래별 지문 감상 훈련으로 바른 독해 학습

초등 국어 비문학 독해

- 지문 독해–지문 분석–어휘 학습 3단계로 학습하는 초등 독해 기본서
- 언어, 역사, 사회, 문화, 경제, 과학, 기술, 예술, 인물, 환경 등 10개 영역별 지문으로 배경지식 습득 및 어휘력 향상

초등 비문학 독해 통합사회

- 사회 현상과 관련 있는 비문학 지문 독해 훈련
- 3~6학년이 꼭 알아야 하는 사회 교과 개념 연계

초등 비문학 독해 통합과학

- 과학 원리와 관련 있는 비문학 지문 독해 훈련
- 3~6학년이 꼭 알아야 하는 과학 교과 개념 연계

어휘

초등 국어 어휘X독해

- 독해 학습을 통해 학년별 필수 어휘 이해
- 핵심어 중심의 비문학 지문 독해 학습
- 핵심어의 뜻과 주제로 어휘 확장 학습

문법

초등 국어 문법

- 문법의 기초 개념을 탄탄하게 학습
- 풍부한 예시로 정확하게 문법 이해
- 다양한 문제로 폭넓게 적용하여 문법 학습

『빠작』을 어떻게 공부하면 좋을까요?

다음 내용을 보고 우리 아이에게 어떤 학습 순서가 알맞을지 살펴보세요.

A타입   기본부터 차근차근 공부하고 싶어요!

기초부터 천천히 학습하여 문해력을 키우고 싶은 친구, 적은 분량이라도 매일 꾸준히 독해 공부를 해서 실력을 탄탄하게 다지고 싶은 친구는 A타입의 순서로 학습하는 것을 추천합니다. 매일 정한 분량을 꾸준히 학습하고 마지막으로 문해력을 완성하는 문법까지 전 권을 학습하고 나면 국어 실력이 한층 향상됩니다.

추천 학습

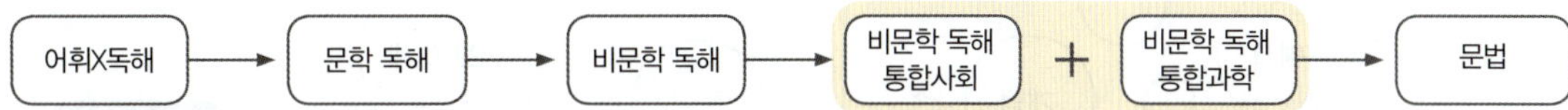

B타입   비문학보다 문학이 어려워요!

비문학 글의 핵심 주제 파악이나 글쓴이의 관점을 파악하는 것은 쉽지만 문학 작품에서 숨겨진 작가의 의도를 파악하고, 작품의 중요 내용을 정리하는 것이 어려운 친구에게는 B타입을 추천합니다. 빠작 문학은 문학 작품의 갈래별 지문 감상 훈련 위주로 구성되어 있어서 문학 독해가 쉬워집니다.

추천 학습

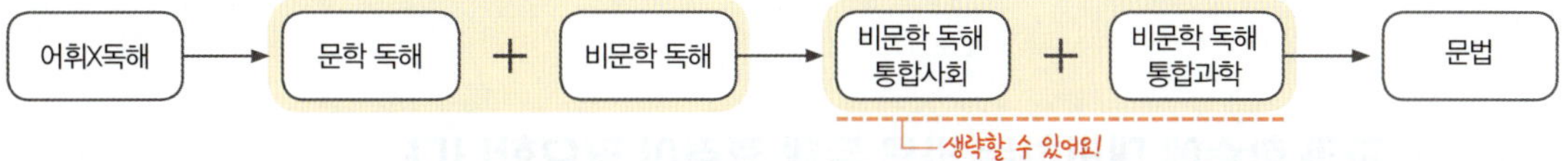

C타입   문학보다 비문학이 어려워요!

문학 작품을 읽으며 작가의 의도를 파악하는 것은 쉽지만, 비문학의 핵심 주제 파악이나 글쓴이의 관점 이해가 어려운 친구에게는 C타입을 추천합니다. 어휘로 기본을 다진 뒤, 비문학으로 세분화된 지문을 공부하고, 특화된 통합사회·통합과학 지문을 이어서 차례대로 학습하면 글의 중심 내용을 파악하고, 글쓴이의 생각을 이해하는 것이 쉬워집니다.

추천 학습

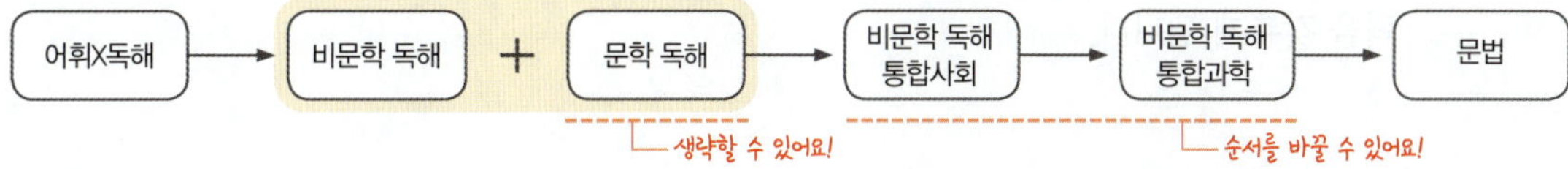

D타입   좋아하는 영역만 집중해서 공부해요!

지문을 독해하는 데는 문제가 없지만 사회나 과학 중 자신이 좋아하는 한 영역만 집중해서 책을 읽는 친구나, 교과와 관련 있는 지문이 어렵게 느껴지는 친구에게는 D타입을 추천합니다. 빠작 비문학 독해를 공부하며 먼저 비문학 전 영역을 두루 살펴보고, 비문학 독해 통합사회와 통합과학을 함께 공부하면 특정한 영역에 치우치지 않고 학습하며 교과 배경지식도 쌓을 수 있습니다.

추천 학습

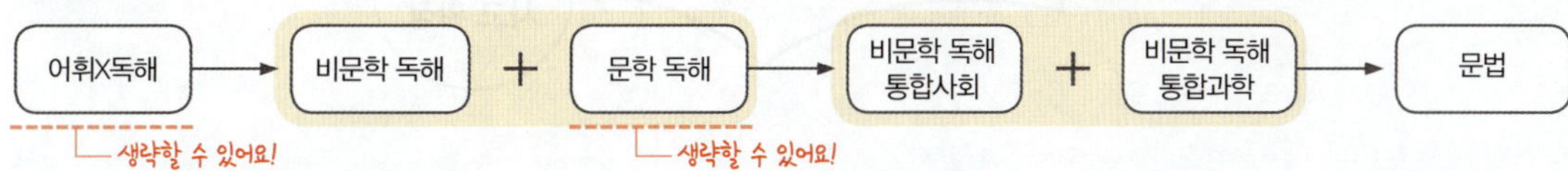

독해력 형성, 수월한 교과 학습의 지름길입니다.

교과 지식은 글을 통해 전달됩니다. 지식을 전달하는 글은 핵심 개념과 그에 대한 부연 설명을 압축적으로 제시하기 때문에 글의 수준이 높습니다. 또한 이해를 돕는 예시들이 한데 모여 있지 않고 다양한 활동이나 문제들 곳곳에 흩어져 있기도 합니다. 따라서 글을 정확하고 바르게 읽어내는 능력, 즉 독해력이 형성되어 있어야 수월한 교과 학습이 가능해집니다.

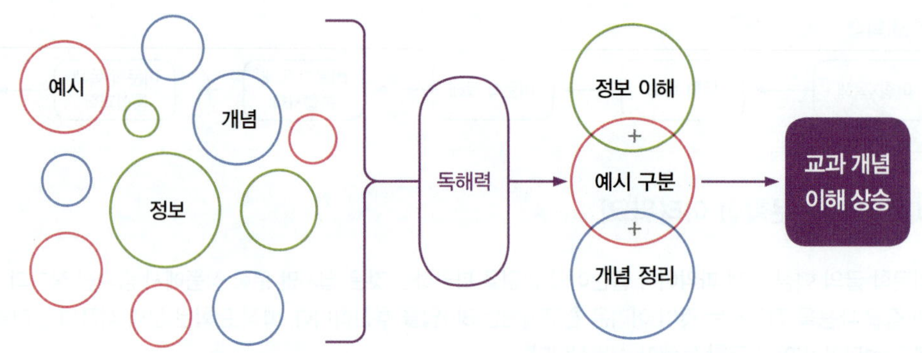

교과 학습에 대비하는 바른 독해 훈련이 필요합니다

01 교과와 관련된 글을 독해하며 배경지식을 쌓습니다

교과와 관련된 글을 읽는 것만으로도 교과 학습을 돕는 배경지식을 자연스럽게 쌓을 수 있습니다. 교과 지식은 관련 맥락을 풀어 쓴 글을 읽으면 보다 쉽고 흥미있게 학습할 수 있기 때문입니다. 그리고 글을 읽는 것에서 그치지 않고 문제를 통해 내용을 정확하게 이해하고, 드러나지 않은 정보를 찾아낸 뒤, 글의 주제와 관련하여 사고를 확장시키는 단계까지 가야 합니다. 이러한 과정을 거치고 나면 비로소 글을 바르고 정확하게 소화하는 능력을 갖추게 됩니다.

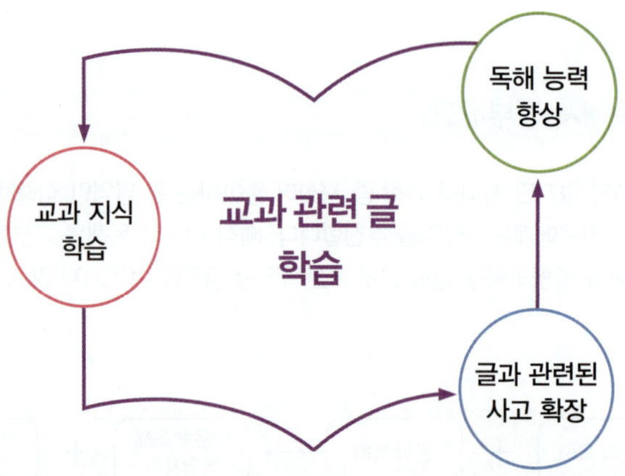

02 학습 도구어가 되는 어휘를 익힙니다

교과 학습을 어렵게 하는 가장 큰 원인은 어려운 어휘입니다. 개념을 설명하는 어휘는 주로 추상적인 뜻을 나타내는 한자어로 이루어져 있지만, 개념어로 사용될 때에는 구체적이고 명확한 뜻으로 한정하여 쓰입니다. 따라서 독해하며 글에 나온 어휘의 뜻을 정확하게 확인하고, 다시 다른 맥락에서 그 어휘를 활용해 볼 수 있어야 합니다.

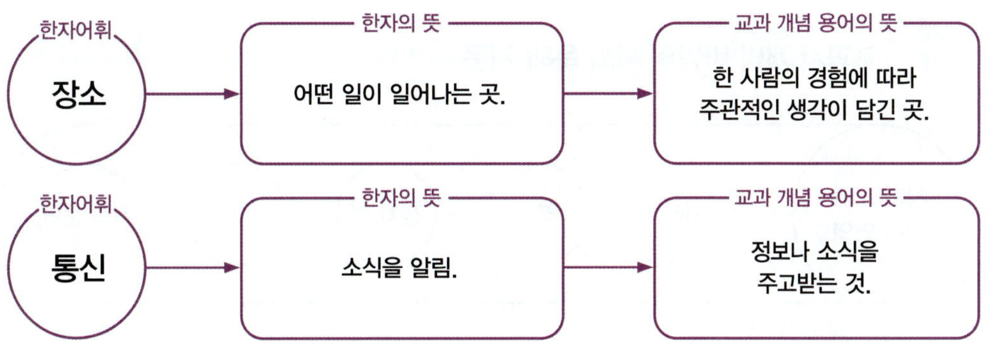

03 글과 교과 개념을 연결하여 이해의 폭을 넓힙니다

글을 독해한 뒤에는 글에 담긴 교과 핵심 용어를 확인하고, 그 속에 담긴 개념을 정리해야 합니다. 글의 내용과 교과 개념을 유기적으로 연결하여 이해해야 교과 학습을 할 때 학습한 배경지식을 활성화하여 떠올릴 수 있습니다.

이렇게 글 속에 숨어 있던 교과 개념을 확인하고, 글과 교과 개념을 연결하여 쉽고 자연스럽게 익히는 것은 교과 개념에 대한 이해도와 글에 대한 이해도를 동시에 높이는 길입니다.

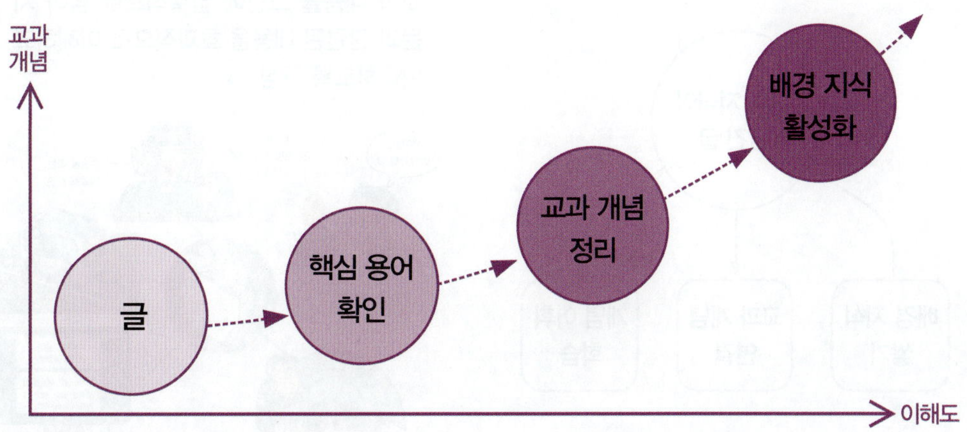

빠작 초등 비문학 독해 통합사회는 초등 3학년 학생들이 비문학 사회 지문을 읽고 내용을 이해한 뒤, 연결된 교과 개념을 파악하는 훈련 중심으로 구성하였습니다. 설명문, 논설문 등 정보 글의 구조 분석 훈련을 통해 글에 담긴 배경지식을 이해하고, 그 내용이 교과 개념과 어떻게 연결되는지 파악하며 깊이 있는 독해 학습이 가능하도록 구성하였습니다.

1 교과서 개념 바탕의 사회 독해 지문

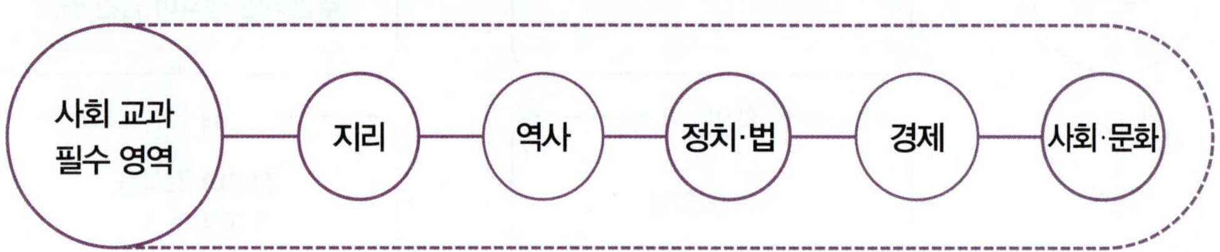

2 유기적으로 연결된 학습 구성

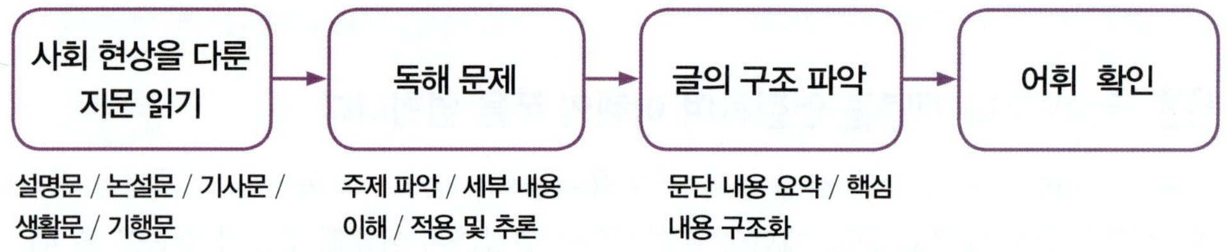

설명문 / 논설문 / 기사문 / 생활문 / 기행문

주제 파악 / 세부 내용 이해 / 적용 및 추론

문단 내용 요약 / 핵심 내용 구조화

3 교과 배경지식 확대

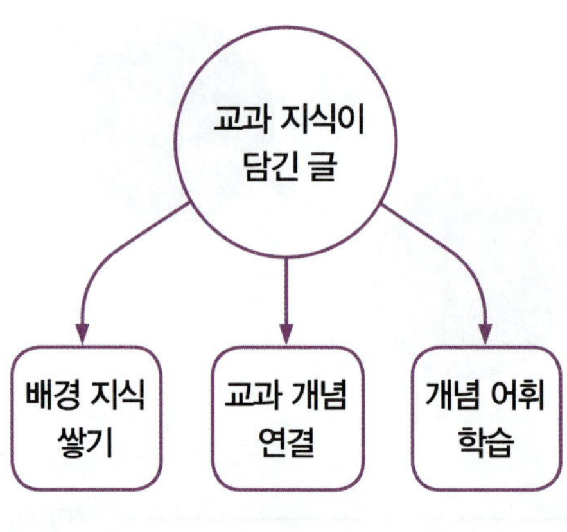

4 이미지로 교과 개념 학습

교과 내용을 그림에 압축적으로 담아 지문과 관련된 내용을 효과적으로 이해하고 학습하도록 구성

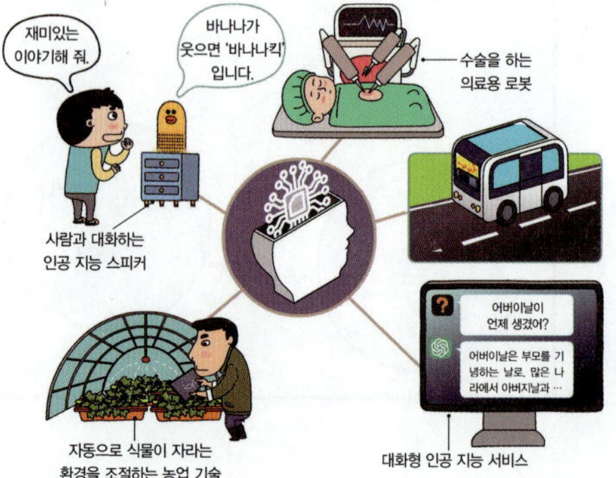

▼ 교과서 개념 바탕의 독해 지문
영역별 구성
지문 분석 강의 제공
▼ 구조화된 독해 문제
중심 주제 파악
세부 내용 이해
추론, 적용

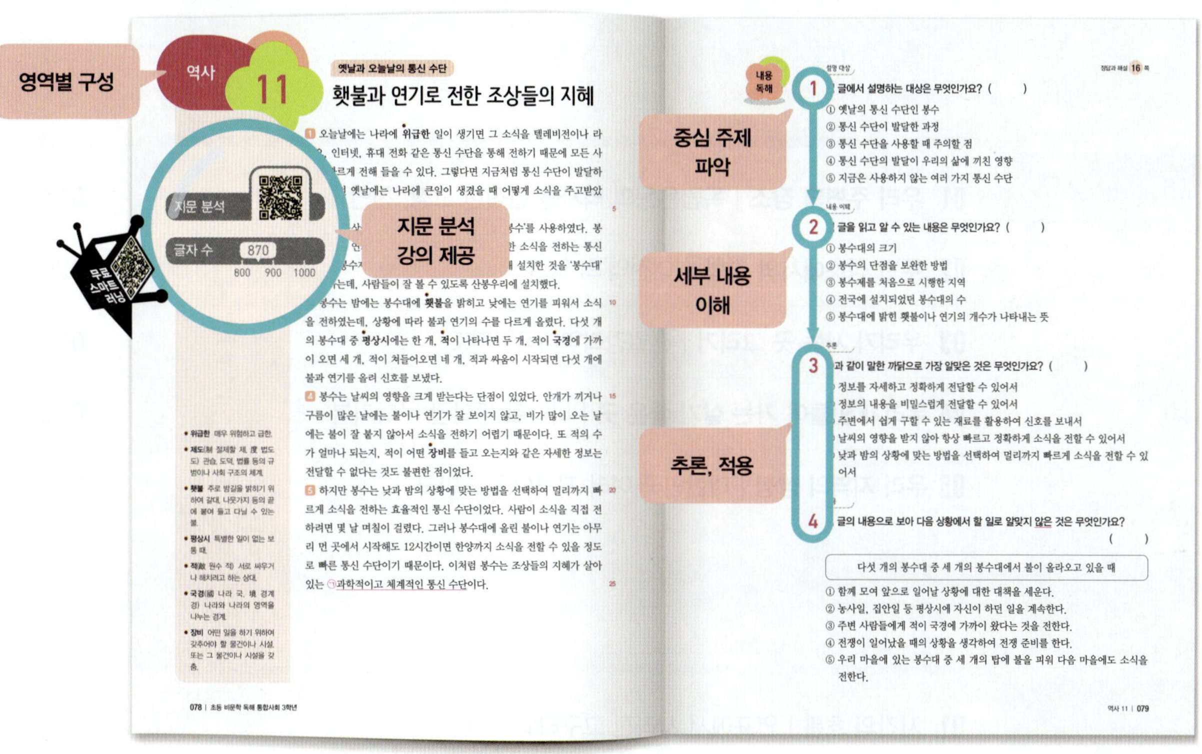

▼ 지문 구조 분석과 어휘
문단 요약하기
글의 핵심 내용 정리하기
어휘의 쓰임 알기
▼ 교과 개념 배경지식
교과 주제 이해하기
교과 개념 이해하기
교과 핵심 용어 확인하기
이미지로 이해하기

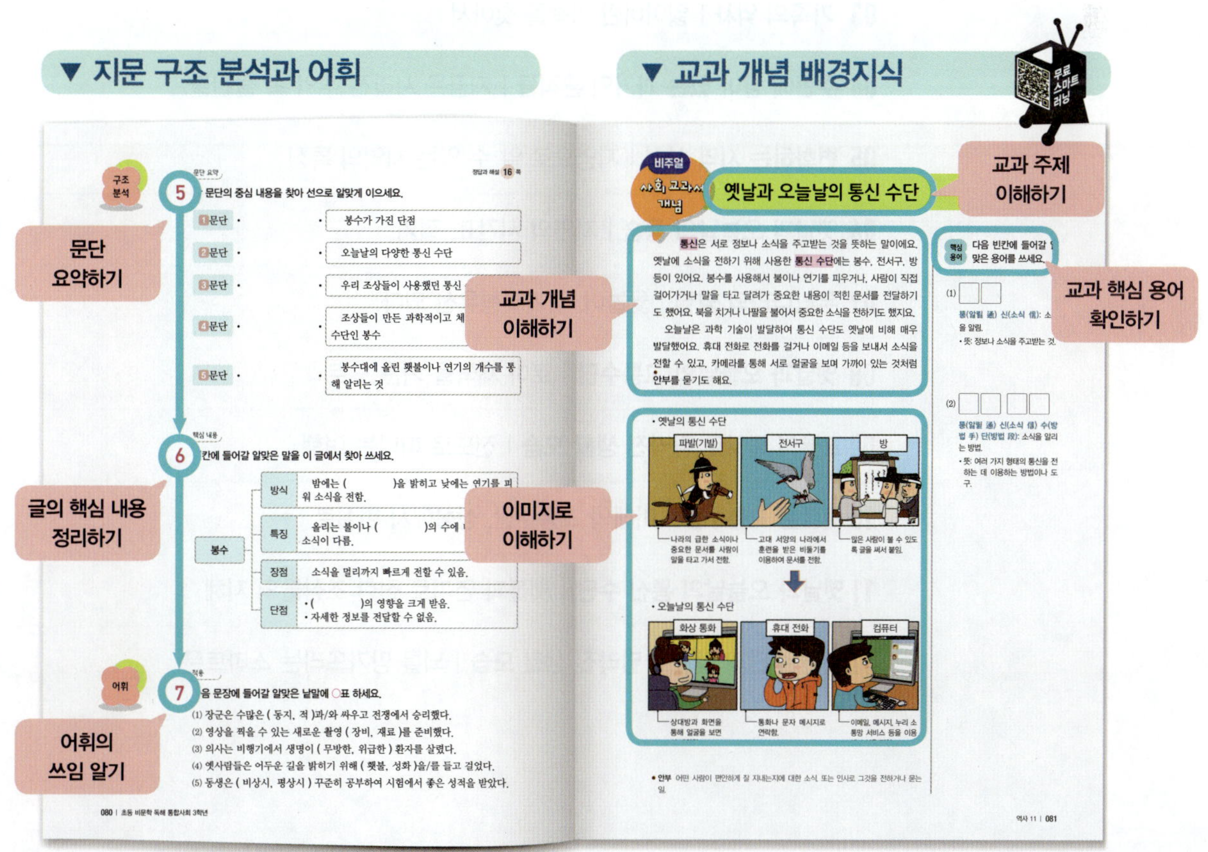

『초등 비문학 독해 통합사회 3학년』 차례

초등 비문학 독해
통합사회

『빠작 초등 비문학 독해 통합사회』는 3~6학년 사회 교과서 짜임에 따라 지리, 역사, 일반사회(사회·문화, 법·정치, 경제)의 세 영역으로 구분되어 있습니다. 학년별로 교과서에서 배우는 내용에 따라 영역을 나누고, 영역별로 필요한 내용을 학습할 수 있도록 구성하였습니다.

영역	3학년	4학년	5학년	6학년
지리	• 독립운동의 역사를 간직한 고장, 천안 • '대전역'의 역사 • 혼일강리역대국도지도 • 바다로 돌아간 바다거북 • 대한민국 여러 지역의 랜드마크	• 방향을 알 수 있는 방법 • 지도 그리기 • 땅의 높낮이 나타내기 • 할머니 댁을 찾아가요 • 디지털 영상 지도의 기능 • 다양한 지역 축제 • 거제와 부산을 연결하다 • 단양이 좋아요 • 화려한 도시의 그늘 • 사람들이 모이는 곳 • 조선 팔도 • 지역 불균형 문제	• 한반도는 토끼인가, 호랑이인가? • 갯벌 개발의 미래 • 독도의 주인을 증명하는 기록 • 사계절의 균형이 무너진다면 • 봄철의 불청객들 • 농어촌을 구할 빈집 정비 사업 • 수도권 집중에서 더불어 잘 사는 국토로	• 경도의 기준, 그리니치 천문대 • 대륙과 섬을 구분하는 기준 • 튀르키예는 아시아일까, 유럽일까? • 신비로운 고대 도시, 마추픽추 • 아프리카의 국경선 • 북극과 남극은 어떻게 다를까? • 히말라야산맥의 형성 • 기후에 따라 다른 세계의 집 • 아마존 열대 우림 보호의 필요성 • 온대 기후의 다양한 특징 • 백야와 극야
역사	• 연표에서 사라진 고구려와 발해 • 조선 시대를 대표하는 화가, 신윤복 • 잃어버린 가족을 찾아서 • 지금은 사라진 추억 속 물건들 • 지명으로 알 수 있는 지역의 특징 • 자연의 시간표, 절기 • 윷놀이, 국가무형유산 되다 • 로마 제국을 키운 도로 • 진도로 떠나는 여행 • 미래의 교통수단, 상상에서 현실로 • 횃불과 연기로 전한 조상들의 지혜 • 뇌를 망가뜨리는 스마트폰	• 유네스코가 정한 세계 유산 목록 • 박물관의 역사 • 도산 안창호 선생의 정신 • 고구려의 흔적 • 강진 답사기	• 구석기 유물을 발굴한 손보기 • 8조법에 나타난 불평등 사회 • 의자왕과 삼천 궁녀는 가짜 뉴스? • 위대한 정복자, 광개토 대왕 • 김춘추와 토끼의 간 이야기 • 사라진 철의 나라 • 비운의 천재, 최치원 • 빼앗길 수 없는 발해의 역사 • 고려 멸망의 촉매, 권문세족 • 지폐를 차지한 조선의 인물들 • 조정을 둘로 나눈 전쟁 • 종교에서 저항 운동으로 • 광화문의 수난 • 독립운동을 한 어린 영웅들 • 다시 찾은 빛, 그러나 분단 • 6·25 전쟁과 이산가족	• 왜 남북이 통일되어야 하는가 • 대통령 직선제를 이룬 6월 민주 항쟁
일반 사회	• 4차 산업혁명으로 변하는 일상 • 저출산이 가져온 학교의 변화 • 키오스크가 만든 디지털 격차 • 노인을 돕는 인공 지능 스피커 • 알파 세대 • 늘어나는 1인 가구 • 물물 교환에서 화폐까지 • 지폐에 숨겨진 비밀 • 놀이공원 우선 탑승권은 정당한가 • 민주 정치의 시작, 그리스 아테네 • 바다로 돌아간 돌고래 • 세계의 다양한 선거 방법 • 은행나무 열매 제거 작전	• 빅터와 사회화 • '다름'을 바라보는 태도 • 보호해야 하는 저작권 • 경제 활동으로 굴러가는 생활 • 인구 문제를 해결하기 위한 노력 • 기회비용을 고려한 선택 • 우리를 유혹하는 묶음 판매 • 산업의 분류 • 식탁에서 만나는 지역 간 교류 • 국가의 주인 • 학급 회의로 자리를 정해요 • 주민 참여 제도 • 폐기물 매립장 설치 반대	• 국경일은 모두 공휴일인가? • 종교의 자유가 보장된 우리나라 • 사라지는 은행 점포 • 세금을 내지 않으면? • 헌법 소원을 남용하는 사람들 • 편견에 맞선 어기의 성장 일기 • 유네스코 세계 문화유산이 된다는 것	• 세계 인구 1위는 중국이 아닌 인도 • 한 나라였던 인도와 파키스탄, 방글라데시 • 팔레스타인의 눈물 • 지구 온난화에 대한 경고 • 공정거래위원회는 무슨 일을 할까? • 기업의 사회적 책임 • 탄소세 도입에 대한 논쟁 • 노동자의 권리를 외치다 • 세계 무역의 파수꾼, 세계 무역 기구 • 미래 산업 박람회를 다녀와서 • 다수결의 원칙은 늘 옳은가 • 공정한 선거를 책임지는 국가 기관 • 법이 만들어지는 과정 • 대통령제란 무엇일까? • 우리나라의 심급제도, 3심제 • 삼권분립의 중요성 • 미디어의 사회적 기능

『빠작 초등 비문학 독해 통합과학』은 3~6학년 과학 교과서 짜임에 따라 물질, 생명, 운동과 에너지, 지구와 우주, 과학과 사회의 다섯 영역으로 구분되어 있습니다. 학년별로 교과서에서 배우는 내용에 따라 영역을 나누고, 영역별로 필요한 내용을 학습할 수 있도록 구성하였습니다.

영역	3학년	4학년	5학년	6학년
물질	• 상상을 이루어 주는 물질 • 환경을 살리는 플라스틱 • 불의 상태는 무엇일까? • 언 호수에서 물고기가 살 수 있는 까닭	• 돌고 도는 물 • 얼음으로 만든 집, 이글루 • 겨울철 강이나 호수, 바다의 변화 • 짠 바닷물의 변신 • 구름을 둘러싼 과학적 원리 • 하늘에서 본 튀르키예 • 최초의 화학자, 보일 • 수소의 특성	• 생명을 살리는 빨대 • 맛보기 전에는 모른다 • 손난로가 열을 내는 원리 • 붉은 바다 • 대서양에 큰일이 났다고?	• 과학의 역사 속 우연한 발견 • 하늘에서 산성 물질이 내린다고? • 생활의 재주꾼, 염기성 물질 • 인체의 중화 반응 • 불의 정체를 찾아서 • 리튬 이온 전지의 위험성
생명	• 비슷하지만 다른 동물들 • 심해 생물의 특징 • 세상에서 가장 큰 꽃 • 사막에서 살아가는 식물 • 여왕벌의 일생 • 오리너구리의 한살이 • 씨앗 속의 온도계 • 미래 먹거리 문제를 해결하는 스마트팜 • 가장 오래 사는 나무	• 버섯의 정체 • 쓸모 있는 미세 조류 • 손 씻기의 중요성 • 우리와 함께 살아가는 미생물 • 생태계의 지킴이, 꿀벌 • 생태계 평형의 중요성을 깨닫다 • 플라스틱 쓰레기의 심각성 • 곰팡이에서 발견한 페니실린	• 우리 몸의 뼈 • '간'에 기별도 안 가는 이유 • 혈관의 종류와 기능 • 사레가 들리는 이유 • 오줌의 재발견 • 티라노사우루스의 감각 기관 • 왜 헛스윙을 하게 될까?	• 식물 세포의 특징 • 뿌리의 종류 • 괴력의 곤충, 거품벌레 • 자연의 기본 원리, 삼투 현상 • 인공 광합성 기술 • 진달래와 철쭉의 차이점 • 신기한 유전의 법칙
운동과 에너지	• 우주에 일어나는 몸의 변화 • 자동차 범퍼의 비밀 • 지레의 원리 • 저울의 역사 • 기계저울과 전자저울 • 목소리의 과학 • 고대 그리스의 원형 극장 • 들을 수 없는 소리, 초음파 • 우주에서 소리를 들을 수 있을까? • 우리에게 도움이 되는 백색 소음	• '이그노벨상'은 어떤 상일까? • 배를 끌어당기는 섬의 비밀 • 비행기보다 빠른 자기 부상 열차 • 지구 자기장을 이용해 길을 찾는 연어	• 그림자의 원리 • 거울의 원리 • 별은 거기에 없다 • 적외선 열화상 카메라 • 온도계의 변천 • 물을 시원하게 만들려면 • 과학적인 난방 장치 '온돌' • 지구 온난화 현상 • 우주에서 어떻게 살 수 있을까?	• 휴대 전화의 위치를 찾는 방법 • 파리와 데카르트 좌표 • 사회의 기준이 되는 도량형 • 번개 잡은 사나이의 성공 비결 • 진화하는 배터리 • 멀티탭의 연결 구조 • 무선 충전 기술 • 스마트 그리드가 필요하다
지구와 우주	• 대기가 우주로 흩어지지 않는 까닭 • 지구 온난화로 높아지는 해수면 • 바닷물은 왜 짤까? • 프랑스 에트르타의 절벽과 해변 • 밀물과 썰물을 이용한 조력 발전소 • 소중한 갯벌을 지키자	• 강이 만든 터전, 메콩강 삼각주 • 한강의 시작점은 어떤 모습일까? • 화산 활동으로 만들어진 섬, 하와이 • 폼페이가 갑자기 사라진 이유 • 제주도의 돌하르방과 현무암 • 일본에서 왜 지진이 자주 일어날까? • 작품에 나타난 달의 독특한 모양 • 망원경으로 발견한 천왕성 • 밤하늘의 나침반, 북극성 • 제2의 코로나를 부르는 기후 변화	• 어떤 지층이 먼저일까 • 퇴적암의 특징 • 화석의 가치 • 번개가 생기는 원리 • 안개와 스모그 • 어린이날부터 강한 비 예상 • 태풍	• 천구란 무엇인가 • 싼샤 댐이 지구에 미치는 영향 • 천동설과 지동설 • 천상열차분야지도 • 경주 첨성대의 정체 • 한옥의 지붕에 숨어 있는 과학 • 지구는 살아 있다
과학과 사회	• 감염병 위험을 높이는 폭염		• 에너지의 날 • 에너지를 만드는 바람개비	• 생명을 살리는 프린터 • 과학 기술의 양면성

지리

우리 주변의 장소

☐☐☐를 간직한 고장, 천안

1 지난 주말에 시티투어 버스를 타고 내가 사는 고장인 천안을 여행했다. 내가 사는 고장에 어떤 장소들이 있는지 알아보고 싶었기 때문이다. 출발 장소에서 버스에 타자 **문화 해설사** 선생님께서 반갑게 웃으며 맞아 주셨다. 내가 살고 있는 곳이지만 특별한 여행을 한다고 생각하니 무척 설렜다. 5

2 첫 번째로 독립기념관에 도착하여 문화 해설사 선생님께 일제에 **침략** 당했던 역사와 우리나라 해방에 대한 설명을 듣고, 독립기념관에 있는 전시공원에 들렀다. 이곳은 **조선 총독부** 건물을 **철거한** 뒤 남은 **첨탑**을 땅에 반쯤 묻어 전시해 놓은 곳이었다. 우리나라를 침략한 일제가 남긴 건물을 일부러 위에서 아래로 내려다볼 수 있도록 전시한 것이라는 설 10 명을 들으니 공원을 만든 **의도**가 느껴져 놀라웠다.

3 그다음으로 유관순 열사 기념관에 갔다. 전시관 안에서 천안에 살던 당시 유관순 열사의 어린 시절 모습과 유관순 열사가 1919년에 3·1운동을 이끈 장소인 아우내 장터의 모습을 볼 수 있었다. 어린 나이에 목숨을 바치며 독립운동에 뛰어들었던 유관순 열사의 나라를 사랑하는 마 15 음이 대단하게 느껴졌다.

4 점심을 먹은 뒤, 이동녕 선생 **생가**에 도착했다. 생가 주변을 둘러보며 ㉠문화 해설사 선생님의 설명을 통해 이동녕 선생이 우리나라의 독립을 위해 노력하다 만주로 떠났던 일, 여러 가지 단체를 만든 일, 임시정부에서 한 역할 등에 대해 배울 수 있었다. 이동녕 선생처럼 우리나라 20 의 독립을 위해 **애쓴** 분에 대해 잘 모르고 있었다는 것이 부끄러웠다.

5 이번 여행을 마치고 나니 내가 사는 고장인 천안에 대한 생각과 느낌이 많이 바뀌었다. 천안을 내가 사는 익숙한 동네라고만 생각했었는데 독립운동과 깊은 관련이 있는 도시임을 알게 되었기 때문이다. 앞으로는 내 고장 천안에 대해 **자부심**을 느끼고 사랑하는 마음을 가져야겠다. 25

지문 분석

글자 수 **874**
800 900 1000

- **문화 해설사** 문화 유적지나 관광지에 대하여 관람객에게 객관적으로 설명할 수 있는 자격을 가진 사람.
- **침략** 정당한 이유 없이 남의 나라에 쳐들어감.
- **조선 총독부** 1910년부터 1945년까지 일제가 우리나라를 지배하기 위해 설치했던 최고의 관청.
- **철거한** 건물이나 시설을 무너뜨려 없애거나 걷어치운.
- **첨탑** 뾰족한 탑.
- **의도**(意 뜻 의, 圖 꾀할 도) 무엇을 하고자 하는 생각이나 계획.
- **생가**(生 날 생, 家 집 가) 유명한 어떤 사람이 태어난 집.
- **애쓴** 무엇을 이루기 위해 노력한.
- **자부심** 스스로 자신의 가치나 능력을 믿고 떳떳이 여기는 마음.

내용 독해

제목

1 이 글의 제목에 들어갈 알맞은 말은 무엇인가요? (　　　)

① 새로운 시대　　　　② 아우내 장터　　　　③ 유관순 열사
④ 독립운동의 역사　　⑤ 임시정부의 역사

글의 특징

2 이 글에 대한 설명으로 알맞은 것은 무엇인가요? (　　　)

① 유관순 열사의 삶에 대해 설명하는 글이다.
② 천안을 여행하며 보고, 듣고, 느낀 점을 쓴 글이다.
③ 천안에서 태어난 독립운동가에 대해 소개하는 글이다.
④ 천안에서 열리는 여러 가지 행사에 대해 알리는 글이다.
⑤ 천안에 대해 소개하는 책을 읽은 뒤 느낀 점을 쓴 글이다.

추론

3 **4** 문단을 읽고, ㉠의 내용을 알맞게 짐작하지 **못한** 것을 찾아 기호를 쓰세요.

> ㉮ 1919년 아우내 장터에서 3·1운동을 벌였다.
> ㉯ 임시정부에서 국무총리와 같은 주요 역할을 하였다.
> ㉰ 일제가 우리나라를 침략한 일이 옳지 않다고 주장하였다가 만주 북간도로 가서 학생들을 교육할 학교를 세웠다.

(　　　　　　　)

적용

4 이 글을 읽고 알맞게 말하지 **못한** 친구는 누구인가요? (　　　)

① 아린: 천안에 일제에 맞서 우리나라의 독립을 위해 노력한 분들이 많았다는 걸 알았어.
② 로하: 이동녕 선생처럼 우리나라의 독립을 위해 애쓴 분들이 또 누가 있는지 알아보고 싶어.
③ 재민: 유관순 열사는 기념관이 세워질 정도로 우리나라 독립운동에 큰 영향을 준 인물이야.
④ 현우: 독립기념관에 가 보면 우리나라가 했던 독립운동이나 독립운동가에 대한 자세한 정보를 알 수 있을 거야.
⑤ 지오: 독립기념관 전시공원에 첨탑을 전시해 놓은 모습을 보면 일제가 남긴 건물을 소중하게 생각하는 의도가 있었다는 것을 알 수 있어.

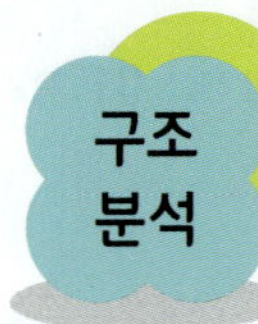

5 다음 빈칸에 들어갈 알맞은 말을 쓰며 이 글의 내용을 정리하세요.

문단	중심 내용
1	'내'가 사는 고장인 (　　　　　)을 여행한 까닭과 여행을 시작할 때의 마음
2	(　　　　　)에서 보고 들은 것과 생각한 것
3	(　　　　　) 열사 기념관에서 본 것과 생각한 것
4	(　　　　　) 선생 생가에서 들은 것과 생각한 것
5	여행을 마치고 바뀐 '내'가 사는 고장에 대한 생각과 느낌

6 빈칸에 들어갈 알맞은 말을 이 글에서 찾아 쓰세요.

	독립기념관 전시공원	유관순 열사 기념관	이동녕 선생 생가
보고 들은 것	조선 총독부 건물을 철거한 뒤 남은 (　　　　)을 땅에 묻어 전시한 것	유관순 열사의 어린 시절 모습과 유관순 열사가 만세 운동을 이끌었던 (　　　　) 장터의 모습	이동녕 선생 생가 주변의 모습과 이동녕 선생의 업적
생각하거나 느낀 점	공원을 만든 의도가 느껴져 놀람.	유관순 열사의 나라를 사랑하는 마음이 대단함.	우리나라의 (　　　　)을 위해 애쓴 분에 대해 잘 몰랐던 것이 부끄러움.

7 다음 문장에 들어갈 알맞은 낱말에 ○표 하세요.

⑴ 연극이 끝나고 설치했던 무대를 (철거, 설립)했다.

⑵ 유럽의 국가들은 아프리카를 (침몰, 침략)하여 식민지로 만들었다.

⑶ 동생이 어떤 (의도, 의지)로 나에게 거짓말을 했는지 알 수 없었다.

⑷ 이모는 한국어 교사로서 큰 (자부심, 무관심)을 느낀다고 말씀하셨다.

⑸ 시합에서 좋은 결과를 얻기 위해 (애쓰는, 극찬하는) 모습이 안쓰러웠다.

우리 주변의 장소

고장은 사람들이 모여 사는 곳을 말해요. 고장에는 논, 목장, 학교, 놀이터, 마트, 전통 시장, 도서관과 같은 여러 가지 **장소**들이 있어요. 사람들은 장소에서 다른 경험을 하기 때문에 장소에 대해 다른 기억을 가지게 돼요.

고장의 환경은 우리 주변을 둘러싸고 있는 모든 것으로, 산, 들, 하천, 바다처럼 **자연적**으로 만들어진 것과 논, 밭, 도로처럼 사람에 의해 만들어진 것으로 나눌 수 있어요. 사람들은 고장의 장소를 이용해서 생활을 해요. 산이 있는 고장의 사람들은 **산비탈**에 밭을 만들어 농사를 짓고, 들이 있는 고장의 사람들은 비닐하우스를 만들어 채소와 과일을 **재배하기도** 해요. 바다가 있는 고장의 사람들은 바다에서 물고기를 잡거나 김, 미역 등을 기르기도 하고 **숙박** 시설을 만들어 관광객을 맞기도 해요.

핵심 용어 다음 빈칸에 들어갈 알맞은 용어를 쓰세요.

(1) ☐☐
- 뜻: 사람이 모여 사는 곳.

(2) ☐☐
장(장소 場) 소(곳 所): 어떤 일이 일어나는 곳.
- 뜻: 우리가 생활하는 모든 곳.

- **자연적** 사람의 영향을 받지 않은 자연 그대로의 모습을 지닌.
- **산비탈** 산이 끝나는 아랫부분에 비스듬히 기울어진 곳.
- **재배**(栽 심을 재, 培 북돋을 배)**하기도** 식물을 심어 가꾸기도.
- **숙박** 여관이나 호텔 등에서 잠을 자고 머무름.

주변 장소에서의 경험

'대전역'의 역사

1 100년이 넘는 역사를 가진 대전역은 우리나라의 주요 노선인 경부선과 호남선이 모두 지나가는 곳이다. 대전역은 작은 시골 마을이었던 대전이 **광역 도시**로 성장하는 데 큰 역할을 했다. 대전역을 중심으로 주변에 관청과 새로운 건물들이 들어오고 거주하는 인구가 늘어나면서 도시의 규모가 점차 커졌기 때문이다. 5

2 대전역 건물은 여러 차례 모습이 바뀌며 지금의 현대적인 모습을 갖추었다. 대전역은 처음 지어졌을 당시에는 일 층으로 된 **목재** 건물이었다가 일제 강점기에 이 층으로 된 서양식 건물로 다시 세워졌다. 하지만 한국전쟁 당시 건물이 파괴되었고, 그 이후 고속 철도 개통으로 **이용객**이 늘어나 건물을 **확장하고** 편의 시설을 늘려 지금의 모습이 되었다. 현재도 대전역을 이용하는 승객은 하루 수만 명에 이른다. 10

3 대전역은 역사가 긴 만큼 이곳을 이용한 사람들에게도 다양한 **인상**을 남겼다. 대전역에서 기차를 타고 고향을 떠나 서울로 가는 사람은 대전역을 아쉬움과 슬픔이 담긴 장소로 기억한다. 하지만 고향을 떠나 다른 곳에 살다가 대전역을 통해 고향으로 돌아온 사람의 기억에는 대전역이 **아늑한** 곳으로 남아 있다. 또 대전역에는 기차를 갈아타기 위해 기다리던 사람들이 배고픔을 해결할 수 있도록 가락국수를 파는 가게가 있었는데, 이곳에 들러 **허기진** 배를 채운 사람은 대전역을 몸을 녹였던 따뜻한 장소로 기억하고 있다. 15

4 대전역은 미래에 대비하여 새로운 변화를 준비하고 있다. 고속 열차 20 같은 현재의 교통수단뿐만 아니라 미래형 이동 수단인 도심항공교통, 트램과 같은 다양한 교통수단을 모두 이용할 수 있는 공간으로 바뀔 예정이다. 변화한 대전역에서는 교통수단 사이의 **환승** 시간이 줄어 대전역을 이용하는 시민들이 교통수단을 더 편리하게 이용하고, 목적지로 빠르게 이동할 수 있게 될 예정이다. 25

지문 분석

글자 수 876
800 900 1000

- **광역 도시** 행정 구역을 넘어서 넓은 지역에 걸쳐 만들어진, 일체화된 도시.

- **목재** 집을 짓거나 가구를 만드는 데 쓰는 나무 재료.

- **이용객** 어떤 시설이나 교통수단 등을 이용하는 손님.

- **확장하고** 시설, 사업, 세력 등을 늘려서 넓히고.

- **인상** 어떤 대상이 주는 느낌.

- **아늑한** 따뜻하고 포근한 느낌이 있고.

- **허기진** 배가 몹시 고파 기운이 빠진.

- **환승** 버스나 기차와 같은 교통수단을 다른 것으로 바꾸어 타는 것.

내용 독해

1 핵심어

이 글에서 가장 중심이 되는 말은 무엇인가요? (   )

① 대전　　　　　② 대전역　　　　　③ 경부선
④ 광역 도시　　　⑤ 미래형 이동 수단

2 내용 이해

이 글의 내용과 일치하지 <u>않는</u> 것은 무엇인가요? (   )

① 대전역은 100년이 넘는 역사를 가지고 있다.
② 대전역의 건물은 여러 차례 모습이 바뀌었다.
③ 대전역에는 호남선과 경부선이 모두 지나간다.
④ 대전역은 다양한 교통수단을 연결해 주는 공간으로 바뀔 예정이다.
⑤ 대전은 대전역으로 인해 우리나라에서 가장 인구가 많은 도시로 성장했다.

3 추론

❸ 문단을 통해 알 수 있는 내용으로 가장 알맞은 것은 무엇인가요? (   )

① 오래된 장소일수록 사람들에게 인기가 많다.
② 사람이 한 장소에서 할 수 있는 경험은 정해져 있다.
③ 사람은 자신이 갔던 장소에 대해 한 가지 기억만 가진다.
④ 같은 장소라도 경험에 따라 장소에 대한 기억과 의미가 달라진다.
⑤ 장소에서 경험한 일은 그 장소에 대한 느낌에 영향을 주지 않는다.

4 적용

다음 설명을 참고하여 짐작할 수 있는 대전역의 미래 모습을 알맞게 말하지 <u>못한</u> 것의 기호를 쓰세요.

> 도심항공교통(UAM)은 전기를 사용하여 이동하는 항공기로 위로 곧게 뜨고 아래로 곧게 내려와서 활주로가 필요하지 않은 것이 특징이다. 도심항공교통은 현재의 심각한 도로 교통 혼잡 문제를 해결할 방법으로 주목받고 있다.

> ㉮ 대전역에서 도심항공교통을 타고 서울로 <u>빠르게</u> 이동할 수 있을 것이다.
> ㉯ 대전역에 다양한 교통수단이 들어오게 되면서 도로의 교통 혼잡이 더욱 심해질 것이다.
> ㉰ 기차를 타고 대전역에 도착한 뒤에 도심항공교통으로 갈아타는 데 시간이 더 적게 걸릴 것이다.

(   )

구조 분석

5 각 문단의 중심 내용을 찾아 선으로 알맞게 이으세요.

1문단 •　　　　　• 대전역에 대한 소개

2문단 •　　　　　• 변화할 대전역의 미래 모습

3문단 •　　　　　• 대전역의 과거와 현재의 모습

4문단 •　　　　　• 대전역에 대한 시민들의 다양한 기억

6 빈칸에 들어갈 알맞은 말을 이 글에서 찾아 쓰세요.

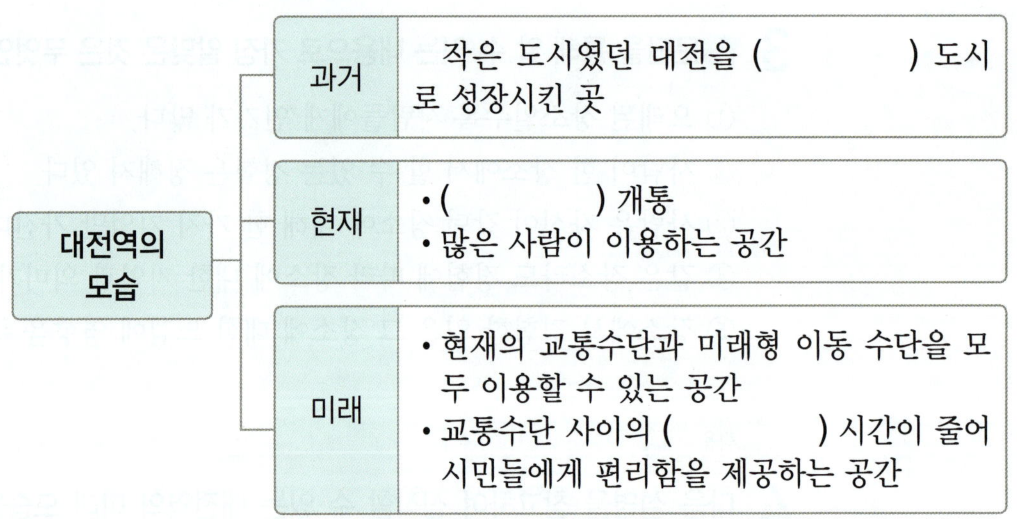

어휘

7 다음 문장의 빈칸에 들어갈 알맞은 낱말을 **보기** 에서 찾아 쓰세요.

보기

확장　　인상　　아늑한　　허기진　　이용객

(1) 아궁이에 불을 지핀 방은 (　　　　) 느낌이 있다.

(2) 친구는 처음 만났을 때부터 (　　　　)이/가 무척 좋았다.

(3) 하루 종일 밥을 먹지 못해서 (　　　　) 배를 끌어안고 있었다.

(4) 2차선 도로를 4차선 도로로 (　　　　)하는 공사를 진행하고 있다.

(5) 휴가철을 맞아 해외여행을 가는 사람들로 공항 (　　　　)이/가 늘어났다.

주변 장소에서의 경험

어떤 장소에 대해 한 사람이 가지는 특별한 느낌을 장소감이라고 해요. 장소감은 어떤 장소에서 하는 특정한 경험인 장소 경험이나 감정, **주변** 환경 등이 모두 어우러져 만들어지는데, 장소에서 느끼는 소리, 냄새, 온도와 같은 다양한 **감각**을 통해 생겨요.

같은 장소라도 사람마다 장소감은 서로 다를 수 있어요. 그래서 어떤 사람을 이해하고 싶을 때 그 사람이 특별하게 생각하는 장소를 알면 그 사람에 대해 더 잘 이해할 수 있게 되기도 해요. 더 나아가 장소감은 내가 사는 지역을 이해하는 데에도 도움이 돼요. 그만큼 장소감은 우리의 삶에 깊은 영향을 미치는 중요한 **요소**라고 할 수 있어요.

• 야구장에 대한 서로 다른 생각

핵심 용어 다음 빈칸에 들어갈 알맞은 용어를 쓰세요.

(1) ☐ ☐ ☐

장(곳 場) 소(곳 所) 감(느낄 感): 장소에 대한 느낌.
• 뜻: 어떤 장소에 대한 사람의 기억, 느낌, 마음.

(2) ☐ ☐ ☐ ☐

장(곳 場) 소(곳 所) 경(지나올 經) 험(시험 驗): 어떤 곳을 지나며 겪음.
• 뜻: 어떤 장소에서 하는 특정한 경험.

● **주변** 어떤 대상을 싸고 있는 둘레.
● **감각** 눈, 코, 귀, 혀, 피부를 통하여 자극을 느낌.
● **요소** 무엇을 이루는 데 반드시 있어야 할 중요한 성분이나 조건.

우리가 사는 곳 그리기

혼일강리역대국도지도

1 세계 지도는 지구 전체의 **지형**, **지리** 등에 관한 내용을 **측정하여** 기호와 문자, 도형, 여러 가지 색깔로 종이에 표현한 것으로, 오늘날에는 항공 사진이나 GPS 같은 다양한 기술을 사용하여 정확하고 자세하게 만든다. 그런데 지금으로부터 약 600여 년 전에도 이러한 세계 지도가 존재했다. 바로 조선 시대 초기인 1402년에 만들어진 혼일강리역대국 5
도지도이다.

2 혼일강리역대국도지도는 우리나라 최초의 세계 지도로 당시에 만들어진 세계 지도 가운데에서 가장 뛰어난 지도로 여겨진다. 지금처럼 기술이 발달하지 않았던 조선 시대에 어떻게 세계 지도를 만들 수 있었을까? 당시 사람들은 중국에서 세계 지도를 들여왔다. 그리고 이 지도의 10
내용에 **교역**을 통해 얻은 세계 여러 나라의 정보를 더하여 아시아의 여러 나라뿐만 아니라 유럽과 아프리카의 나라 등 세계 여러 나라의 **지명**을 표시하여 지도를 만들었다.

3 혼일강리역대국도지도를 살펴보면 지도의 가운데에 중국이 가장 크게 그려져 있고, 조선도 실제보다 크게 그려져 있어 현재 우리가 알고 15
있는 세계 지도의 모양과는 다르다. 그 모습을 통해 당시 조선 사람들은 중국이 세계의 중심이라고 생각했다는 사실과 지도를 만든 관리들이 조선을 큰 나라로 보이고자 하는 마음을 가지고 있었다는 것을 알 수 있다.

4 혼일강리역대국도지도와 같은 옛 지도를 통해 우리는 지리적 정보를 20
얻을 뿐만 아니라 당시 사람들이 중요하게 생각한 가치는 무엇인지, 세상에 대한 인식은 어떠했는지 파악할 수 있다. 장소를 지도로 그릴 때, 그 장소에 대한 생각이 지도에 그대로 **반영되어** 나타나기 때문이다. 이러한 지도의 **속성**을 통해 우리는 지도 속에 감추어져 있는 많은 정보를 얻을 수 있다. 25

- **지형**(地 땅 지, 形 모양 형) 땅의 생긴 모양.
- **지리** 지구 상의 기후, 생물, 자연, 교통, 도시 등의 상태.
- **측정하여** 일정한 양을 기준으로 하여 같은 종류의 다른 양의 크기를 재어.
- **교역** 나라와 나라 사이에 물건을 서로 사고팖.
- **지명**(地 땅 지, 名 이름 명) 마을이나 지방, 지역 등의 이름.
- **반영되어** 다른 사람의 의견이나 사실, 상황 등으로부터 영향을 받아 어떤 현상이 드러나.
- **속성** 사물이 가지고 있는 특징이나 성질.

**내용
독해**

1 이 글은 무엇을 설명하고 있는지 찾아 쓰세요.

(   )

2 이 글에서 설명하는 대상에 대한 내용으로 알맞은 것은 무엇인가요? (   )

① 세계에서 가장 오래된 세계 지도이다.
② 지도의 가운데에 조선이 가장 크게 그려져 있다.
③ 아시아와 유럽, 아프리카의 지명까지 표시하였다.
④ 일본에서 들여온 지도의 내용을 바탕으로 제작하였다.
⑤ 현재 우리가 알고 있는 세계 지도와 똑같은 모양으로 그려져 있다.

3 이 글을 통해 답을 알 수 있는 질문이 <u>아닌</u> 것은 무엇인가요? (   )

① 혼일강리역대국도지도는 언제 만들어졌나요?
② 다른 나라에서는 조선을 어떤 나라라고 생각했나요?
③ 조선 시대 사람들은 어떤 나라를 세계의 중심이라고 생각했나요?
④ 조선 시대 사람들은 세계 여러 나라에 대한 정보를 어떻게 얻었나요?
⑤ 혼일강리역대국도지도를 통해 우리가 얻을 수 있는 정보는 무엇인가요?

4 다음 내용과 관련하여 이 글의 내용에 대해 적절하게 말하지 <u>못한</u> 친구는 누구인지 쓰세요.

> 심상지도는 지도를 그리는 사람의 마음속에 있는 장소에 대한 정보를 지도의 모습으로 나타낸 것이다. 같은 장소라도 사람마다 지도에 그림으로 나타내는 모습이 다른데, 이것은 각자 중요하다고 생각하는 곳이 다르기 때문이다.

> 로아: 혼일강리역대국도지도는 교역을 통해 얻은 세계 여러 나라의 정보가 담겨 있으므로 심상지도라 할 수 있어.
> 이안: 혼일강리역대국도지도는 조선이 크고 훌륭한 나라라는 것을 말하고 싶었던 사람들의 마음이 담겨 있는 심상지도구나.
> 유주: 혼일강리역대국도지도에 그려진 중국과 조선의 모습이 오늘날의 세계 지도와 다른 이유는 혼일강리역대국도지도가 당시 지도를 만든 사람들의 생각이 담겨 있는 심상지도이기 때문이야.

(   )

구조
분석

문단 요약

5 다음은 이 글에 나타난 각 문단의 중심 내용입니다. 글의 내용에 맞게 순서대로 기호를 쓰세요.

> ㉮ 혼일강리역대국도지도의 의의와 만든 방법
> ㉯ 약 600여 년 전에 만들어진 세계 지도인 혼일강리역대국도지도
> ㉰ 혼일강리역대국도지도와 같은 옛 지도를 통해 얻을 수 있는 정보
> ㉱ 혼일강리역대국도지도를 통해 알 수 있는 중국이 세계의 중심이라는 조선 사람들의 생각과 조선을 큰 나라로 보이고 싶어 한 마음

(   ) → (   ) → (   ) → (   )

핵심 내용

6 빈칸에 들어갈 알맞은 말을 이 글에서 찾아 쓰세요.

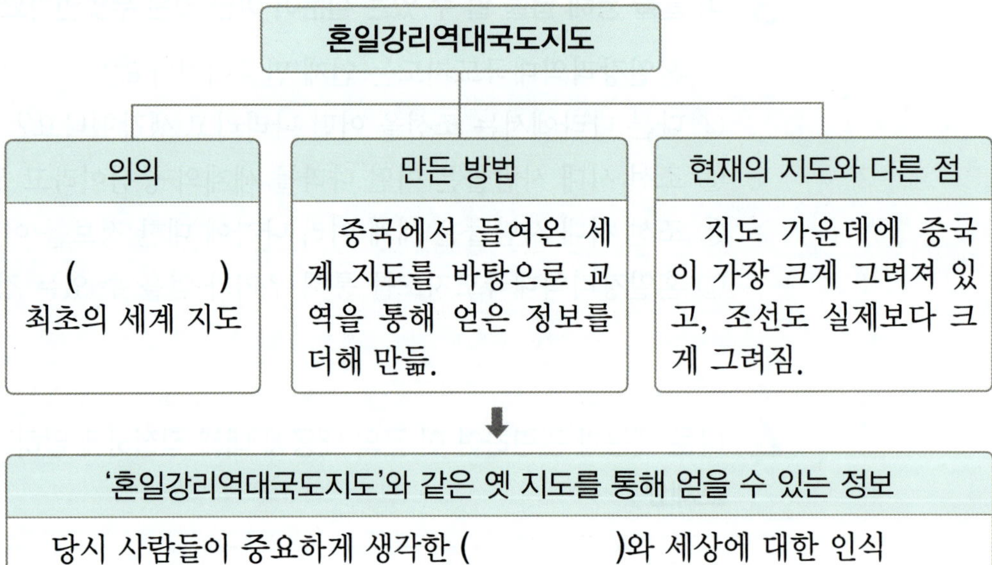

어휘

적용

7 다음 문장의 빈칸에 들어갈 알맞은 낱말을 보기 에서 찾아 쓰세요.

> 보기
>
> 교역   반영   지명   지형   측정

(1) 열이 나는지 확인하기 위해 체온을 ( )하였다.
(2) 우리 고장에는 고유어로 된 ( )이/가 많이 남아 있다.
(3) 연우는 강원도가 어떻게 생겼는지 ( )에 대해 조사하였다.
(4) 축제에서 어떤 춤을 출지 반 친구들의 의견을 ( )하여 정하였다.
(5) 우리나라는 여러 나라와의 활발한 ( )을/를 통해 문화를 주고받았다.

우리가 사는 곳 그리기

정답과 해설 **03** 쪽

지도는 위에서 내려다본 땅의 실제 모습을 일정한 형식으로 줄여서 나타낸 그림이에요. 그런데 친구들과 동네의 모습을 지도로 그리고 나서 서로 비교해 보면 각자 **강조해서** 표현한 곳이 달라요. 쇼핑을 좋아하는 친구는 부모님과 매주 같이 갔던 마트를, 책 읽기를 좋아하는 친구는 자신이 좋아하는 책이 가득한 도서관을 더 크게 그릴 수 있어요. 같은 장소라도 사람마다 경험하는 것이 다르고 그 곳에 대한 생각이나 **감정**, 즉 장소감이 다르기 때문이에요. 그래서 친구들이 그린 지도를 통해 동네에 대한 서로 다른 장소감을 이해할 수 있어요.

이렇게 지도를 그리는 사람의 마음속에 있는 장소에 대한 정보를 지도로 나타낸 것을 '**심상지도**'라고 해요.

핵심 용어 다음 빈칸에 들어갈 알맞은 용어를 쓰세요.

(1) ☐☐

지(땅 地) 도(그림 圖): 땅을 그린 그림.

• 뜻: 위에서 내려다본 땅의 실제 모습을 일정한 형식으로 줄여서 나타낸 그림.

(2) ☐☐☐☐

심(마음 心) 상(생각 想) 지(땅 地) 도(그림 圖): 마음 속에 있는 땅의 모습을 그린 그림.

• 뜻: 지도를 그리는 사람의 마음 속에 있는 장소에 대한 정보를 지도로 나타낸 것.

고장의 모습을 자세하게 그린 지도

건물을 입체적인 모양으로 그린 지도

자신이 자주 가는 장소를 중심으로 그린 지도

자신이 사는 집을 중심으로 그린 지도

● **강조해서** 어떤 부분을 특별히 강하게 주장하거나 두드러지게 해서.
● **감정** 어떤 현상이나 일에 대하여 일어나는 마음이나 느끼는 기분.

우리가 만들어 가는 살기 좋은 곳

바다로 돌아간 바다거북

1 지난 ○월 ○일, 제주에서 해양환경공단과 해양수산부 등이 진행한 바다거북 **방류** 행사가 열렸다. 가장 최근까지 바다거북이 알을 낳는 모습이 발견되었고, 바다거북의 **서식지**인 태평양으로 이동하기 좋은 곳이라는 점에서 제주 중문 지역이 방류 **지점**으로 정해졌다. 이번에 방류한 바다거북은 야생에서 구조돼 치료를 마친 붉은바다거북과 푸른바다거북, 수족관에서 **인공**으로 부화시켜 자란 매부리바다거북 등 총 9마리이다.

2 방류된 바다거북의 등껍질에는 바다거북이 어디에서 어디로 이동했는지 확인할 수 있는 위성 **추적** 장치가 붙어 있다. 이 장치를 통해 몇 해 전 방류 행사를 통해 바다로 돌아간 바다거북이 먼 베트남 바다에서 제주도로 갔다가 다시 일본으로 이동한 것이 밝혀졌다. 이를 통해 바다거북이 바닷속에서 몇 만 킬로미터가 넘는 여행을 하며 지낸다는 것이 알려진 것이다.

3 바다거북은 해양 **생태계**가 어떤 상태인지 살펴볼 수 있도록 해 주는 중요한 동물이지만 서식지가 줄어들면서 전 세계적으로 개체 수가 줄고 있다. 이에 해양수산부에서는 우리나라를 찾아오는 바다거북 5종을 해양보호생물로 정하여 관리하고 있다. 또, 인공적으로 바다거북의 수를 늘리는 사업과 구조된 바다거북을 치료하여 다시 바다로 돌려보내는 일을 진행하여 바다거북의 개체 수를 늘리기 위해 노력하고 있다. 이번 행사 또한 이러한 노력의 하나이다.

4 2017년부터 바다거북 방류 행사를 **주관해** 온 해양환경공단은 그동안 약 100여 마리의 바다거북을 바다로 돌려보내며 해양 생태계를 보전하기 위해 노력해 왔다. 해양환경공단은 해양수산부처럼 해양과 관련한 일을 하는 공공 기관으로, 이 밖에도 바다에 떠다니는 쓰레기 수거 활동, 해양 생태계의 상태 조사, 해양 보호 구역 관리, 해양 오염 사고 예방 등 해양 생태계 보전을 위해 다양한 일을 하고 있다.

- **방류** 큰 물고기로 자라도록 어린 물고기를 강물이나 바다 등에 놓아 줌.
- **서식지** 생물이 일정한 곳에 자리를 잡고 사는 곳.
- **지점** 어떤 지역 안의 특정한 곳.
- **인공**(人 사람 인, 工 장인 공) 자연적인 것이 아니라 사람의 힘으로 만들어 낸 것.
- **추적** 일이나 사람이 남긴 것을 따라가며 찾음.
- **생태계** 일정한 지역이나 환경에서 여러 생물들이 서로 적응하고 관계를 맺으며 어우러진 자연의 세계.
- **주관해** 어떤 일을 책임지고 맡아 관리해.

내용 독해

설명 대상

1 이 글에서 소개하는 것은 무엇인가요? (   )

① 바다거북의 종류
② 해양 생태계의 문제
③ 제주 중문 해수욕장
④ 바다거북 방류 행사
⑤ 바다거북의 서식지인 태평양

내용 이해

2 이 글을 통해 알 수 있는 내용은 무엇인가요? (   )

① 바다에 방류된 바다거북의 종류
② 바다거북 방류 행사의 진행 순서
③ 바다에서 구조된 바다거북을 치료하는 방법
④ 줄어든 바다거북 서식지를 다시 늘리는 방법
⑤ 바다거북이 해양 생태계 균형을 위해 하는 구체적인 일

추론

3 이 글을 통해 답을 알 수 있는 질문이 <u>아닌</u> 것은 무엇인가요? (   )

① 제주 중문에서 바다거북을 방류한 까닭은 무엇인가요?
② 바다거북의 개체 수가 줄어들고 있는 까닭은 무엇인가요?
③ 해양수산부에서 바다거북을 위해 하는 일에는 무엇이 있나요?
④ 몇 해 전 방류한 바다거북은 어디에서 어디로 이동하며 움직였나요?
⑤ 인공적으로 바다거북의 수를 늘리는 사업은 언제부터 시작되었나요?

적용

4 다음과 관련하여 이 글에 대해 적절하게 말하지 <u>못한</u> 것은 무엇인가요? (   )

> 지구 온난화와 쓰레기로 인해 해양 생태계가 파괴되고 있다. 해양 생태계의 파괴는 환경뿐만 아니라 인간의 건강과 생존에도 해로운 영향을 끼치므로 우리는 해양 생태계를 보전해야 한다. 이를 위해 개인의 실천과 함께 정부와 기업의 노력이 필요하다.

① 바다거북 방류 행사는 해양 생태계를 보전하려는 개인의 실천에 해당해.
② 해양수산부와 해양환경공단이 하는 일은 우리의 생존과 관련 있는 일이야.
③ 해양 생태계 보전을 위해 개인이 하기 어려운 일들을 공공 기관이 해결하고 있구나.
④ 해양환경공단이 하는 일들은 해양 생태계를 보전하기 위해 정부에서 하는 노력이야.
⑤ 해양수산부에서 바다거북의 수를 늘리기 위해 노력하는 것은 결국 우리 모두의 이익을 위한 일이야.

**구조
분석**

문단 요약

5 다음은 어느 문단의 중심 내용인지 문단의 번호를 쓰세요.

제주에서 열린 바다거북 방류 행사	( )문단
해양환경공단이 해양 생태계 보전을 위해 하는 일	( )문단
바다거북의 개체 수를 늘리기 위해 해양수산부가 하는 일	( )문단
방류된 바다거북의 등껍질에 붙인 위성 추적 장치를 통해 밝혀진 사실	( )문단

핵심 내용

6 빈칸에 들어갈 알맞은 말을 이 글에서 찾아 쓰세요.

해양수산부	해양환경공단
• ( ) 5종을 해양보호생물로 정함. • 인공적으로 바다거북의 수를 늘리는 사업을 진행함. • 구조된 바다거북을 치료하여 바다로 돌려보냄.	• 바다거북 방류 행사 주관 • 바다에 떠다니는 쓰레기 수거 • 해양 생태계의 상태 조사 • 해양 보호 구역 관리 • ( ) 예방

↓

공통점	해양 생태계를 보전하기 위해 노력하는 ( )임.

어휘

적용

7 다음 낱말의 뜻을 보기 에서 찾아 기호를 쓰세요.

보기
㉮ 어떤 지역 안의 특정한 곳.
㉯ 어떤 일을 책임지고 맡아 관리함.
㉰ 일이나 사람이 남긴 것을 따라가며 찾음.
㉱ 생물이 일정한 곳에 자리를 잡고 사는 곳.
㉲ 자연적인 것이 아니라 사람의 힘으로 만들어 낸 것.

(1) 추적 ( )   (2) 인공 ( )

(3) 주관 ( )   (4) 지점 ( )

(5) 서식지 ( )

우리가 만들어 가는 살기 좋은 곳

정답과 해설 **04** 쪽

공공 기관은 개인의 이익이 아닌 주민 전체의 이익과 생활의 편의를 위해 국가가 세우거나 관리하는 곳이에요. 즉, 여러 사람을 위한 일을 하는 곳으로, 국가가 세운 **시설**만 공공 기관이라고 할 수 있어요. 개인이나 기업의 이익을 위해 세운 곳은 공공 기관이라고 할 수 없어요. 공공 기관은 주민들이 필요로 하는 일을 **처리해** 주어서 사람들이 편리한 생활을 할 수 있도록 도와주기 때문에 공공 기관이 없으면 주민들의 생활이 무척 불편해질 거예요.

우리가 잘 알고 있는 공공 기관에는 구청, 경찰서, 우체국, 소방서, 도서관, 보건소 등이 있어요. 박물관, 미술관도 국민들의 문화생활을 위해 만든 공공 기관이에요.

• 우리 지역의 공공 기관

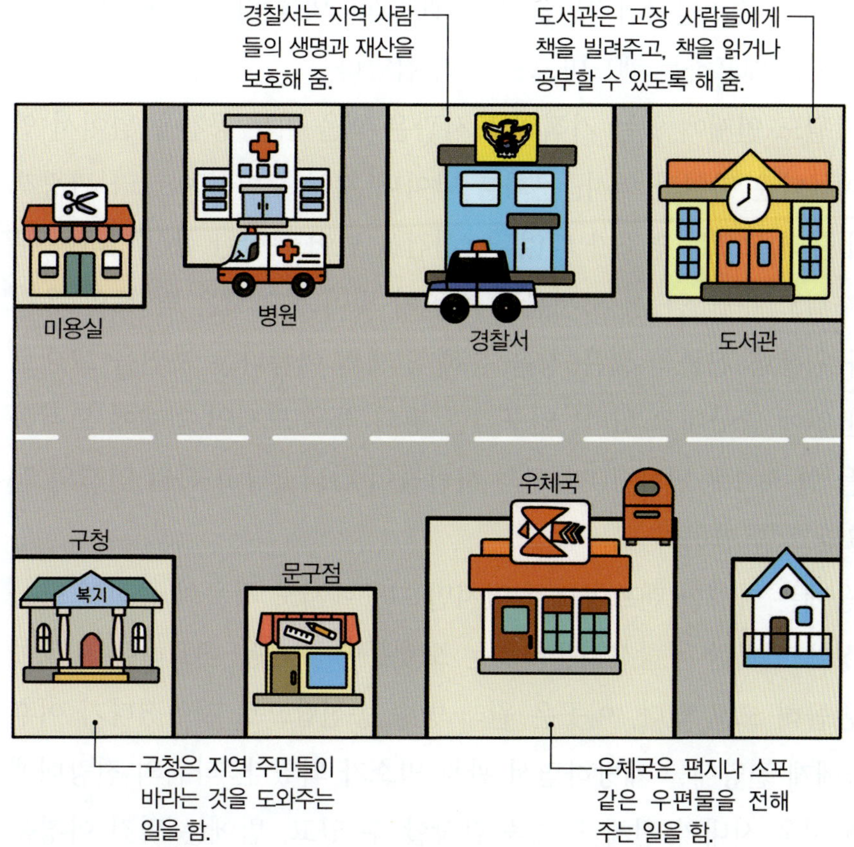

핵심 용어 다음 빈칸에 들어갈 알맞은 용어를 쓰세요.

(1) ☐ ☐ ☐ ☐

공(공평할 公) **공**(함께할 共) **기**(기틀 機) **관**(기관 關): 모두 함께 사용할 수 있도록 만든 기관.
• 뜻: 개인이 아닌 주민 전체의 생활에 도움을 주기 위해 국가가 운영하는 기관.

(2) ☐ ☐

시(베풀 施) **설**(세울 設): 여럿에게 베풀기 위해 세운 것.
• 뜻: 어떤 목적을 위해 만든 건물이나 도구, 기계.

● **처리해** 일이나 사무, 사건을 절차에 따라 정리하여 마무리해.

대한민국 여러 지역의 랜드마크

지문 분석

글자 수 947
800 900 1000

1 뉴욕의 '자유의 여신상', 파리의 '에펠 탑', 시드니의 '오페라 하우스', 로마의 '콜로세움'처럼 지역의 이름을 들었을 때 떠오르는 대표적인 건물이나 동상이 있다. 이처럼 어떤 지역을 대표하거나 다른 지역과 구별되는 **지형지물**을 랜드마크라고 한다. 대한민국에도 각 지역을 대표하는 다양한 랜드마크가 있다.

2 전라남도 순천에는 세계 5대 **연안 습지**이자 우리나라에서 가장 넓은 갈대 **군락지**가 펼쳐져 있는 ㉠순천만이 있다. 그곳에 자리를 잡고 살아가는 생물의 종류는 약 500여 종에 이른다. 특히 흑두루미, 검은머리갈매기와 같이 국제적으로 보호하고 있는 **철새**들의 서식지로도 유명하다. 순천만의 북쪽으로는 2013년에 개최된 순천만국제정원박람회장을 활용해 만든, 우리나라 제1호 국가정원인 순천만국가정원이 있다. 습지와 갈대 군락지, 순천만국가정원을 찾는 관광객들의 발길이 이어지며 순천만은 순천을 대표하는 랜드마크로 자리 잡았다.

3 ㉡강원도 인제에 있는 기적의 도서관은 책을 읽는 공간을 넘어서 인제의 아름다운 자연과 역사, 문화를 담아내 지역 주민뿐 아니라 관광객들까지 불러 모으는 **명소**가 되었다. '시간을 넘어 무한한 상상'이라는 문구를 내걸고 문을 연 이 도서관은 자연의 빛이 쏟아지는 탁 트인 유리 천장과 원통형 건물의 넓은 창을 통해 인제의 아름다운 자연을 그대로 도서관 안에 담아내고 있다. 인구 3만 명의 작은 도시인 인제에 도서관이 문을 연 지 1년 만에 10만 명의 사람들이 다녀갔다고 하니 인제의 랜드마크라고 할 만하다.

4 서울에는 다양한 랜드마크가 있지만 그중에서도 서울의 중심인 남산의 정상에 위치한 ㉢남산서울타워는 오랫동안 서울을 대표하는 랜드마크로 손꼽혀 오고 있다. 이곳은 원래 방송 **송신탑**으로 지어졌다가 이후 사람들에게 전망대를 **개방하면서** 관광 명소가 되었다. 타워의 전망대에 오르면 서울 시내의 전체 모습을 감상할 수 있고, 밤에는 멋진 **야경**을 즐길 수 있어 많은 사람들이 찾아온다.

5
10
15
20
25

- **지형지물** 땅의 생김새와 땅 위에 있는 모든 물체를 이르는 말.
- **연안 습지** 강이나 호수, 바다 주변에 만들어진 습기가 많고 축축한 땅.
- **군락지** 자라는 조건이 비슷한 식물들이 모여 사는 지역.
- **철새** 계절을 따라 이리저리 옮겨 다니며 사는 새.
- **명소** 아름다운 경치나 유적, 특산물 등으로 유명한 장소.
- **송신탑** 무선 통신을 하기 위한 송신 안테나가 달려 있는 높은 철탑.
- **개방하면서** 자유롭게 들어가거나 이용할 수 있도록 열어 놓으면서.
- **야경**(夜 밤 야, 景 경치 경) 밤에 보이는 경치.

내용
독해

글의 특징

1 이 글에 대한 설명으로 알맞은 것은 무엇인가요? (   )

① 랜드마크의 중요성을 주장하고 있다.
② 여러 나라의 랜드마크를 비교하고 있다.
③ 대한민국 여러 지역의 랜드마크를 소개하고 있다.
④ 지역마다 랜드마크를 개발해야 한다고 설득하고 있다.
⑤ 대한민국의 랜드마크가 변화해 온 과정을 설명하고 있다.

내용 이해

2 이 글의 내용과 일치하는 것은 무엇인가요? (   )

① 서울의 랜드마크는 남산서울타워 한 곳이다.
② 인제는 강원도에서 가장 큰 도시로 매년 많은 관광객이 오고 간다.
③ 순천만의 넓은 갈대 군락지에 자리 잡고 살아가는 생물은 철새뿐이다.
④ 남산서울타워 전망대에서는 서울 시내의 전체 모습을 감상할 수 있다.
⑤ 인제에 기적의 도서관이 지어진 후 1년 동안은 사람이 많이 오지 않았다.

추론

3 이 글을 읽고 짐작한 내용으로 알맞은 것은 무엇인가요? (   )

① 사람이 만든 곳만 랜드마크라고 한다.
② 지역을 대표하는 랜드마크는 하나이다.
③ 랜드마크는 모두 오랜 역사를 지니고 있다.
④ 랜드마크는 정해진 사람들만 이용할 수 있다.
⑤ 지역의 랜드마크를 알아보면 그 지역을 이해하는 데 도움이 된다.

적용

4 ㉠~㉢ 중 다음 글의 구겐하임 미술관과 가장 비슷한 사례에 해당하는 것을 찾아 기호를 쓰세요.

> 스페인 북부 바스크 지역에 있는 빌바오는 죽어 가는 공업 도시였다. 바스크 지방 정부는 빌바오를 살리기 위해 1997년 구겐하임 미술관을 지었고, 화려하고 독특한 모습의 이 미술관은 빌바오의 랜드마크가 되었다. 구겐하임 미술관을 보기 위해 매년 100만 명의 관광객이 방문하면서 빌바오는 유명한 관광 도시가 되었다.

(   )

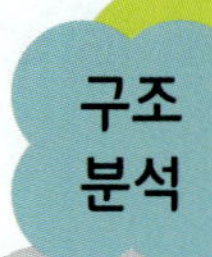

문단 요약

5 각 문단의 중심 내용을 찾아 선으로 알맞게 이으세요.

1문단 •	• 순천의 랜드마크인 순천만
2문단 •	• 서울의 랜드마크인 남산서울타워
3문단 •	• 인제의 랜드마크가 된 기적의 도서관
4문단 •	• 랜드마크의 뜻과 여러 나라 랜드마크의 예시

핵심 내용

6 빈칸에 들어갈 알맞은 말을 이 글에서 찾아 쓰세요.

대한민국 여러 지역의 (　　　　　)

순천만	인제 기적의 도서관	남산서울타워
연안 습지와 갈대 군락지 같은 지형과 순천만국가정원을 찾는 관광객이 많아지며 만들어짐.	인제의 아름다운 자연과 (　　　　), 문화를 담아낸 건물을 만들어 개발함.	서울의 중심인 남산 정상에서 서울 전체 모습을 감상할 수 있는 (　　　　)를 개방하여 개발함.

적용

7 다음 문장에 들어갈 알맞은 낱말에 ○표 하세요.

⑴ 학교 도서관은 주중에만 (개방, 훼방)한다.

⑵ 이 도시는 (촌락, 야경)이 아름답기로 유명하다.

⑶ 이 곳은 겨울에만 찾아와서 사는 (철새, 텃새) 서식지이다.

⑷ 이 지역에는 진달래 (거주지, 군락지)가 있어 매년 진달래 축제가 열린다.

⑸ 외국에서 온 친구들에게 우리 고장의 (명소 , 명화) 몇 곳을 소개해 주었다.

우리 지역의 상징

어떤 지역을 여행할 때, 그곳을 대표하는 곳을 먼저 둘러보면 지역의 역사나 자연환경, **특성**에 대해 더 잘 이해할 수 있어요. 이렇게 어떤 지역을 대표하거나 다른 지역과 구별되는 지형지물을 가리켜 랜드마크라고 불러요. 지형지물은 땅의 생김새와 땅 위에 있는 모든 물체를 가리키는 말로, 자연환경이나 건물, **조형물** 등을 모두 포함해요.

요즘은 지역의 랜드마크가 가진 의미가 점점 더 커지면서 랜드마크가 있는 지역에 많은 관광객이 찾아와 그 지역의 경제를 살아나게 하기도 해요.

핵심 용어 다음 빈칸에 들어갈 알맞은 용어를 쓰세요.

(1) ☐ ☐ ☐ ☐

지(땅 地) 형(모양 形) 지(땅 地) 물(물건 物): 땅의 모양과 땅 위의 물건.
• 뜻: 땅의 생김새와 땅 위에 있는 모든 물체를 가리키는 말.

(2) ☐ ☐ ☐ ☐

• 뜻: 어떤 지역을 대표하거나 다른 지역과 구별되는 지형지물.

• 우리나라 각 지역의 랜드마크

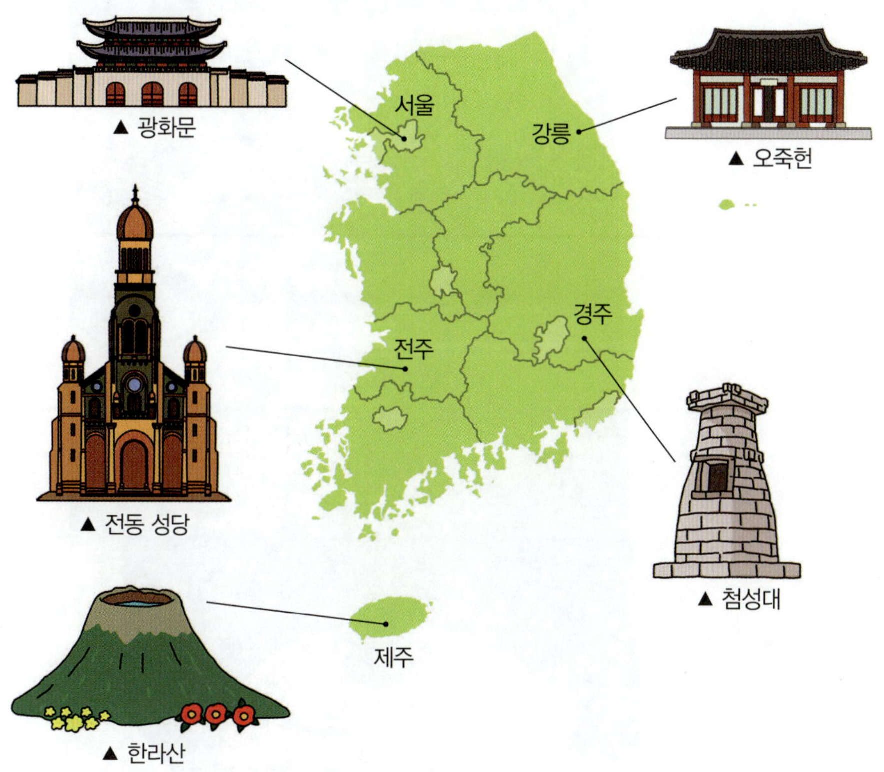

● **특성** 일정한 사물에만 있는, 보통과 매우 차이가 나게 다른 성질.
● **조형물** 건물이나 탑처럼 인공적으로 만든 큰 물체.

역사

지문 분석

글자 수 **858**

858　900　1000

연표에서 사라진 고구려와 발해

1 연표는 역사적인 사건을 일어난 시간 순서대로 나타낸 표로, 일정한 시간 동안 일어난 중요한 사건이나 정치적 변화, 사회 발전 모습 등을 기록하기 위해 만든다. 따라서 연표를 보면 역사의 흐름을 한눈에 파악할 수 있으며 과거에 일어난 일을 정리하고 앞으로 나아갈 미래를 **예측할** 수 있다. 즉, 연표는 **세계관**과 지식이 쌓인 역사의 기록으로서 그 가치를 지닌다.

2 이렇게 중요한 가치를 지니는 연표를 누군가가 마음대로 삭제하거나 고치는 것은 있어서는 안 되는 일이다. 그런데 몇 해 전 한국의 국립중앙박물관, 일본의 도쿄국립박물관이 함께 참여한 중국 국가박물관의 **고대** 유물 전시회에서 중국 측이 **고의**로 고친 한국사 연표를 **게시해** 논란이 생겼다.

3 중국 국가박물관은 이 전시회에서 한국 고대사를 소개하며 청동기 시대를 고조선으로, 철기 시대를 신라, 백제, 가야, 통일신라, 고려, 조선으로 표기했다. 하지만 신라, 백제와 함께 삼국 시대를 이끌었던 고구려를 연표에서 뺐고, 발해도 표기하지 않았다. 그리고 연표의 밑에는 한국 국립중앙박물관이 이 연표를 제공했다고 밝혔다. 이에 대해 한국의 국립중앙박물관은 전시를 열기 전에 중국 국가박물관에 고구려와 발해가 세워진 연도가 포함된 연표를 제공하였음을 밝혔다. 또, 국가박물관에 공식적인 사과와 **정정**을 요구하며 정확한 연표의 내용을 밝히지 않을 경우 한국에서 전달했던 전시품을 **철거하겠다는** 의견을 전달하였다.

4 국가박물관 측은 국립중앙박물관의 항의를 받아들여 실수가 있었음을 인정하고 잘못된 연표를 모두 철거한 뒤 전시를 이어갔다. 당시의 논란은 이렇게 마무리되었지만 우리는 우리의 역사 기록이 **왜곡되었던** 사건의 심각성을 잊지 말아야 한다. 그리고 이러한 일이 다시 발생하지 않도록 **대책**을 마련해야 한다.

5

10

15

20

25

- **예측할** 앞으로의 일을 미리 생각함.
- **세계관** 세계와 그 세계를 이루고 있는 인간 및 인생의 의의와 가치에 대한 생각.
- **고대** 원시 시대와 중세 사이의 아주 옛 시대
- **고의** 좋지 않은 결과가 있을 것을 잘 알면서도 일부러 하는 태도나 행동..
- **게시해** 여러 사람이 알 수 있도록 내걸어 두루 보게 해.
- **정정**(訂 바로잡을 정, 正 바를 정) 글자, 글, 말 등의 잘못된 곳을 고쳐서 바로잡음.
- **철거하겠다는** 건물이나 시설을 무너뜨려 없애거나 치우겠다는.
- **왜곡되었던** 사실과 다르게 해석되거나 그릇되게 되었던.
- **대책** 어려운 상황을 이겨 낼 수 있는 계획.

내용 독해

1 글쓴이가 이 글을 쓴 목적은 무엇인가요? (   )

① 한국과 일본, 중국을 대표하는 박물관을 소개하려고
② 중국 국가박물관에서 열리고 있는 전시에 대해 알리려고
③ 한국과 일본, 중국의 고대 유물을 각각 비교하여 설명하려고
④ 우리나라의 역사를 외국에 바르게 소개하는 방법을 설명하려고
⑤ 중국 국가박물관의 잘못된 역사 연표 게시 논란을 통해 역사 왜곡 문제에 대한 대책을 마련하자고 주장하려고

내용 이해

2 이 글의 내용과 일치하는 것은 무엇인가요? (   )

① 국가박물관이 한국 연표를 정정하지 않고 전시를 중단했다.
② 국가박물관은 국립중앙박물관의 항의를 받아들이지 않았다.
③ 국립중앙박물관은 국가박물관에 한국 역사 연표의 정정을 요구했다.
④ 국립중앙박물관은 국가박물관에 정확한 역사 정보를 전달하지 않았다.
⑤ 국가박물관이 잘못된 한국 역사 연표를 게시하여 중국인의 항의를 받았다.

추론

3 이 글을 통해 답을 알 수 있는 질문은 무엇인가요? (   )

① 연표는 누가 처음 만들었나요?
② 연표의 종류에는 어떤 것이 있나요?
③ 연표가 처음 만들어진 시기는 언제인가요?
④ 연표를 보고 알 수 있는 내용은 무엇인가요?
⑤ 연표는 어떻게 수정하거나 삭제할 수 있나요?

적용

4 이 글을 읽고 알맞게 말하지 <u>못한</u> 친구는 누구인지 쓰세요.

> 민지: 아무리 실수였다고 해도 다른 나라의 역사 기록을 마음대로 수정해서 게시한 것은 국가박물관이 잘못한 일이야.
> 재현: 연표는 만드는 사람에 따라 내용을 자유롭게 수정할 수 있는 역사 기록인데 국립중앙박물관이 너무 심하게 대응한 것 같아.
> 지우: 이런 일이 다시 발생하지 않도록 다른 나라와 함께 전시를 할 경우에는 전시의 내용을 미리 상의하지 않고 마음대로 수정하거나 삭제할 수 없다는 내용을 넣어서 남겨 놓는 것이 좋겠어.

(   )

구조 분석

문단 요약

5 각 문단의 중심 내용을 정리한 것으로 알맞은 것에 ○표, 틀린 것에 ×표를 하세요.

1 문단	연표는 세계관과 지식이 쌓인 역사의 기록임.	( )
2 문단	중국 국가박물관의 고대 유물 전시회에서 중국 측이 고구려와 발해를 뺀 연표를 게시해 논란이 있었음.	( )
3 문단	국립중앙박물관이 정확한 역사가 기록된 연표를 전달하였다고 밝히고, 문제 삼지 않겠다고 함.	( )
4 문단	국가박물관 측이 항의를 받아들였지만 잘못된 연표를 철거하지 않아 전시가 중단됨.	( )

핵심 내용

6 빈칸에 들어갈 알맞은 말을 이 글에서 찾아 쓰세요.

연표	뜻	역사적인 사건을 시간 순서대로 나타낸 ( )
	목적	일정한 ( ) 동안 일어난 중요한 사건, 정치적 변화, 사회 발전 모습 등을 기록하기 위해 만듦.
	의의	( )의 흐름을 한눈에 파악할 수 있으며 과거에 일어난 일을 정리하고 미래를 예측할 수 있음.

어휘

적용

7 다음 낱말이 들어갈 문장을 찾아 알맞게 선으로 이으세요.

(1) 안내문을 문 앞에 ( )하였다. •　　•㉮ 예측

(2) 기상청은 비가 언제 올지 ( )한다. •　　•㉯ 고대

(3) 이 신전은 ( )에 지어진 건물이다. •　　•㉰ 게시

(4) 홍수 피해를 막기 위한 ( )을 세워야 한다. •　　•㉱ 대책

(5) 일본은 독도가 자기 나라의 영토라고 역사를 ( )했다. •　　•㉲ 왜곡

시간의 흐름

역사는 인간 사회가 시간이 지남에 따라 잘되거나 망하면서 변해온 과정을 말해요. '**연표**'는 이러한 역사에 나타나 있는 사실을 바탕으로 있었던 사건들을 시간 순서대로 나타낸 표예요. 연표를 이용해서 역사를 정리하면 역사의 흐름을 쉽게 파악할 수 있어요. 또, 일어난 사건들이 서로 어떤 관련이 있는지 알아보거나, 비슷한 시기에 다른 나라나 지역에서 어떤 일이 일어났는지 비교해 보기도 쉬워요.

연표에는 한 나라 또는 세계에서 있었던 역사적 사실을 시간 순서대로 적은 것부터 역사적 사건을 주제별로 나누어 순서대로 적은 것 등 여러 가지 종류가 있어요. 나라나 지역의 역사뿐만 아니라 가족이 겪은 일을 순서대로 정리하거나 나에게 있었던 일을 순서대로 정리하여 연표를 만들 수도 있어요.

• 대한민국 연표

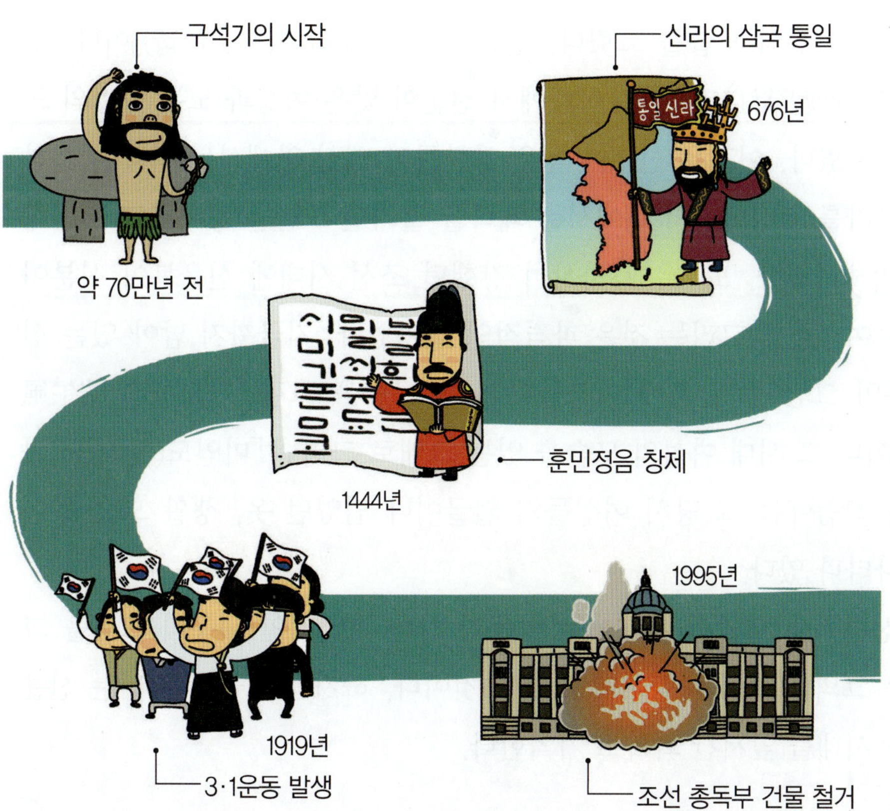

핵심 용어 다음 빈칸에 들어갈 알맞은 용어를 쓰세요.

(1) ☐☐

역(지날 歷) 사(기록 史): 지난 기록.
• 뜻: 인간 사회가 시간이 지남에 따라 잘되거나 망하면서 변해 온 과정. 또는 그 기록.

(2) ☐☐

연(해 年) 표(표 表): 해마다 일어난 일을 정리한 표.
• 뜻: 역사에 나타나 있는 사실을 바탕으로 있었던 사건들을 시간 순서대로 나타낸 표.

지문 분석

글자 수 905

시간을 나타내는 표현

조선 시대를 대표하는 화가, 신윤복

1 신윤복은 조선 시대의 대표적인 화가로 **풍속화**를 잘 그린 것으로 알려져 있다. 신윤복의 아버지는 궁궐의 그림을 맡아 그리던 관청인 도화서에서 왕의 **초상화**를 그리는 사람이었다. 신윤복도 어릴 때부터 그림을 잘 그려 도화서에 들어갔지만, 그만두고 자신이 원하는 그림을 그리며 살았다.

2 신윤복은 자신만의 표현 방법으로 그림을 그렸다. 신윤복과 같은 시대의 대표 화가인 김홍도는 그림 속 인물의 모습을 건강하고 활기차게 표현하기 위해 옅은 색과 강한 선을 주로 사용했다. 반면 신윤복은 가늘고 부드러운 선으로 인물을 **섬세하게** 표현하였다. 또 신윤복은 색을 사용하는 것에도 거침이 없었다. 빨강, 노랑, 파랑 같은 색을 그림 곳곳에 사용하여 강한 느낌을 주면서도 색의 진함과 연함이 잘 어우러지게 표현하여 그림을 보는 사람에게 눈으로 보이는 풍요로움을 주었다.

3 또한 신윤복은 당시 화가들이 **백성**들의 일상을 그렸던 것과는 달리 양반과 여성의 모습을 그렸다. 신윤복은 「연소답청(年少踏靑)」이나 「주유청강(舟遊淸江)」과 같은 작품에서 **신분**이 낮은 여성과 노는 양반의 모습을 그렸다. 이것은 신분이 높은 **양반**들이 백성 앞에서는 **점잖은** 척하고 나라를 걱정하면서 뒤에서는 **쾌락**을 즐기던 모습을 **풍자하고** 비판하기 위해서였다. 또, 유교 사상이 강했던 조선 시대에 신윤복이 신분이 낮은 여성들을 그리는 것은 **파격적**인 일이었다. 지금까지 남아 있는 신윤복의 그림 중 단오에 여자들이 노는 모습을 그린 「단오풍정(端午風情)」이나 그 시대 여성의 모습을 있는 그대로 그려낸 「미인도(美人圖)」와 같은 작품에는 그 당시 여성들의 얼굴이나 입었던 옷, 생활 모습 등이 잘 나타나 있다.

4 신윤복이 살았던 시대에는 남들과 다른 파격적인 내용의 그림을 그리는 그의 모습이 이상하게 보였을 것이다. 하지만 오늘날 우리는 신윤복을 시대를 앞서간 화가로 기억한다.

- **풍속화** 당시의 유행과 습관을 그린 그림.
- **초상화** 사람의 얼굴이나 모습을 그린 그림.
- **섬세하게** 매우 세밀하고 정확하게.
- **백성** (옛날에) 보통 국민.
- **신분** 왕이 있던 옛날에 제도적으로 개인에게 주어진 지위나 서열.
- **양반** (조선 시대에) 신분이 높은 상류 계층 사람.
- **점잖은** 품위가 있고 수준이 높은.
- **쾌락** 감성의 만족, 욕망의 충족에서 오는 유쾌하고 즐거운 감정.
- **풍자하고** 부정적인 것을 직접적으로 표현하지 않고 웃음을 곁들여 돌려서 표현하고.
- **파격적** 보통의 관습을 아주 벗어나는.

내용 독해

핵심어

1 이 글에서 가장 중심이 되는 말은 무엇인가요? (　　　)

① 김홍도　　　　　② 도화서　　　　　③ 신윤복
④ 풍속화　　　　　⑤ 조선 시대

내용 이해

2 신윤복이 그린 그림의 특징으로 알맞은 것을 모두 찾아 ◯표 하세요.

(1) 옅은 색과 강한 선을 주로 사용했다.　　　　　　　　　　(　　　)
(2) 인물의 모습을 건강하고 활기차게 표현했다.　　　　　　(　　　)
(3) 빨강, 노랑, 파랑 같은 색을 그림에 사용했다.　　　　　　(　　　)
(4) 인물을 가늘고 부드러운 선으로 섬세하게 표현했다.　　　(　　　)

추론

3 이 글을 읽고 신윤복이 살던 시대의 모습에 대해 알맞게 짐작한 것은 무엇인가요?

(　　　)

① 신분이 높은 사람만 그림을 그릴 수 있었다.
② 아버지와 아들이 같은 관청에서 일하지 못했다.
③ 성별이나 신분에 상관없이 사람을 똑같이 대했다.
④ 관청에 전문적으로 왕의 모습을 그리는 사람이 있었다.
⑤ 양반들의 잘못을 풍자하거나 비판하는 것이 흔한 일이었다.

적용

4 다음은 전시회에서 신윤복의 그림을 보고 온 학생의 발표문입니다. 이 글의 내용을 참고할 때, 고쳐야 할 부분은 무엇인가요? (　　　)

> 　안녕하세요? 저는 신윤복이 그린 「미인도」라는 그림을 보기 위해 ◯◯박물관에 다녀왔습니다. ① 미인도는 아름다운 여인의 모습을 부드럽고 섬세하게 그렸습니다. 또, ② 여인의 노리개와 허리끈을 빨강, 노랑 등 여러 가지 색으로 표현하여 여인의 모습을 생생하게 보이도록 합니다. 저는 ③ 여인의 표정이 잘 보이도록 있는 그대로 그린 것이 가장 기억에 남습니다. ④ 여인이 입고 있는 한복을 보면서 그 시대의 여성들이 어떤 옷을 입고 생활했는지도 알 수 있었습니다. ⑤ 김홍도와 비슷한 표현 방법으로 그렸다는 신윤복의 그림을 보니 조선 시대의 풍속화에 대해 더 잘 이해할 수 있었습니다.

문단 요약

5 각 문단의 중심 내용을 알맞게 선으로 이으세요.

1 문단 •　　　　　　• 신윤복에 대한 과거와 현재의 평가

2 문단 •　　　　　　• 조선 시대를 대표하는 화가인 신윤복

3 문단 •　　　　　　• 신윤복이 그렸던 작품의 내용과 작품에 담긴 의미

4 문단 •　　　　　　• 신윤복이 그림에 선과 색으로 인물을 표현한 방법

핵심 내용

6 빈칸에 들어갈 알맞은 말을 이 글에서 찾아 쓰세요.

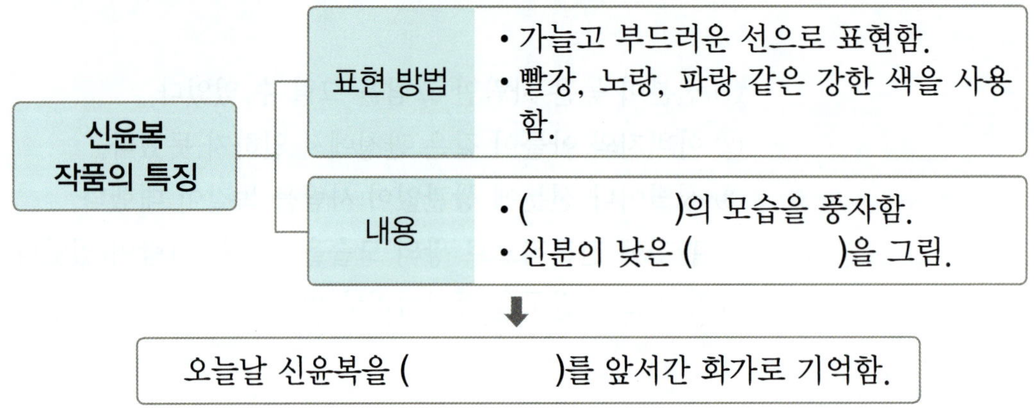

적용

7 다음 문장의 빈칸에 들어갈 알맞은 낱말을 보기 에서 찾아 쓰세요.

> **보기**
>
> 섬세　　풍자　　신분　　초상화　　점잖은

(1) 예술가는 조각을 (　　　　)하게 다듬었다.
(2) 박물관에서 조선 시대 왕의 (　　　　)을/를 보았다.
(3) 사회의 모습을 (　　　　)한 만화가 인기를 얻고 있다.
(4) 조선 시대에는 (　　　　)에 따라서 하는 일이 모두 달랐다.
(5) 이모의 결혼식에 참석하기 위해 (　　　　) 옷을 꺼내 입었다.

시간을 나타내는 표현

시간을 나타내는 말에는 옛날, 오늘날, **과거**, **현재**, 미래처럼 정해지지 않은 어떤 때를 나타내는 말이 있어요. 또 시대나 세기처럼 정해진 **기간**을 나타내는 말도 있지요.

시대는 역사적으로 어떤 특징을 기준으로 나눈 **일정한** 기간을 뜻해요. '구석기 시대, 신석기 시대, 삼국 시대, 통일신라 시대, 조선 시대'처럼 어떤 때를 나타내는 말 뒤에 붙일 수 있어요. **세기**는 100년을 1세기로 하여 연대를 세는 단위로, 주로 '21세기'처럼 수를 나타내는 말 뒤에 붙어요.

• 정해지지 않은 때를 나타내는 말

▲ 과거　　　　▲ 현재　　　　▲ 미래

• 특정한 기준으로 나눈 일정한 기간을 나타내는 말

▲ 구석기 시대　　　▲ 통일신라 시대　　　▲ 조선 시대

- **과거** 지나간 때.
- **현재** 지금 이때.
- **기간** 어느 일정한 때부터 다른 일정한 때까지의 동안.
- **일정한** 여럿의 크기, 모양, 시간, 범위 등이 하나로 정해져서 똑같은.

 다음 빈칸에 들어갈 알맞은 용어를 쓰세요.

(1) ☐☐

시(때 時) 대(세대 代): 한 세대.
• 뜻: 역사적으로 어떤 특징을 기준으로 나눈 일정한 기간.

(2) ☐☐

세(백 년 世) 기(세월 紀): 백 년의 세월.
• 뜻: 백 년 동안을 세는 단위.

가족의 역사

잃어버린   ㉠   을 찾아서

지문 분석

글자 수   912
800   900   1000

1 김○○ 할머니는 **흥남 철수 작전**에서 살아남은 분이다. 할머니가 열 살이 되던 1950년에 한국 전쟁이 일어났고, 그때 할머니는 북한에 살고 있었다. 할머니는 여기저기에서 날아오던 포탄과 소리를 지르던 사람들의 모습, 어떤 일이 일어나는지 모르는 채 정신없이 부모님과 언니, 오빠들의 뒤를 따라 뛰어갔던 기억만 남아 있다고 한다.

2 할머니의 가족은 밀려 내려오는 북한군과 중국군을 피해 흥남까지 내려왔다. 그러다가 할머니는 가족들과 헤어져 홀로 배에 몸을 실었고, 할머니가 탄 배는 거제도에 도착했다. 고향을 떠나 먼 곳에서 혼자 살게 된 할머니는 보자기에 짐을 싸서 들고 여기저기에 물건을 팔러 다니기 시작했다. 그러다 시장 한구석에 자리를 잡아 장사를 시작했고, 스무 살 무렵에는 남편을 만났다. 남편과 함께 여러 명의 자식을 낳아 키우며 살 았지만, 할머니는 늘 마음이 **서글펐다**. 헤어진 가족에 대한 그리움이 컸 기 때문이다.

3 할머니는 1983년에 한 텔레비전 방송국에서 전국적으로 진행한 **이 산가족** 찾기 프로그램을 통해 헤어진 가족을 만날 수 있었다. **극적**으로 이산가족을 만나는 모습을 보던 할머니도 방송국으로 **무작정** 달려갔고, 미국에 살고 있던 할머니의 오빠와 기적적으로 연락이 닿았다. 할머니 의 부모님은 돌아가셨지만, 꼭 동생을 찾으라는 아버지의 **유언**에 할머 니의 오빠도 계속 할머니를 찾고 있었던 것이다. 할머니는 33년만에 만 나게 된 오빠와 **껴안고** 눈물을 흘렸다. 그 이후 할머니는 다시 만난 오 빠의 가족까지 할머니의 가족이 되어 대가족을 **이루었다**.

4 할머니는 한국 전쟁이라는 역사적 사건이 자신을 고통 속에 밀어 넣 기도 했지만, 그 덕분에 가족이 함께하는 것의 소중함을 **뼛속** 깊이 느낄 수 있었다고 말한다. 할머니의 삶은 할머니 개인의 삶이기도 하지만 살 아 있는 역사이기도 하다. 할머니의 삶이 우리 역사의 **일부**로 존재하기 때문이다.

- **흥남 철수 작전** 한국 전쟁 때 인 1950년 12월 중국군의 개입으로 미군과 한국군이 피난민과 함께 함경남도 흥 남항에서 배를 타고 철수한 작전.
- **서글펐다** 마음에 들지 않고 섭섭했다.
- **이산가족** 국토의 분단이나 전쟁 등의 사정으로 이리저 리 흩어져서 서로 소식을 모 르는 가족.
- **극적** 연극처럼 감동적이거나 큰 긴장을 불러일으키는 것.
- **무작정** 앞으로의 일에 대해 미리 생각하거나 정한 것이 없이.
- **유언** 죽기 전에 말을 남김.
- **껴안고** 두 팔로 감싸서 안고.
- **이루었다** 여럿이 모여 어떤 성질이나 모양을 띤 것이 되 게 하였다.
- **일부**(― 하나 일, 部 나눌 부) 한 부분. 또는 전체 중에서 얼마.

제목

1 ㉠에 들어갈 이 글의 제목으로 알맞은 말을 찾아 두 글자로 쓰세요.

(　　　　　　　)

내용 이해

2 이 글을 통해 할머니의 삶에 대해 알 수 있는 내용으로 알맞지 <u>않은</u> 것은 무엇인가요? (　　　)

① 할머니의 고향은 북한이다.
② 할머니는 거제도에 내려와 평생 혼자 살았다.
③ 할머니는 가족과 헤어져 홀로 배를 타고 거제도로 왔다.
④ 할머니의 가족은 북한군과 중국군을 피해 흥남으로 내려왔다.
⑤ 할머니는 짐을 들고 물건을 팔러 다니다가 시장에 자리를 잡고 장사를 했다.

추론

3 ❸문단을 읽고 당시 시대의 모습을 짐작한 것으로 알맞지 <u>않은</u> 것은 무엇인가요?

(　　　)

① 많은 국민이 텔레비전을 볼 수 있었다.
② 한국 전쟁 이후에 외국으로 가서 살게 된 사람들이 있었다.
③ 한국 전쟁으로 헤어진 가족들은 서로 소식을 몰라 만나기 어려웠다.
④ 한국 전쟁으로 고향을 떠났던 사람들은 모두 고향으로 돌아가 살았다.
⑤ 이산가족 찾기 방송을 할 정도로 한국 전쟁으로 헤어진 가족이 많았다.

적용

4 이 글을 읽고 할머니의 삶을 통해 알게 된 내용을 알맞게 말하지 <u>못한</u> 친구는 누구인가요? (　　　)

① 나연: 할머니의 삶과 우리나라의 역사는 뗄 수 없는 관계야.
② 지우: 할머니의 삶을 살펴보면서 우리나라의 역사 흐름도 알게 되었어.
③ 소희: 할머니가 살아온 삶을 정리한 이 글도 하나의 역사로 볼 수 있어.
④ 이안: 할머니의 삶을 통해 나와 가족의 삶도 역사의 일부가 될 수 있음을 알
　　　 게 되었어.
⑤ 재율: 한국 전쟁은 우리나라 역사에서는 큰 사건이지만 한 개인에게는 그다
　　　 지 큰일이 아니었어.

구조 분석

5 다음 질문의 답을 찾을 수 있는 문단을 찾아 선으로 이으세요.

김○○ 할머니의 삶이 가지는 의미는 무엇인가요?	•	• **1**문단
김○○ 할머니는 헤어진 가족을 어떻게 다시 만날 수 있었나요?	•	• **2**문단
김○○ 할머니가 기억하는 한국 전쟁이 일어났을 때의 상황은 어떠했나요?	•	• **3**문단
한국 전쟁 때와 전쟁이 끝난 이후에 김○○ 할머니는 어떤 삶을 살았나요?	•	• **4**문단

6 빈칸에 들어갈 알맞은 말을 이 글에서 찾아 쓰세요.

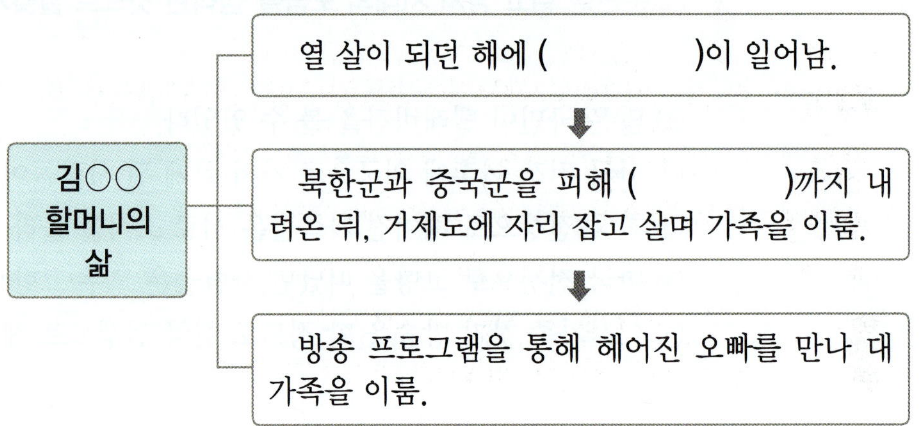

어휘

7 다음 문장의 빈칸에 들어갈 알맞은 낱말을 보기 에서 찾아 쓰세요.

보기

일부	무작정	껴안고	극적으로	이루었다

⑴ 작은 나무들이 모여 숲을 (   ).
⑵ 아이는 강아지를 품에 꼭 (   ) 나타났다.
⑶ 아무런 계획도 없이 (   ) 여행을 떠났다.
⑷ 비가 많이 내려서 다리 (   )이/가 물에 잠겼다.
⑸ 월드컵 대회에서 대한민국이 (   ) 상대를 이겼다.

가족의 역사

가족은 우리와 가장 가까운 사람들로 이루어져 있어요. 가족이 함께하는 동안 동생의 탄생, 할아버지의 생신, 삼촌의 결혼식, 가족 모임, 나의 입학식과 졸업식, 부모님의 결혼기념일, 가족여행처럼 다양한 일들이 생겨요. 이러한 일들이 모두 **가족 역사**가 돼요. 가족 사이에 일어난 일을 시간의 순서대로 정리해서 **가족 역사 연표**를 만들어 보면 우리 가족의 역사를 알 수 있어요. 이렇게 나와 우리 가족이 만들어 가는 시간의 **기록**도 역사의 일부가 된답니다.

▲우리 가족 연표

핵심 용어 다음 빈칸에 들어갈 알맞은 용어를 쓰세요.

(1) ☐☐ **역사**

가(집 家) 족(겨레 族): 같은 핏줄로 이루어진 집.
- 뜻: 결혼이나 핏줄, 입양으로 맺어진 관계에서 만들어지는 기록.

(2) **가족 역사** ☐☐

연(해 年) 표(표 表): 연도를 나타내는 표.
- 뜻: 가족에게 있었던 일을 일어난 순서대로 나타낸 표.

● **기록** 나중에 남길 목적으로 어떤 사실을 적음. 또는 그런 글.

주변에 남아 있는 과거의 흔적들

지문 분석

글자 수 998
800 900 1000

1 '안 봐도 비디오'라는 말은 앞으로 어떤 일이 일어날지 알고 있는 상황에 쓰는 말이다. 이 말에 쓰인 '비디오'는 예전에 사람들이 영상을 볼 때 주로 사용했던 '비디오테이프'에서 온 말이다. 비디오테이프는 모습을 감추었지만 그 말은 남아서 계속 쓰이고 있는 것이다. '비디오'처럼 우리 생활 속에 **존재하다가** 잘 쓰이지 않게 된 물건에는 무엇이 있을까?

2 개인 **휴대용** 카세트 플레이어는 걸어 다니며 음악을 들을 수 있도록 만든 **기기**이다. 개인 휴대용 카세트 플레이어를 이용하면서 사람들은 언제 어디에서나 자신이 듣고 싶은 음악을 들을 수 있게 되었다. 하지만 몇 년이 지나 컴퓨터 파일로 음악을 **재생하는** 엠피스리 플레이어 같은 기기가 나오면서 개인 휴대용 카세트 플레이어는 사라지기 시작했다.

3 '무선 호출기'는 선이 없이 자유롭게 가지고 다니며 연락을 주고받을 수 있도록 만들어진 기기로, '삐삐'라고도 불렸다. 무선 호출기는 전화번호나 **음성** 메시지만 남길 수 있었지만, 공중전화에 비하면 훨씬 빠르고 편하게 연락할 수 있어 많은 사람들이 사용했다. 그러나 바로 전화를 걸어 통화할 수 있는 휴대 전화가 등장하면서 무선 호출기를 사용하는 사람이 적어졌고, 지금은 보기 힘든 물건이 되었다.

4 필름 카메라는 카메라에 필름을 넣고 사진을 찍는 기기이다. 필름 카메라는 촬영할 때 복잡한 장비를 갖추지 않아도 사진기만 있으면 원하는 장면을 찍을 수 있었다. 그리고 사진을 찍은 뒤 필름을 사진관에 맡기면 며칠 안에 찍은 사진을 볼 수 있었다. 이러한 쉬운 사용법 덕분에 필름 카메라는 사람들의 **필수품**이 되었다. 하지만 사진을 찍고 컴퓨터로 바로 확인할 수 있는 디지털 카메라가 등장하면서 필름 카메라는 사용하는 사람이 줄어들기 시작했다.

5 이처럼 우리 삶 속에 나타났던 물건들은 새로운 기술의 등장과 변화하는 생활 방식에 따라 모습을 감추지만 그 **흔적**은 완전히 사라지지 않고 남아 있다. 이런 물건들은 우리가 살아온 삶의 방식과 쌓아 온 문화를 보여주는 **증거**이며 과거와 현재를 이어 주는 **연결** 고리가 된다.

- **존재하다가** 현실에 실제로 있다가.
- **휴대용** 손에 들거나 몸에 지니고 다닐 수 있게 만든 물건.
- **기기** 기계, 기구 등을 모두 가리켜 부르는 말.
- **재생하는** 녹음이나 녹화를 한 것을 원래대로 다시 듣거나 보여 주는.
- **음성** 사람의 목소리나 말소리.
- **필수품** 일상생활에 없어서는 안 되는 꼭 필요한 물건.
- **흔적** (어떤 것이 있었거나 지나가고) 뒤에 남은 자국.
- **증거** 어떤 사건이나 사실을 확인할 수 있는 근거.
- **연결** 둘 이상의 사물이나 현상 등이 서로 이어지거나 관계를 맺음.

내용 독해

제목

1 이 글의 제목으로 가장 알맞은 것은 무엇인가요? (　　　)

① 사람들의 관심을 끄는 물건들
② 지금은 사라진 추억 속 물건들
③ 필름 카메라에서 디지털 카메라로의 발전
④ 선이 없이 연락을 주고받을 수 있는 기술
⑤ 걸어 다니면서 음악을 들을 수 있는 물건

내용 이해

2 다음 물건들이 잘 쓰이지 않게 된 원인을 찾아 선으로 이으세요.

(1) 개인 휴대용 카세트 플레이어	•	• ㉮ 휴대 전화의 등장
(2) 무선 호출기	•	• ㉯ 디지털 카메라의 등장
(3) 필름 사진기	•	• ㉰ 엠피스리 플레이어의 등장

추론

3 이 글을 통해 답을 알 수 있는 질문은 무엇인가요? (　　　)

① 무선 호출기를 '삐삐'라고 부른 이유는 무엇인가요?
② 무선 호출기에 온 음성 메시지는 어떻게 확인했나요?
③ 개인 휴대용 카세트 플레이어는 음악을 듣는 모습을 어떻게 바꾸었나요?
④ 개인 휴대용 카세트 플레이어를 사용하기 전에는 어떤 기기로 음악을 들었나요?
⑤ 필름 카메라로 찍은 사진과 디지털 카메라로 찍은 사진 중 어느 사진이 더 뚜렷하게 보이나요?

적용

4 이 글을 읽고 알맞게 말하지 <u>못한</u> 친구는 누구인지 쓰세요.

> 서준: 필름 카메라를 사용하는 사람이 적어지면서 사진관도 많이 사라졌을 거야.
> 지훈: 사람들은 무선 호출기보다 더 빠르게 연락을 주고받을 수 있는 휴대 전화를 사용하는 것이 편했을 거야.
> 민서: 컴퓨터 기술의 발전은 개인 휴대용 카세트 플레이어와 필름 카메라가 사라지는 것에 큰 영향을 주지 않았을 거야.

(　　　　　　　　)

문단 요약

5 다음 빈칸에 들어갈 알맞은 말을 쓰며 이 글의 내용을 정리하세요.

문단	중심 내용
1	(　　　　　　)처럼 생활 속에 존재하다가 쓰이지 않는 물건들
2	언제 어디에서나 음악을 들을 수 있도록 만들어졌으나 엠피스리 플레이어의 등장으로 점차 사라진 개인 휴대용 카세트 플레이어
3	선이 없이 연락을 주고받을 수 있어 인기를 얻었으나 휴대 전화의 등장으로 보기 힘들어진 (　　　　　　)
4	손쉬운 사용법 때문에 필수품이었다가 디지털 카메라의 등장으로 사용하는 사람이 줄어든 (　　　　　　)
5	사람들이 과거에 사용했던 물건들이 가지는 의의

핵심 내용

6 빈칸에 들어갈 알맞은 말을 이 글에서 찾아 쓰세요.

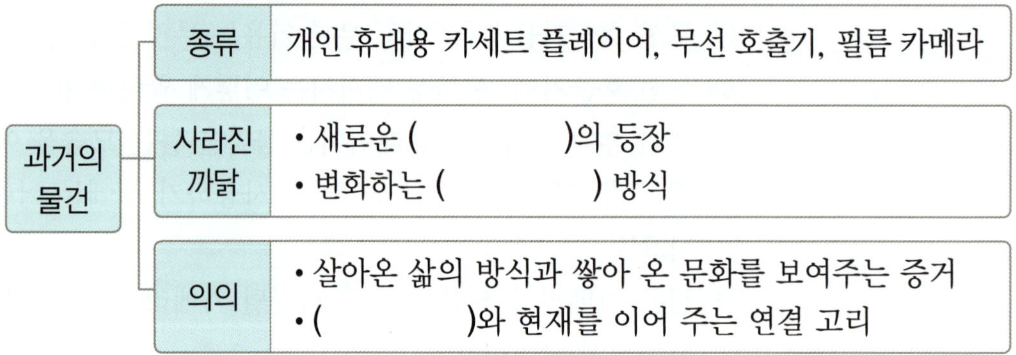

적용

7 다음 문장의 빈칸에 들어갈 알맞은 낱말을 보기 에서 찾아 쓰세요.

보기

기기	존재	증거	필수품	휴대용

(1) 휴대 전화는 현대인의 (　　　　　)이/가 되었다.
(2) 동생은 도깨비가 진짜 (　　　　　)한다고 믿었다.
(3) 이 필통의 주인이 너라는 (　　　　　)을/를 대 봐!
(4) 여러 종류의 디지털 (　　　　　) 덕분에 생활이 편리해졌다.
(5) (　　　　　) 선풍기는 여름에 반드시 필요한 물건이 되었다.

주변에 남아 있는 과거의 흔적들

우리 **주변**에는 오래된 물건들이 많아요. **계산할** 때 사용하는 주판이나 곡식을 갈 때 사용하는 맷돌처럼 아주 오래전부터 사용해 온 물건들도 있고, 시디플레이어나 카세트, 비디오테이프처럼 기술이 발전하면서 예전보다 많이 쓰이지 않게 된 물건들도 있어요.

이러한 물건들은 사람들이 과거에 어떻게 살았는지 그에 대한 **기록**이 되고, 과거의 삶이 진짜인지 밝히는 **증거**가 돼요. 우리가 과거에 적어 둔 편지나 일기장, 찍어 둔 사진들도 모두 당시에 무슨 일이 있었는지 살펴볼 수 있는 기록이 된답니다. 그리고 이 기록들은 과거에 있었던 일들에 대한 증거가 되고, 이러한 기록과 증거가 모여 오랜 시간이 지나면 역사가 됩니다.

핵심 용어 다음 빈칸에 들어갈 알맞은 용어를 쓰세요.

(1) ☐☐

기(적을 記) 록(문서 錄): 문서로 적음.
- 뜻: 오래도록 남기기 위해 어떤 사실을 적는 것.

(2) ☐☐

증(밝힐 證) 거(근거 據): 근거로 밝힘.
- 뜻: 어떤 사건이나 사실을 확인할 수 있는 근거.

- **주변** 어떤 대상을 싸고 있는 둘레. 또는 가까운 범위 안.
- **계산할** 숫자를 세거나 더하기, 빼기, 곱하기, 나누기 등의 셈을 할.

지문 분석

글자 수 **834**
800 900 1000

지명으로 알 수 있는 지역의 특징

1 사람마다 이름이 있는 것처럼 장소에도 이름이 있다. 사람들이 살아가면서 마을이나 지역, **산천**에 붙인 이름을 '지명'이라고 하는데, 지명에는 지역과 관련 있는 옛이야기나 지역의 자연환경, 생활 모습 등이 담겨 있다.

2 ㉠지역의 옛이야기가 담겨 있는 지명으로 잘 알려진 곳은 서울특별시 관악구의 '낙성대'이다. 낙성대는 거란의 40만 **대군**을 물리친 고려의 강감찬 장군이 태어난 곳으로, 강감찬이 태어나던 날 하늘에서 큰 별이 떨어졌다는 뜻에서 '떨어질 낙(落)' 자와 '별 성(星)' 자를 더하여 '낙성대'라는 이름을 붙였다. 충청북도 제천에는 '박달재'라는 **고개**가 있다. 이 고개는 **과거**를 보러 가던 **선비** 박달이 이 지역의 여인인 금봉과 사랑에 빠졌지만 이루지 못하고 결국 고개에서 죽음을 맞이하였다는 이야기에서 붙여진 이름이다.

3 ㉡지역의 자연환경이 지명에 반영되어 있는 곳도 있다. 우리나라에는 지역마다 '밤나무골(밤골)'이라는 마을 이름이 많은데, 이것은 밤나무가 많은 마을이라는 뜻에서 붙여진 지명이다. '인천', '여천'처럼 '내 천(川)' 자가 들어간 지명은 그 지역에 **하천**이나 우물, 냇가 등이 있었다는 것을 나타낸다. '부암동'이나 '암사동'에 쓰인 '암(巖)'은 한자로 바위를 뜻하는데, 이 한자가 붙은 곳은 바위와 관련이 있다는 것을 알 수 있다.

4 ㉢지역 사람들의 생활 모습을 알 수 있는 지명도 있다. '탄현'이라는 지명에서 '탄(炭)'은 한자로 **숯**을 뜻하는데, 예전에 이 지역에 숯을 만들어 팔았던 사람들이 많이 살고 있어서 붙여졌다. 또, 강북구에는 '빨래골'이라는 마을이 있는데 이곳은 맑은 물이 흘러 들어와 **근처**에 살던 사람들이 빨래를 하거나 쉬기도 했다는 뜻에서 붙여진 이름이다.

- **산천**(山 산 산, 川 내 천) 산과 물 등의 자연.
- **대군**(大 클 대, 軍 군사 군) 병사의 수가 많은 군대.
- **고개** 산이나 언덕을 오르내리며 다닐 수 있게 길이 나 있는 곳.
- **과거** (옛날에) 높은 관리를 뽑던 국가 시험.
- **선비** (옛날에) 돈을 버는 일이나 벼슬보다는 공부를 열심히 하던 사람.
- **하천**(河 강물 하, 川 내 천) 강과 시내.
- **숯** 불을 피울 때 쓰기 위해 나무를 가마에 넣고 구워 낸 검은색 덩어리.
- **근처** 어떤 장소나 물건, 사람을 중심으로 하여 가까운 곳.

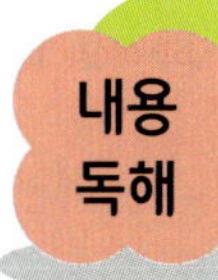

전개 방식

1 이 글의 설명 방법으로 알맞은 것은 무엇인가요? (　　　)

① 지명을 기록하는 방법을 요약하여 설명하고 있다.
② 지명이 바뀌는 까닭을 원인과 결과에 따라 설명하고 있다.
③ 지명에서 알 수 있는 지역의 특징을 예를 들어 설명하고 있다.
④ 여러 고장에서 전해 내려오는 옛이야기를 자세하게 소개하고 있다.
⑤ 고장의 문화유산이 가진 특징을 전문가의 말을 빌려 설명하고 있다.

내용 이해

2 지명을 통해 알 수 <u>없는</u> 것은 무엇인가요? (　　　)

① 지역의 자연환경
② 지역과 관련 있는 옛이야기
③ 지역과 관련 있는 역사적 인물
④ 지역에 살던 사람들의 생활 모습
⑤ 지역 사람들이 생각한 미래의 모습

추론

3 이 글을 읽고 짐작할 수 있는 내용이 <u>아닌</u> 것은 무엇인가요? (　　　)

① 우리나라 곳곳에 밤나무가 많았다.
② ‘곤지암(昆池岩)’이라는 지명은 바위와 관련이 있다.
③ ‘제천(堤川)’과 ‘춘천(春川)’은 하천과 관련이 있는 지역이다.
④ 생활 모습이 담긴 지명을 통해 그 지역이 어떻게 발전해 왔는지 알 수 있다.
⑤ 한 지역의 지명을 통해 그 지역의 역사, 자연환경, 생활 모습을 한꺼번에 파
　 악할 수 있다.

적용

4 ㉠～㉢에 해당하는 사례를 알맞게 들어 설명한 것을 찾아 기호를 쓰세요.

> ㉮ ㉠에 해당하는 지명에는 피난을 떠나던 인조 임금이 말 위에서 죽을 먹었
> 던 곳이라는 뜻에서 붙여진 ‘말죽거리’가 있다.
> ㉯ ㉡에 해당하는 지명에는 누에를 치는 사람들이 많이 살던 곳이라는 뜻에
> 　 서 누에를 뜻하는 한자 ‘잠’을 써서 붙인 ‘잠실’이 있다.
> ㉰ ㉢에 해당하는 지명에는 북한강과 남한강의 두 물줄기가 만나는 곳이라
> 　 는 뜻에서 붙여진 ‘두물머리’가 있다.

(　　　　　　　)

구조 분석

문단 요약

5 다음은 어느 문단의 중심 내용인지 문단의 번호를 쓰세요.

지명의 뜻과 그 안에 담겨 있는 내용	(　　　)문단
지역의 옛이야기가 반영되어 있는 지명	(　　　)문단
지역의 자연환경이 반영되어 있는 지명	(　　　)문단
지역 사람들의 생활 모습이 반영되어 있는 지명	(　　　)문단

핵심 내용

6 빈칸에 들어갈 알맞은 말을 이 글에서 찾아 쓰세요.

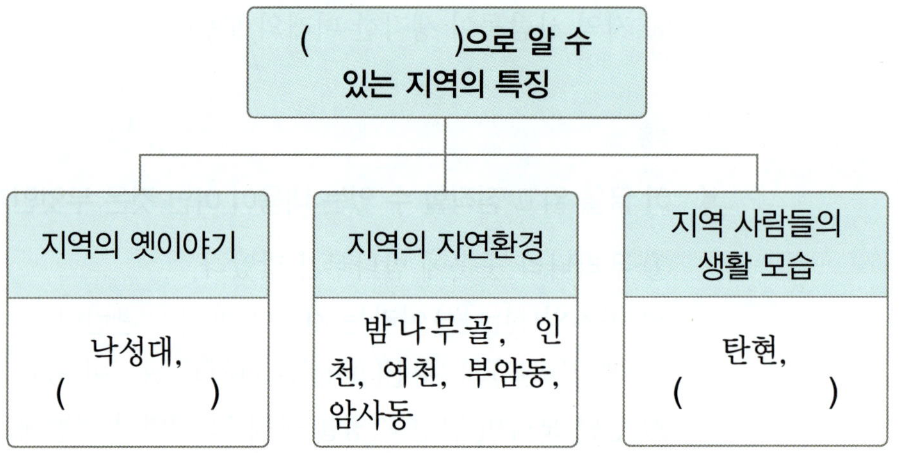

적용

7 다음 문장의 빈칸에 들어갈 알맞은 낱말을 보기 에서 찾아 쓰세요.

보기

숯　　근처　　대군　　고개　　산천

⑴ 우리 집 (　　　　)에는 큰 산이 있다.
⑵ 장군은 (　　　　)을/를 이끌고 나가 왜군을 무찔렀다.
⑶ 아버지께서 (　　　　)(으)로 피운 불에 고기를 구우셨다.
⑷ 친구는 (　　　　) 꼭대기까지 올라가 손을 흔들며 인사했다.
⑸ 이 지역은 (　　　　)이/가 아름다워서 많은 사람들이 찾아온다.

변화하는 지역 사회

정답과 해설 **10** 쪽

지역은 어떤 특징이나 일정한 기준에 따라 나눈 땅을 뜻하는 말로, 우리가 사는 지역의 모습은 시간의 흐름에 따라 계속 변화해요. 기술이 발달하고 생활 습관이 달라지며 지역에 사는 사람들이 하는 일 등이 바뀌기 때문이에요. 옛이야기나 옛날 사진, 영상 자료 등을 통해 지역의 옛날과 지금의 모습을 비교하면 지역이 어떻게 변화했는지 알 수 있어요.

옛이야기를 살펴보면 우리 지역에서 자주 사용되는 이름의 **유래**나 지역에 살던 옛날 사람들의 생활 모습, 지역의 자연환경 등을 알 수 있답니다. 또 땅의 이름인 **지명**에도 지역의 특징이 나타나 있는 경우가 많아서 지역의 생활 모습의 변화를 알 수 있어요.

핵심 용어 다음 빈칸에 들어갈 알맞은 용어를 쓰세요.

(1) ☐☐

지(땅 地) 역(지경 域): 땅의 경계.
- 뜻: 어떤 특징이나 일정한 기준에 따라 범위를 나눈 땅.

(2) ☐☐

지(땅 地) 명(이름 名): 땅의 이름.
- 뜻: 마을이나 지방, 지역의 이름.

• 기와말

기와를 굽던 큰 가마터가 있어요.

• 마이산

말의 귀처럼 생긴 봉우리가 있어요.

• 복사골

복숭아 나무가 많이 있어요.

• 장승배기

마을 입구에 장승이 있어요.

● **유래** (어떤 것이) 전부터 내려 오는 것. 또는 그 전해져 온 역사.

옛날과 오늘날의 풍습

1 텔레비전 뉴스나 인터넷에서 전달하는 일기 예보를 통해 우리는 오늘, 내일뿐만 아니라 다음 주 날씨까지 미리 알 수 있다. 예전보다 **기상**을 **분석하는** 기술이 발전했기 때문이다. 그렇다면 이런 기술이 없었던 옛날에는 계절과 날씨의 **변화**를 어떻게 알았을까? 그 답은 '절기'에서 찾을 수 있다. 5

2 절기는 태양의 움직임을 관찰하고, 1년을 24**등분하여** 정한 계절의 구분을 뜻한다. 그래서 절기는 약 15일을 **주기**로 해마다 비슷한 날짜에 돌아온다. 우리 조상들은 절기에 따라 계절을 파악하여 농사일을 하고, 다가올 계절의 변화에 대비할 수 있었다. 우리 조상들의 삶에 절기가 깊이 녹아 있었다는 것은 예로부터 전하여 온 말들을 통해 알 수 있다. 10

3 '입춘'은 우리에게 봄을 알리는 절기로 알려져 있지만 그 무렵에 오히려 큰 추위가 찾아온다. 그래서 '입춘 추위에 김칫독 얼어 터진다.'라는 말은 봄이 왔다고 생각했지만, 몸으로는 추위를 느끼는 데서 나온 말이다. '하지'는 한 해 중 낮이 가장 긴 시기로, 농사일이 가장 바빠지는 여름의 절기이다. 그래서 발을 논에서 **뺄** 수 없을 만큼 바쁜 시기라는 15 뜻의 '하지가 지나면 발을 **물꼬**에 **담그고** 산다.'라는 말이 있다.

4 가을의 절기인 '입추'는 장마가 끝난 뒤 날이 좋고 햇빛이 잘 들어 벼가 자라는 속도가 무척 빠른 시기이다. 그래서 '입추 때는 벼 자라는 소리에 개가 짖는다.'라는 말이 있다. 실제로 벼가 자라는 소리를 들을 수 있는 것은 아니지만 그만큼 벼가 잘 자라기를 바라는 마음이 담겨 있다. 20 겨울의 절기인 (㉠) '입동이 지나면 **김장**도 해야 한다.'라는 말은 입동이 온 뒤 오래 지나면 추운 날씨에 배추가 얼고 싱싱한 재료를 구하기가 힘들기 때문에 빨리 김장을 해야 한다는 것을 알려주는 말이다.

5 이처럼 절기에는 자연을 직접 경험하고 느끼며 계절의 변화를 알았던 옛사람들의 지혜가 녹아 있다. 우리도 몸과 마음으로 계절을 직접 느 25 껴 본다면 자연의 시간표와 같은 절기에 담긴 특별함을 깨달을 수 있을 것이다.

- **기상**(氣 기운 기, 象 코끼리 상) 바람, 비, 구름, 눈 등의 대기 속에서 일어나는 현상.
- **분석하는** 어떤 현상이나 사물을 여러 요소나 성질로 나누는.
- **변화** 무엇의 모양이나 상태, 성질 등이 달라짐.
- **등분하여** 어떤 것의 수나 양을 똑같이 나누어.
- **주기** 같은 현상이나 특징이 한 번 나타나고부터 다음번 되풀이되기까지의 기간.
- **물꼬** 논에 물이 들어오고 나갈 수 있게 만든 길.
- **담그고** 무엇을 액체 속에 넣고.
- **김장** 겨울 동안 먹을 김치를 늦가을에 한꺼번에 많이 만드는 일.

제목

1 이 글의 제목으로 알맞은 것은 무엇인가요? (   )

① 자연의 시간표, 절기
② 우리나라의 여러 가지 풍습
③ 절기에 따라 해야 하는 농사일
④ 계절과 관련 있는 우리나라의 풍습
⑤ 계절과 날씨를 파악하는 기술의 발전

내용 이해

2 이 글을 통해 알 수 있는 내용이 <u>아닌</u> 것은 무엇인가요? (   )

① 옛날에도 계절과 날씨의 변화를 미리 알 수 있었다.
② 옛사람들은 절기에 따라 계절에 알맞은 농사일을 했다.
③ 오늘날 사람들은 절기를 통해 날씨를 정확하게 예측한다.
④ 우리나라에는 예로부터 전하여 온 절기와 관련 있는 말들이 있다.
⑤ 절기는 태양의 움직임을 관찰하여 1년을 24등분하여 정한 것이다.

추론

3 **3**문단과 **4**문단의 내용으로 보아, ㉠에 들어갈 알맞은 내용은 무엇인가요?

(   )

① '추석'은 팔월의 한가운데 날이라는 뜻으로, 우리나라의 대표적인 명절이다.
② '처서'는 더위가 물러가는 시기로 서서히 시원해질 것을 알려 주는 절기이다.
③ '경칩'은 세상 모든 것이 겨울잠에서 깨어나는 시기로, 따뜻한 봄이 오는 것
　을 알려 주는 절기이다.
④ '입동'은 겨울이 시작되는 시기로, 낮의 길이가 짧아지고 기온이 떨어지기 시
　작한다고 알려진 절기이다.
⑤ '대서'는 장마가 끝나고 더위가 가장 심해지는 시기로, 무더운 날씨가 계속될
　것임을 알려 주는 절기이다.

적용

4 이 글을 읽고 절기에 대해 알맞게 이해한 친구는 누구인지 이름을 쓰세요.

> 정우: 절기는 실제로 농사일을 하는 데에 도움이 되지는 않았던 것 같아.
> 혜주: 절기는 태양의 움직임을 관찰해서 정한 것이니까 각 절기는 매년 정해
> 　　　진 날짜에 정확하게 돌아오겠구나.
> 유라: 절기와 관련된 말은 농사와 관련이 많은 것 같아. 절기와 관련 있는
> 　　　다른 여러 가지 말을 찾아보고 싶어.

(   )

문단 요약

5 다음 질문의 답을 찾을 수 있는 문단을 찾아 선으로 이으세요.

1 문단 •	• 봄과 여름의 절기와 관련 있는 말
2 문단 •	• 가을과 겨울의 절기와 관련 있는 말
3 문단 •	• 옛사람들이 계절과 날씨의 변화를 파악할 수 있게 해 준 절기
4 문단 •	• 절기를 정한 방법과 절기의 뜻, 절기로 계절을 파악하여 한 일
5 문단 •	• 자연을 직접 경험하고 느끼며 계절의 변화를 알았던 옛사람들의 지혜가 녹아 있는 절기

핵심 내용

6 빈칸에 들어갈 알맞은 말을 이 글에서 찾아 쓰세요.

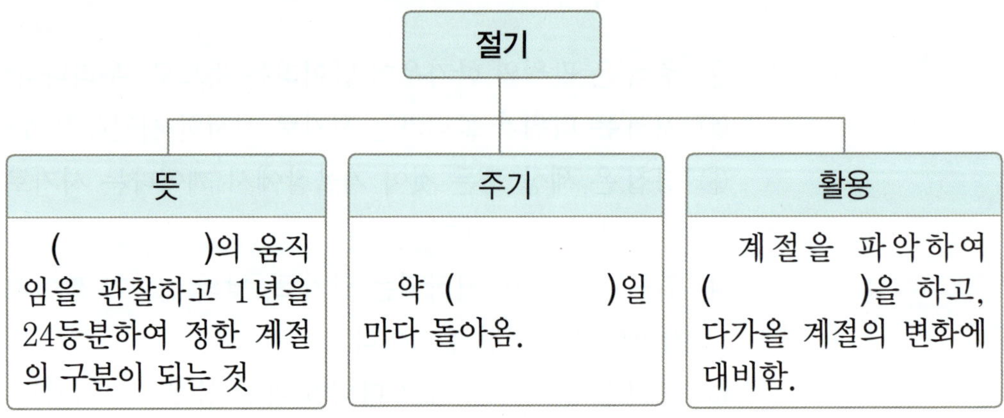

적용

7 다음 문장의 빈칸에 들어갈 알맞은 말을 보기 에서 찾아 쓰세요.

보기

> 기상　　등분　　변화　　분석　　담그고

(1) 문제를 (　　　　)하여 해결 방법을 찾아냈다.

(2) 차가운 계곡물에 발을 (　　　　) 더위를 식혔다.

(3) 케이크를 4(　　　　)하여 친구들과 나누어 먹었다.

(4) 오늘 (　　　　) 상황이 좋지 않아 바다에 배가 뜨지 못했다.

(5) 컴퓨터의 발명은 사람들의 생활에 큰 (　　　　)을/를 가져왔다.

옛날과 오늘날의 풍습

정답과 해설 **11** 쪽

농업 중심 사회였던 옛날에는 농사일을 해야 할 때가 언제인지 아는 것이 무척 중요했어요. 그래서 사람들은 태양의 움직임에 따라 1년을 24개로 나눈 24**절기**를 만들어 계절과 그때의 날씨를 짐작했어요. 그래서 사계절의 봄, 여름, 가을, 겨울마다 6개의 절기가 있답니다.

절기마다 하던 여러 가지 **풍습**도 있었어요. 봄이 시작하는 절기인 입춘에는 '**입춘대길**(立春大吉)'이라는 글자를 쓴 종이를 대문에 붙여 복이 오기를 바라기도 하고, 일 년 중 밤이 가장 길고, 낮이 가장 짧은 절기인 **동지**에는 귀신이 싫어한다는 팥으로 만든 팥죽을 먹어 나쁜 귀신이 오는 것을 막기도 했어요.

핵심 용어 다음 빈칸에 들어갈 알맞은 용어를 쓰세요.

(1) ☐☐

절(철 節) 기(날씨 氣): 사계절의 날씨.
- 뜻: 일 년을 스물넷으로 나누어 계절을 구분하는 것.

(2) ☐☐

풍(바람 風), 습(익힐 習): 풍속과 습관.
- 뜻: 어떤 사회에 속한 사람들에게 옛날부터 전해져 내려오는 고유한 생활 모습이나 습관.

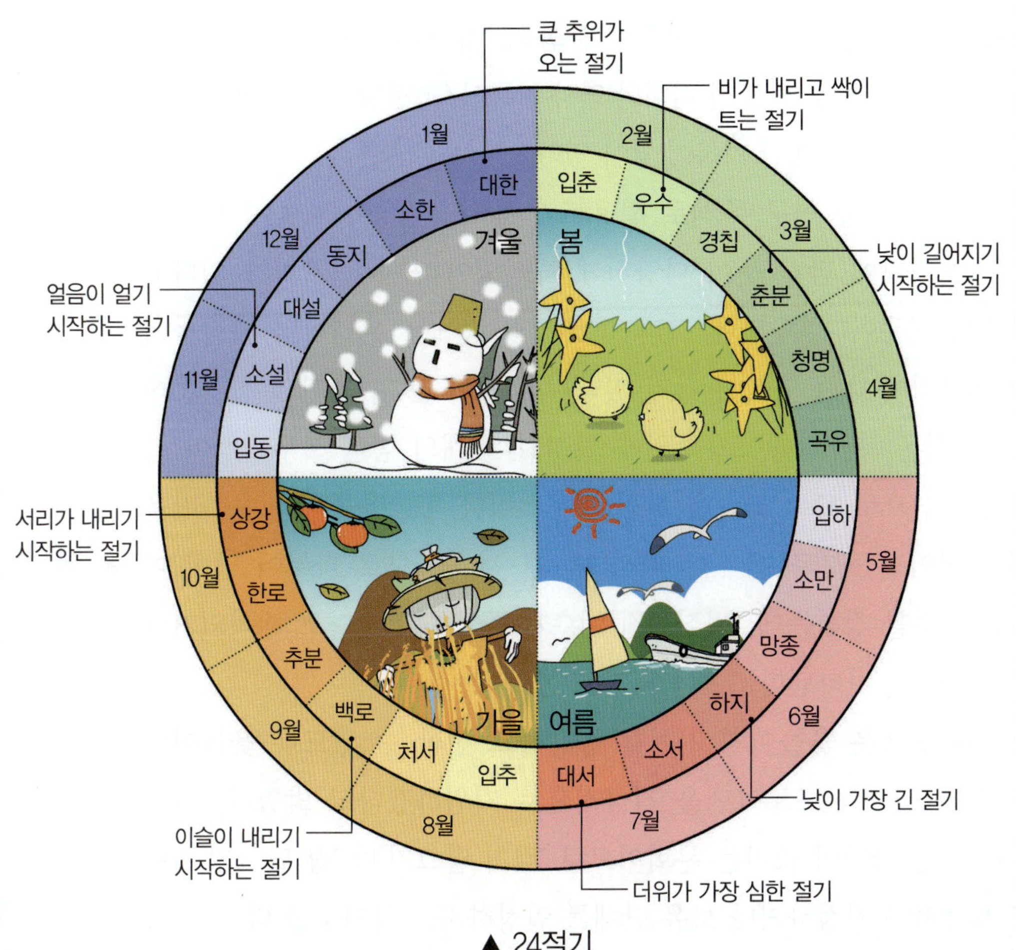

▲ 24절기

- **농업** 농사를 짓는 일. 또는 농사를 짓는 직업.
- **입춘대길** 봄이 시작되는 입춘을 맞아 한 해 동안 좋은 일이 있기를 바라면서 벽이나 문 등에 써 붙이는 글귀.
- **동지** 일 년 중 밤이 가장 긴 날로 24절기의 하나. 양력으로 12월 22일쯤이다.

지문 분석

글자 수　950
800　900　1000

우리나라의 명절

ㄱ , **국가무형유산 되다**

1 국가유산청이 우리나라의 전통 놀이인 윷놀이를 **국가무형유산**으로 **지정했다**. 한반도에서 역사가 오래되었다는 점과 역사적 기록이 풍부하다는 점, 윷놀이가 **학술** 연구 주제로 활용도가 높다는 점 등을 들어 국가무형유산으로 지정할 가치가 있다고 본다.

2 윷놀이는 역사가 오래된 전통 놀이이다. 우리 조상들은 한 해가 시작하는 1월 1일부터 정월 대보름인 15일까지 함께 모여 윷놀이를 즐겼다. 그리고 이러한 풍습이 끊기지 않고 오랜 시간 동안 이어져 지금도 모두가 즐겨 하는 전통 놀이가 되었다. 윷놀이의 시작은 기록으로 정확히 남아 있지는 않다. 그러나 백제 시대에 나무로 만든 주사위를 던져서 승부를 겨루는 윷놀이를 뜻하는 놀이인 '저포'를 윷놀이와 비슷한 것으로 보고 있다. 이후 조선 시대에는 '사희'와 '척사'라는 한자어가 윷놀이를 뜻하는 말로 쓰였다. 조선 시대의 역사 기록인 『조선왕조실록』에도 윷놀이를 하던 사람들에 대한 기록이 남아 있다.

3 윷놀이는 학술 연구 주제로 활용도가 높다. 윷놀이의 놀이 도구인 윷판과 윷가락에 담긴 뜻이 다양하게 해석되어 연구할 가치가 있다고 평가되기 때문이다. 윷판에 그려진 29개의 점에는 우리나라 사람들의 별과 별자리에 대한 **인식**이 담겨 있다는 주장이 있다. 윷판의 한가운데에 있는 점은 북극성을, 그 주위에 그려진 28개의 점은 북두칠성이 북극성을 중심으로 도는 모습을 **본떴다는** 것이다. 또, 윷놀이는 윷가락을 던져 뒤집어진 윷가락 개수에 따라 도·개·걸·윷·모로 나누어 말이 이동하는 횟수를 정하는데, 뒤집어진 개수가 동물을 뜻한다고 해석되거나 방향과 위치를 나타낸다고 **해석되기도** 한다.

4 국가유산청은 윷놀이의 가치를 **공유하고** 전할 수 있도록 윷놀이에 대한 여러 연구와 프로그램을 **적극적**으로 **지원하겠다고** 밝혔다. 다만 윷놀이는 전 국민이 즐기는 문화이므로 '김치 담그기'나 '장 담그기'처럼 따로 **보유자**를 지정하거나 보유 단체를 인정하지는 않기로 했다.

- **국가무형유산** 전통의 연극, 무용. 음악처럼 구체적인 모습이나 모양이 없이 전해지는 유산으로, 나라에서 그 가치를 인정한 것.
- **지정했다** 공공 기관이나 단체, 개인 등이 어떤 것을 특별한 자격이나 가치가 있는 것으로 정했다.
- **학술** 학문과 기술.
- **인식** 무엇을 분명히 알고 이해함.
- **본떴다는** 이미 있는 것을 그대로 따라서 만들었다는.
- **해석되기도** 사물이나 행위의 내용이 판단되고 이해되기도.
- **공유하고** 두 사람 이상이 어떤 것을 함께 가지고 있고.
- **적극적** 어떠한 일을 할 때 긍정적인 태도로 스스로 하는 것.
- **지원하겠다고** 지지하여 돕겠다고.
- **보유자** 어떤 것을 가지고 있거나 간직하고 있는 사람.

내용 독해

1 ㉠에 들어갈 이 글의 제목에 어울리는 낱말을 찾아 세 글자로 쓰세요.

(   )

2 이 글의 내용과 일치하는 것은 무엇인가요? (   )

① 저포는 윷놀이를 뜻하는 한자어이다.
② 윷놀이는 지금은 우리나라 사람들이 거의 하지 않는 놀이이다.
③ 윷판에 그려진 29개의 점은 우리나라 각 지역의 위치를 나타낸다.
④ 『조선왕조실록』에는 윷놀이를 하던 사람들에 대한 기록이 남아 있다.
⑤ 뒤집어진 윷가락 개수로 나눈 도·개·걸·윷·모는 별자리를 나타낸다고 해석
  되기도 한다.

3 이 글을 통해 답을 알 수 있는 질문이 <u>아닌</u> 것은 무엇인가요? (   )

① 조상들이 윷놀이를 즐긴 때는 언제인가요?
② 조선 시대에 윷놀이를 뜻하여 쓰인 말은 무엇인가요?
③ 윷놀이의 가치를 공유하고 전하기 위해 어떤 연구를 했나요?
④ 윷놀이의 보유자나 보유 단체를 지정하지 않은 까닭은 무엇인가요?
⑤ 국가유산청이 윷놀이를 국가무형유산으로 지정한 까닭은 무엇인가요?

4 이 글을 읽고 국가무형유산에 대해 알맞게 이해한 친구는 누구인가요? (   )

① 새미: 국가무형유산은 전통문화 중에서 국민들이 직접 선택하여 지정해.
② 수빈: 명절에 사람들이 하는 놀이는 전부 국가무형유산으로 지정되어야 해.
③ 다연: 문화를 보유한 사람이나 단체가 정확히 있어야 국가무형유산으로 지
     정될 수 있어.
④ 세호: 윷놀이처럼 역사적 기록이 없어도 학술 연구 주제로 가치가 있으면 국
     가무형유산으로 지정될 수 있어.
⑤ 주혁: 김치 담그기나 장 담그기도 윷놀이처럼 전 국민이 함께 하는 전통문화
     로 가치를 인정받아서 국가무형유산으로 지정되었나 봐.

구조 분석

5 각 문단의 중심 내용으로 알맞은 것에 ○표, 틀린 것에 ×표를 하세요.

1 문단	윷놀이가 국가무형유산으로 지정된 까닭	( )
2 문단	역사가 오래된 전통 놀이인 윷놀이	( )
3 문단	학술 연구 주제로서의 가치를 찾기 힘든 윷놀이	( )
4 문단	윷놀이의 국가무형유산 지정에 대한 사람들의 반응	( )

6 빈칸에 들어갈 알맞은 말을 이 글에서 찾아 쓰세요.

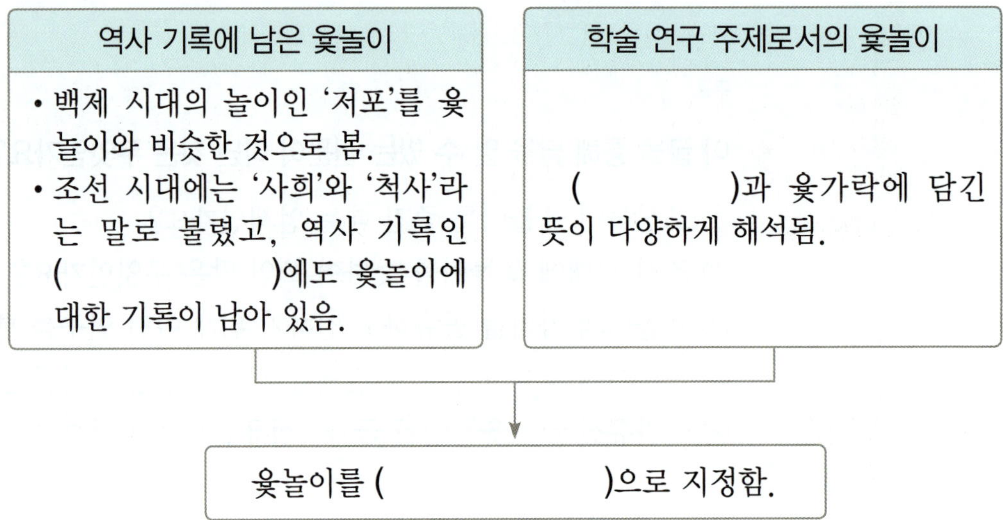

어휘

7 다음 문장에 들어갈 알맞은 낱말에 ○표 하세요.

(1) 우리나라의 역사에 대한 바른 (인식, 인정)을 가져야 한다.

(2) 인터넷의 발달로 정보를 쉽게 (공유, 인쇄)할 수 있게 되었다.

(3) 새로운 기술을 개발하기 위해서 연구비를 (지원, 중단)하였다.

(4) 지호는 수업 시간에 항상 (적극적, 소극적)이라 질문을 많이 한다.

(5) 정부는 10월 2일을 임시 공휴일로 (지정, 제공)하고 국민에게 발표하였다.

비주얼 사회 교과서 개념

우리나라의 명절

명절은 해마다 일정한 시기에 오랜 **관습**에 따라 정하여 즐기거나 기념하는 때를 뜻하는 말이에요. 우리나라의 명절에는 정월 대보름과 단오, 한식, 단오, 동지 등이 있고, 가장 큰 명절은 설날과 추석이에요.

설날은 한 해의 시작인 **음력** 1월 1일이에요. 설날에는 윷놀이를 하며 한 해의 운이 어떤지를 살펴보기도 했고, 웃어른께 세배를 드리고 인사를 나누며 복이 오기를 바랐답니다. 추석은 음력 8월 15일로, 그 해에 새로 난 쌀로 송편을 빚어 먹고 그 해에 거둔 햇과일로 차례를 지내요. 밤에 보름달이 뜨면 여러 사람이 모여 강강술래를 하기도 했어요. 이처럼 해마다 일정한 시기에 되풀이하여 행해 온 고유의 풍속을 **세시 풍속**이라고 해요.

핵심 용어 다음 빈칸에 들어갈 알맞은 용어를 쓰세요.

(1) ☐☐

명(이름 名) 절(절기 節): 이름난 절기.
• 뜻: 해마다 오랜 관습에 따라 정하여 즐기거나 기념하는 때.

(2) ☐☐ **풍속**

세(해 歲) 시(때 時): 매년 정해진 절기.
• 뜻: 한 해의 절기나 달, 계절에 하는 옛날부터 전해 내려오는 생활 습관.

• 설날(음력 1월 1일)

• 추석(음력 8월 15일)

● **관습** 한 사회에서 오랜 시간에 걸쳐 지켜 내려오고 있는 사회 규범이나 생활 방식.
● **음력** 달이 지구를 한 바퀴 도는 데 걸리는 시간을 기준으로 하여 날짜를 세는 달력.

로마 제국을 키운 도로

지문 분석

글자 수 **957**
800 900 1000

1 '모든 길은 로마로 통한다.'라는 말이 있다. 이 말은 로마 제국이 고대에서 가장 발달한 **도로망**을 세우고 곳곳으로 뻗어 나가 세계의 중심이 되었던 것에서 나온 말이다. 로마 제국의 힘이 가장 세던 시절, 로마는 지금의 이탈리아, 이집트, 아프리카, 스페인, 프랑스뿐만 아니라 바다 건너 영국까지 모두 도로로 연결했다. 그래서 어느 나라에서든 이 길을 따라 걸으면 로마로 갈 수 있었다.

2 로마 제국이 도로 건설에 힘을 쏟은 것은 넓어진 땅을 **효율적**으로 다스리기 위해서였다. 로마는 도로를 직선으로 만들어 전차나 마차가 빠른 속도로 달릴 수 있게 했다. 쭉 뻗은 도로를 통해 군대가 빠르게 이동할 수 있었고, 제국 전체의 소식을 수도 로마로 빠르게 전할 수 있었다. 그리고 길을 따라 정해진 거리마다 숙소와 말을 준비해서 도로를 이용하는 사람들이 말이나 수레를 바꾸어 타거나 쉬어갈 수 있었다.

3 ㉠로마는 도로, 다리 등을 **설계하고** 건설하는 뛰어난 기술을 가지고 있어 어느 나라도 그 기술을 따라올 수 없었다. 로마인들은 도로를 만들 때 도로 바닥을 여러 층의 돌과 자갈로 쌓아 올리고 그 위를 넓은 돌로 덮어 **포장했다**. 그 다음 도로의 가운데를 가장자리보다 높게 만들어 빗물이 잘 흘러 내려가도록 했고, 빗물이 **고인** 곳을 기준으로 길을 나누어 차도와 인도를 구분했다. 당시 만들었던 도로의 일부는 지금도 남아 있는데, 이러한 사실을 통해 고대 로마인들이 도로를 몹시 튼튼하게 지었음을 알 수 있다.

4 로마 제국의 도로 덕분에 로마는 **번성할** 수 있었다. 로마 제국 사람들은 동물뿐만 아니라 마차, 수레 등 교통수단을 이용해 도로에서 이동하며 다양한 물건을 이동시켰다. 그리고 이동시킨 물건들을 교환하는 과정에서 로마의 주요 도시에 큰 시장이 생겼고, 교류가 활발해지며 경제가 발전할 수 있었다. 이로 인해 이동하는 사람이 많아져 수도 로마로 모여든 사람이 많아졌고, 많은 사람들이 살 수 있도록 높은 건물도 지어지게 되었다.

- **도로망** 그물처럼 여러 갈래로 복잡하게 얽힌 도로의 체계.
- **효율적** 들인 노력이나 힘에 비해 얻는 결과가 큰 것.
- **설계하고** 건축, 토목, 기계 등에 관한 계획을 세우거나 그 계획을 그림 등으로 나타내고.
- **포장했다** 길바닥에 돌, 모래 등을 깔고 그 위에 시멘트나 아스팔트 등으로 덮어 길을 단단하고 평평하게 만들었다.
- **고인** 우묵한 곳이나 좁은 넓이의 공간에 액체나 냄새, 기체 등이 모인.
- **번성할** 세력이 커져서 널리 퍼질.

내용 독해

목적

1 글쓴이가 이 글을 쓴 까닭은 무엇인가요? (   )

① 로마 제국이 만든 도로에 대해 설명하기 위해

② 로마 제국처럼 도로를 만들어야 한다고 주장하기 위해

③ 로마 제국의 우수함을 본받아야 한다고 주장하기 위해

④ 로마 제국의 도로망을 따라 여행하는 방법을 설명하기 위해

⑤ 로마 제국의 도로와 우리나라의 도로 모양을 비교하기 위해

내용 이해

2 이 글의 내용과 일치하지 <u>않는</u> 것은 무엇인가요? (   )

① 로마의 도로는 차도와 인도로 나누어져 있었다.

② 로마 제국은 고대에서 가장 발달한 도로망을 가지고 있었다.

③ 로마는 도로, 다리 등을 설계하고 건설하는 기술이 뛰어났다.

④ 로마 제국은 땅을 효율적으로 다스리기 위해 도로를 건설했다.

⑤ 로마의 도로는 곡선으로 만들어져 속도를 조절하며 갈 수 있었다.

어휘·어법

3 ㉠에 가장 어울리는 한자 성어는 무엇인가요? (   )

① 천하제일: 세상에 겨룰 만한 것이 없이 뛰어남.

② 주경야독: 어려운 환경 속에서도 열심히 공부함.

③ 결초보은: 죽은 뒤에라도 잊지 않고 은혜를 갚음.

④ 일거양득: 한 가지 일을 하여 두 가지 이익을 얻음.

⑤ 전화위복: 불행하고 나쁜 일이 바뀌어 오히려 좋은 일이 됨.

추론

4 이 글을 읽고 고대 로마 제국의 모습에 대해 짐작한 것으로 알맞지 <u>않은</u> 것은 무엇인가요? (   )

① 당시 로마 제국 사람들은 풍요로운 생활을 할 수 있었어.

② 로마 제국의 도로는 신분이 높은 귀족들만 이용할 수 있었어.

③ 발달한 도로망을 통해서 경제 교류가 이루어지고 큰 시장이 생길 수 있었어.

④ 많이 늘어난 인구를 위해 높은 건물을 지은 것을 보면 로마 제국은 건물을 짓는 기술도 발전했었어.

⑤ 로마 제국은 도로를 만들 때 교통수단만을 생각한 것이 아니라 그 길을 이용하는 사람까지 생각했어.

구조 분석

문단 요약

5 각 문단의 중심 내용을 찾아 선으로 알맞게 이으세요.

1 문단 •	• 로마 제국에서 만든 도로가 튼튼한 까닭
2 문단 •	• 로마 제국이 도로 건설에 힘을 쏟은 까닭
3 문단 •	• 로마 제국이 도로망을 통해 연결한 나라들
4 문단 •	• 도로망을 이용한 로마 제국의 상업적인 교류와 교통수단 발달이 가져온 결과

핵심 내용

6 빈칸에 들어갈 알맞은 말을 이 글에서 찾아 쓰세요.

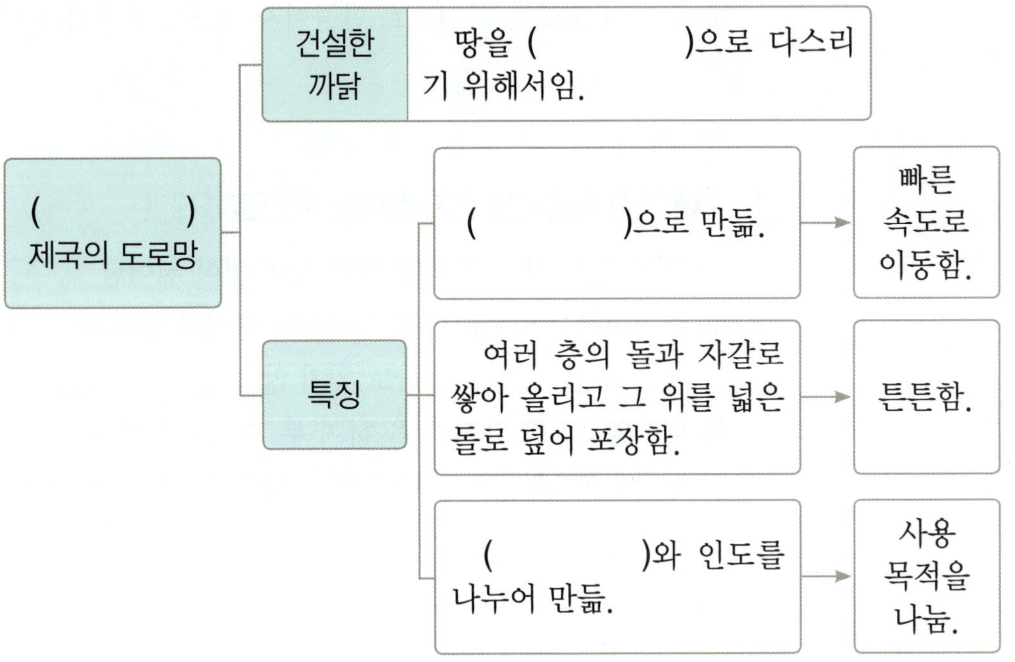

어휘

적용

7 다음 문장에 들어갈 알맞은 낱말에 ○표 하세요.

(1) 바닥에 (고인, 말린) 빗물을 밟으며 장난을 쳤다.
(2) 건축가는 지역의 자연환경을 살려 건물을 (설계, 파괴)했다.
(3) (관찰, 포장)하지 않은 길을 한참 동안 달려 목적지에 도착했다.
(4) 공룡은 중생대 쥐라기와 백악기에 걸쳐 (번성, 퇴화)했던 파충류이다.
(5) 자전거는 이 지역에서 이동할 때 가장 (효율적, 부정적)인 교통수단이다.

옛날과 오늘날의 교통수단

정답과 해설 **13** 쪽

교통은 자동차나 기차, 배 등을 이용해서 사람이 오고 가거나 짐을 실어 나르는 일을 뜻해요. 옛날에는 인간이나 동물의 힘을 이용해서 이동하는 **교통수단**이 많았어요. 말이나 소, 당나귀와 같은 동물을 이용하기도 하고, 사람이 직접 들거나 끌어서 움직이는 **인력거**나 **가마**, 수레 등도 이용했어요.

기술이 발전하고 도로나 철도가 만들어지면서 오늘날에는 새로운 교통수단이 많이 등장했답니다. 환경의 **영향**을 많이 받고, 많은 짐이나 사람을 실을 수 없었던 옛날 교통수단의 불편함을 해결하여 만들어진 새로운 교통수단으로는 승용차, 버스, 전철, 배, 비행기 등이 있어요.

핵심 용어 다음 빈칸에 들어갈 알맞은 용어를 쓰세요.

(1) ☐☐

교(오고 갈 交) 통(통할 通): 서로 오가며 통하는 것.
- 뜻: 자동차, 기차, 배, 비행기 등의 탈것을 이용하여 사람이나 짐이 오고 가는 일.

(2) **교통** ☐☐

수(사람 手) 단(방법 段): 사람들이 많이 이용하는 방법.
- 뜻: 자동차, 기차, 배, 비행기 등과 같이 사람이나 짐을 실어 나르는 수단.

• 옛날의 교통수단

• 오늘날의 교통수단

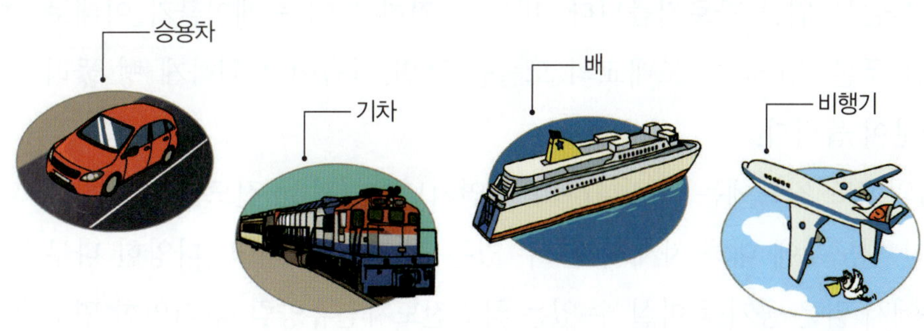

- **인력거** 사람이 끄는, 바퀴가 두 개 달린 수레. 주로 사람을 태움.
- **가마** (옛날에) 안에 사람을 태우고 둘 또는 넷이 들고 이동하는 작은 집 모양의 탈것.
- **영향** 어떤 것의 효과나 작용이 다른 것에 미치는 것.

지문 분석

글자 수 **951**
800 900 1000

교통의 발달로 달라진 생활 모습

진도로 떠나는 여행

1 여름의 뜨거운 공기가 물러나고 **서늘한** 가을의 공기가 다가오고 있습니다. 이런 날씨에 여행하기 좋은 장소인 진도에 대해 소개합니다.

2 진도는 우리나라 남서쪽 끝자락에 위치한 섬으로, 서울을 기준으로 진도에 가는 방법은 크게 두 가지가 있습니다. 고속 버스를 타면 4시간 40분 정도 걸려 도착합니다. 고속 철도를 이용하면 서울에서 목포까지 2시간 30분쯤 걸리고, 다시 목포에서 진도까지 차를 타고 1시간 30분 정도 이동하면 도착합니다. 교통수단의 발달로 예전보다 훨씬 빠르고 쉽게 진도에 가서 여행을 할 수 있습니다.

3 진도에는 운림산방이라는 **명소**가 있습니다. 운림산방은 **산수화**의 **화풍** 중 하나인 남화의 역사와 전통이 살아 숨 쉬는 곳으로, 조선 시대 화가인 소치 허련이 나이가 들어 그림을 그리며 시간을 보낸 **화실**의 이름입니다. 이곳의 이름은 깊은 산골에 아침저녁으로 피어오르는 안개가 마치 구름이 숲을 이룬 것처럼 보인다는 뜻에서 붙여졌습니다. 화실 앞마당에는 넓은 연못과 연못을 둘러싼 **정원**이 있어 이곳을 바라보면 조용하고 편한한 분위기가 느껴집니다.

4 진도의 또 다른 명소인 진도타워에 가면 전망대에서 쌍둥이 진도대교와 울돌목, 이순신 장군이 승리한 명량대첩을 기념하는 우수영국민관광지를 한눈에 볼 수 있습니다. 진도타워에서 명량해상케이블카를 타면 이순신 장군이 10여 **척**의 배로 왜군에게 크게 승리한 명량 대첩이 일어났던 울돌목 위를 **가로지릅니다.** 바닥이 **훤히** 보이는 케이블카 아래로 펼쳐진 푸른 바다와 진도대교의 모습을 보면 가슴이 시원하게 뻥 뚫리는 기분이 듭니다.

5 이외에도 진도에는 우리나라의 천연기념물이면서 진도를 대표하는 동물인 진도개에 대해 자세히 알 수 있는 진도개테마파크, 다양한 나무들 속에서 맑은 공기를 마실 수 있는 국립진도자연휴양림 등 다양한 명소가 있습니다. 해마다 열리는 명량대첩축제에도 다양한 **볼거리**가 있으니 눈과 마음이 모두 즐거워지는 진도 여행을 계획해 보면 어떨까요?

- **서늘한** 온도가 조금 차거나 기온이 낮은.
- **명소**(名 이름 명, 所 곳 소) 아름다운 경치나 유적, 특산물 등으로 유명한 장소.
- **산수화** 동양화에서, 아름다운 자연의 경치를 그린 그림.
- **화풍**(畵 그림 화, 風 바람 풍) 그림을 그리는 독특한 방식이나 양식.
- **화실**(畵 그림 화, 室 집 실) 화가나 조각가가 그림을 그리거나 조각을 하는 일을 하는 방.
- **정원** 집 안에 풀과 나무 등을 가꾸어 놓은 뜰이나 꽃밭.
- **척** 배를 세는 단위.
- **가로지릅니다** 어떤 공간의 가운데를 지나서 갑니다.
- **훤히** 앞이 탁 트여 매우 넓고 시원스럽게.
- **볼거리** 사람들이 즐겁게 구경할 만한 것.

내용 독해

설명 대상

1 이 글에서 소개하는 여행지는 어디인지 찾아 두 글자로 쓰세요.

우리나라의 섬, ( )

내용 이해

2 이 글을 통해 알 수 있는 내용을 모두 찾아 ○표 하세요.

⑴ 소개하는 여행지로 가는 방법 ( )
⑵ 소개하는 여행지에 사는 사람들의 수 ( )
⑶ 소개하는 여행지와 관련 있는 역사적 사건 ( )
⑷ 소개하는 여행지와 관련 있는 국가무형유산 ( )

추론

3 이 글에서 소개한 장소로 여행을 가기 위해 계획을 세우려고 합니다. 떠올린 내용으로 알맞지 <u>않은</u> 것은 무엇인가요? ( )

① 진도 여행을 가기 전에 소치 허련의 그림을 미리 살펴보고 가야겠어.
② 명량대첩축제 기간에 진도에 가면 보고 즐길 만한 것이 더욱 풍부할 거야.
③ 진도의 풍경을 한눈에 보려면 진도타워 전망대에 올라가 보는 것이 좋겠어.
④ 이 글에서 소개한 명소들을 모두 둘러보는 데 걸리는 시간을 확인해 보아야겠어.
⑤ 서울에서 진도에 가려면 고속 철도를 타고 차로 갈아타는 것보다 버스로 한 번에 가는 것이 시간이 훨씬 적게 걸릴 거야.

적용

4 이 글을 읽고 친구들이 나눈 대화의 내용으로 알맞지 <u>않은</u> 것은 무엇인가요?

( )

① 재이: 명량해상케이블카를 타고 울돌목의 모습을 위에서 내려다보면 정말 멋있을 것 같아.
② 연우: 맞아. 바다 위에서 지휘를 하며 왜군을 물리치는 이순신 장군의 모습이 눈앞에 생생하게 보이는 느낌이 들지 않을까?
③ 성진: 나는 진도개테마파크에도 가 보고 싶어. 우리나라 천연기념물인 진도개가 진도에서 나는 특산종이라는 글을 읽어 본 적이 있거든.
④ 태오: 그러게. 진도개테마파크에 가면 우리나라에 살고 있는 동물의 종류에 대해서 자세하게 배울 수 있을 거야.
⑤ 서하: 이 글을 읽으니 진도에 볼거리가 많다는 것을 알게 되었어. 부모님께 이번 방학에는 진도 여행을 계획해 보자고 말씀드려야겠어.

구조 분석

문단 요약

5 각 문단의 중심 내용으로 알맞은 것에 ○표, 틀린 것에 ×표를 하세요.

1문단	겨울에 여행하기 좋은 진도	( )
2문단	진도의 위치, 진도까지 이동하는 방법과 걸리는 시간	( )
3문단	운림산방에 대한 소개	( )
4문단	진도타워에 대한 소개	( )
5문단	진도에서 열리는 명량대첩축제에 대한 소개	( )

핵심 내용

6 빈칸에 들어갈 알맞은 말을 이 글에서 찾아 쓰세요.

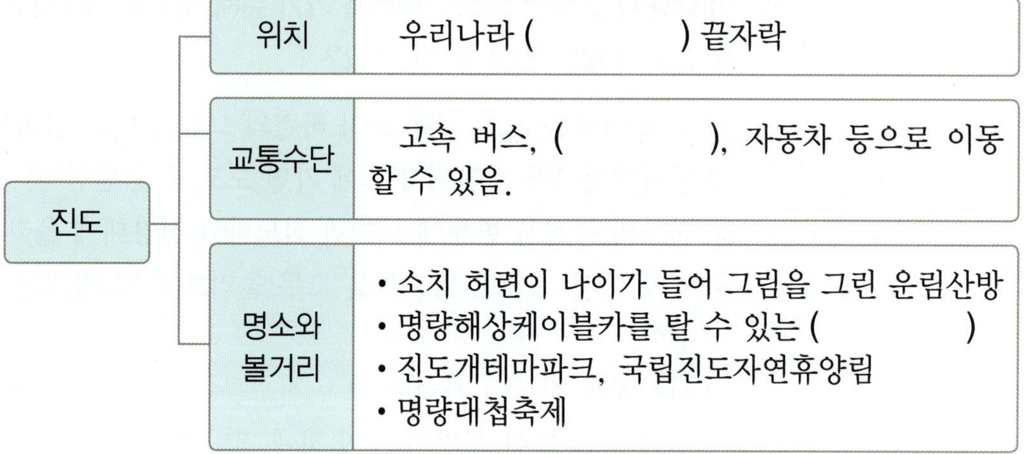

어휘

적용

7 다음 낱말이 들어갈 문장을 찾아 선으로 알맞게 이으세요.

(1) 축제에 ( )이/가 많다. • ㉮ 화실

(2) 가을에는 ( ) 바람이 분다. • ㉯ 훤히

(3) 화가는 ( )에서 그림을 그렸다. • ㉰ 볼거리

(4) 발레리나는 무대를 ( ) 춤을 추었다. • ㉱ 서늘한

(5) 전망대에 올라가면 서울이 한눈에 ( ) 내려다보인다. • ㉲ 가로지르며

교통의 발달로 달라진 생활 모습

정답과 해설 **14** 쪽

교통은 자동차나 기차처럼 탈것을 이용하여 사람이나 **짐**이 오고 가는 일을 뜻해요. 옛날에는 말, 가마, 수레, **뗏목**과 같은 교통 수단을 이용하였기 때문에 어딘가로 이동하려면 시간이 많이 걸리고, 여러 사람이 같이 이동하거나 많은 짐을 한 번에 옮기기 어려웠어요.

하지만 오늘날에는 교통수단이 발달하면서 사람들의 생활 모습도 옛날과 달라졌어요. 자동차, 고속 철도, 비행기 등을 이용해 옛날에는 갈 수 없던 먼 곳까지 빠르고 편안하게 이동할 수 있게 되었지요. 또한 버스나 철도와 같은 **대중교통**을 이용해 한 번에 여러 사람이 같이 이동하거나 많은 짐을 옮길 수 있게 되었어요. 교통수단의 발달로 사람들이 자유로운 시간에 취미 활동을 하는 **여가 생활**도 더욱 풍부해지고 있답니다.

핵심 용어 다음 빈칸에 들어갈 알맞은 용어를 쓰세요.

(1) ☐☐☐☐

대(큰 大) 중(무리 衆) 교(오고 갈 交) 통(통할 通): 큰 무리가 오가며 통하도록 하는 방법.
- 뜻: 여러 사람이 이용하는 버스, 철도 등의 교통수단을 가리키는 말.

(2) ☐☐☐☐

여(남을 餘) 가(틈 暇) 생(살 生) 활(살 活): 남는 시간의 생활.
- 뜻: 즐거움을 얻으려고 남는 시간에 하는 자유로운 활동.

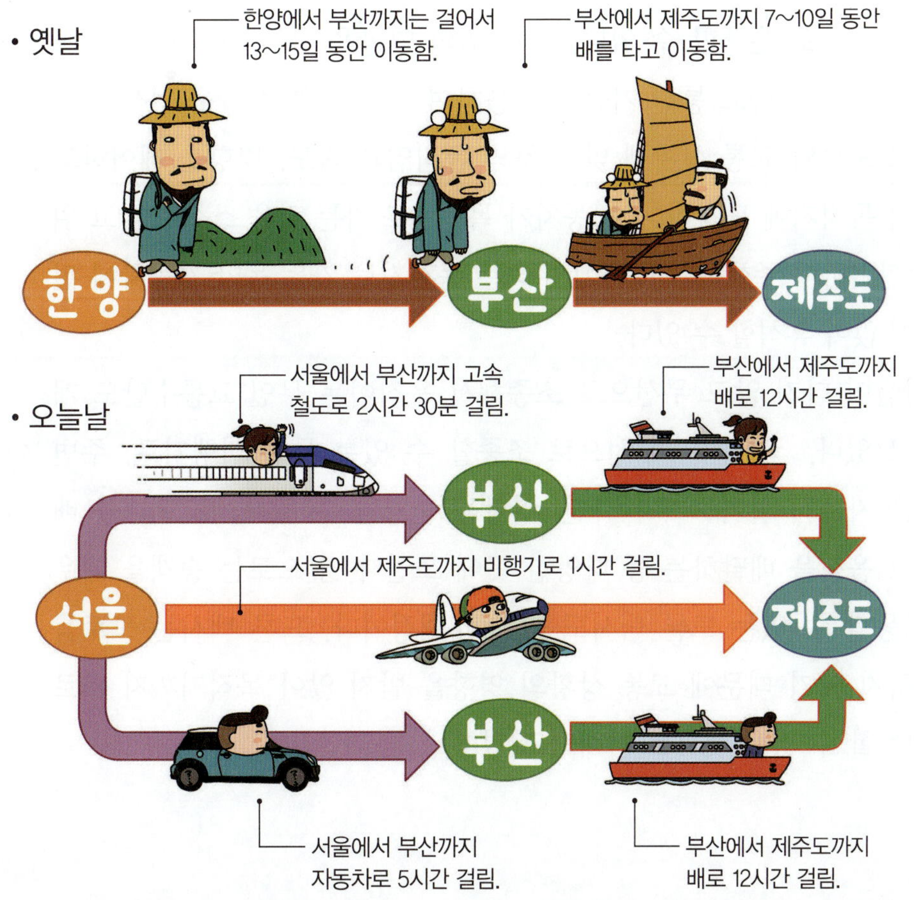

- **짐** 다른 곳으로 옮기기 위해 꾸려 놓은 물건.
- **뗏목** 통나무를 떼로 가지런히 엮어서 물에 띄워 사람이나 물건을 운반할 수 있도록 만든 것.

지문 분석

글자 수 **875**
800 900 1000

새로운 교통수단

미래의 교통수단, 상상에서 현실로

1 인터넷에서 물건을 주문하고 몇 분 만에 택배를 받으면 어떨까? 교통 **체증** 없이 하늘을 날아 학교와 집을 오갈 수 있다면? 환경 **오염**이나 석유, 천연 가스 등의 **고갈**에 대한 걱정 없이 이용할 수 있는 교통수단이 있다면? 사람들은 이러한 생각을 **실현하기** 위해 다양한 교통수단을 개발하여 발전시키고 있다.

2 가장 먼저 개발된 미래의 교통수단은 전기를 이용하여 움직이는 자동차이다. 전기 자동차는 전기에너지로 움직이기 때문에 오염 물질을 배출하지 않으며 환경 보호에 도움이 된다. 또 화석 연료를 이용하는 자동차에 비해 연료를 구입하는 비용이 적게 든다. 이러한 이유로 전기 자동차를 타려는 사람들이 계속해서 늘고 있다.

3 이와 함께 인공 지능의 발전으로 **자율 주행** 기술을 적용한 교통수단도 개발되고 있다. 자율 주행 기술이 적용된 자동차는 사람이 운전하지 않아도 스스로 **운행할** 수 있다. 눈과 귀의 역할을 하는 여러 센서로 도로 상황을 파악하고 통신 기능을 이용하여 주변 교통 상황을 **인식한다**. 그리고 도로와 교통 상황에 맞춰 차의 움직임과 속도, 방향을 **제어하고** 움직여 목적지에 도착한다. 자동차가 목적지로 가는 길을 스스로 찾고 위험을 판단하여 주행하기 때문에 우리는 목적지로 가는 동안 자동차에 편안하게 앉아 휴식할 수 있다.

4 사람이 타지 않고 무선으로 **조종해서** 움직이는 무인 교통수단도 개발되고 있다. ㉠드론은 무선으로 조종할 수 있는 무인 비행기로, 주변 상황을 자세히 살펴보거나 사진, 영상을 촬영할 수 있다. 또 택배를 배송하고 음식을 배달하는 등 다양한 곳에 쓰인다. 앞으로는 승객을 태우고 이동할 수 있는 드론 택시도 등장할 예정이다. 드론 택시는 도로를 이용하지 않기 때문에 교통 상황의 영향을 받지 않아 목적지까지 빠르게 이동할 수 있을 것으로 기대되고 있다.

5
10
15
20
25

- **체증** 길이 막히고 복잡한 상태.
- **오염** 더러운 상태가 됨.
- **고갈** 자원이나 물질 등이 다 써서 없어짐.
- **실현하기** 꿈이나 계획 등을 실제로 이루기.
- **자율 주행** 사람이 없이 운송 수단이 스스로 장애물을 피하고 길을 인식하는 등 안전한 이동이 가능하게 하는 기술.
- **운행할** 정해진 길을 따라 자동차나 열차 등이 다닐.
- **인식한다** 무엇을 분명히 알고 이해한다.
- **제어하고** 기계나 시설 등이 알맞게 움직이도록 조절하도.
- **조종해서** 비행기나 배 같은 기계를 다루어 움직이게 해서.

내용
독해

설명 대상

1 이 글은 무엇에 대해 쓴 글인가요? (   )

① 옛날과 오늘날의 교통수단
② 인공 지능을 활용하는 방법
③ 친환경 교통수단이 필요한 까닭
④ 현실이 되고 있는 미래의 교통수단
⑤ 자율 주행 교통수단이 발달한 과정

내용 이해

2 자율 주행 기술이 적용된 자동차에 대한 설명으로 알맞은 것은 무엇인가요?

(   )

① 자율 주행은 연료가 없이 움직이는 기술이다.
② 차에 달린 센서로 주변의 상황을 인식하고 움직인다.
③ 차를 움직이려면 운전하는 사람이 차에 타서 조종해야 한다.
④ 도로 상황에 영향을 받지 않아 목적지까지 빠르게 이동한다.
⑤ 움직일 때 오염 물질을 배출하지 않아 환경 보호에 도움이 된다.

추론

3 이 글을 읽고 짐작한 내용을 알맞게 말한 친구는 누구인가요? (   )

① 채이: 미래에는 운전자의 운전 능력이 더욱 중요해질 거야.
② 지후: 미래에는 먼 곳까지 더욱 빠르고 편리하게 갈 수 있겠어.
③ 소미: 미래에는 몸이 불편한 사람은 이동하기 어려워질 것 같아.
④ 유리: 미래에는 천연 가스를 이용한 교통수단이 더욱 늘어날 거야.
⑤ 태오: 미래에는 사람이 직접 물건을 배송하는 일이 더 많아질 거야.

어휘·어법

4 다음은 ㉠의 교통수단을 이용해 본 사람의 말입니다. 빈칸에 들어갈 알맞은 한자 성어는 무엇인가요? (   )

> 예전처럼 물건을 주문하고 기다리지 않아도 몇 십 분만에 주문한 물건을 받을 수 있다니 정말 ⬚⬚⬚⬚야.

① 상전벽해: 세상이 몰라볼 정도로 바뀜.
② 인산인해: 사람이 수없이 많이 모인 상태.
③ 고진감래: 힘든 일이 끝난 후에 즐거운 일이 생김.
④ 설상가상: 곤란하거나 불행한 일이 잇따라 일어남.
⑤ 사면초가: 아무에게도 도움을 받지 못하는 어려운 상황이나 형편.

구조 분석

5 각 문단의 중심 내용으로 알맞은 것에 ○표, 틀린 것에 ×표를 하세요.

1 문단	과거에 사용한 교통수단의 종류	( )
2 문단	전기 자동차의 특징	( )
3 문단	자율 주행 기술이 적용된 자동차의 특징	( )
4 문단	무선으로 조종해서 움직이는 무인 교통수단의 단점	( )

6 빈칸에 들어갈 알맞은 말을 이 글에서 찾아 쓰세요.

미래의 교통수단

( )를 이용하여 움직이는 교통수단	( ) 기술이 적용된 교통수단	( )으로 조종해서 움직이는 무인 교통수단
환경 보호에 도움이 되고 연료를 구입하는 비용이 적게 듦.	운전하는 사람이 없이 스스로 주변 상황을 판단하고 움직여 목적지를 찾아감.	도로 교통 상황의 영향을 받지 않아 빠르게 이동이 가능함.

어휘

7 다음 낱말의 뜻을 찾아 기호를 쓰세요.

> ㉮ 길이 막히고 복잡한 상태.
> ㉯ 무엇을 분명히 알고 이해함.
> ㉰ 꿈이나 계획 등을 실제로 이룸.
> ㉱ 자원이나 물질 등이 다 써서 없어짐.
> ㉲ 정해진 길을 따라 자동차나 열차 등이 다님.

(1) 운행 ( ) (2) 체증 ( )
(3) 고갈 ( ) (4) 실현 ( )
(5) 인식 ( )

새로운 교통수단

과학 기술이 발달하면서 교통수단도 함께 발전하고 있어요. 오늘날 우리가 타고 있는 교통수단이 가진 문제점을 해결하고 사회에 더 좋은 영향을 줄 수 있는 다양한 교통수단이 개발되고 있지요.

사람이 조작하지 않아도 자유롭게 움직일 수 있는 **무인 자동차**, 석유를 연료로 사용하지 않아 **대기 오염** 물질을 배출하지 않는 **친환경** 자동차인 전기 자동차와 수소 자동차 등은 이미 개발되어 우리 생활 속에서 사용되고 있답니다. 아직 사용되고 있지는 않지만 **선로**와 바퀴가 없이 비행기보다 빠른 속도로 이동할 수 있는 **진공** 튜브 캡슐 열차 하이퍼루프도 있어요. 하이퍼루프는 속도가 빠를뿐만 아니라 소음이 없고 날씨에 영향을 받지 않는다고 해요. 또, 조종사가 없이 승객만 태우고 움직이는 자율 비행 드론 택시도 개발되어 운행을 준비 중이라고 하니 미래에는 어디에서나 더 편리하고 빠르게 이동할 수 있을 거예요.

핵심 용어 다음 빈칸에 들어갈 알맞은 용어를 쓰세요.

(1) ☐☐ **자동차**

무(없을 無) 인(사람 人): 사람이 없음.
- 뜻: 사람이 조작하지 않아도 스스로 운행할 수 있는 자동차.

(2) ☐☐☐

친(친할 親) 환(둘러싸일 環) 경(지경 境): 환경에 이롭고 친함.
- 뜻: 자연환경을 손상시키지 않고 그대로의 상태와 잘 어울리는 일.

• 우리 삶에 등장한 새로운 교통수단

● **대기 오염** 공장이나 자동차 등에서 나오는 매연, 먼지, 가스 등에 의해서 지구를 둘러싼 공기가 더러워지는 현상.
● **선로** 기차나 전차 등이 다닐 수 있도록 만들어 놓은 길.
● **진공** 공기가 거의 없는 상태.

횃불과 연기로 전한 조상들의 지혜

지문 분석

글자 수   870
800   900   1000

1 오늘날에는 나라에 **위급한** 일이 생기면 그 소식을 텔레비전이나 라디오, 인터넷, 휴대 전화 같은 통신 수단을 통해 전하기 때문에 모든 사람이 빠르게 전해 들을 수 있다. 그렇다면 지금처럼 통신 수단이 발달하지 않았던 옛날에는 나라에 큰일이 생겼을 때 어떻게 소식을 주고받았을까?

2 우리 조상들은 나라에 위급한 일이 생기면 '봉수'를 사용하였다. 봉수는 불과 연기를 뜻하는 말로, 봉수를 올려 급한 소식을 전하는 통신 **제도**를 '봉수제'라고 한다. 또 봉수를 올리기 위해 설치한 것을 '봉수대'라고 하는데, 사람들이 잘 볼 수 있도록 산봉우리에 설치했다.

3 봉수는 밤에는 봉수대에 **횃불**을 밝히고 낮에는 연기를 피워서 소식을 전하였는데, 상황에 따라 불과 연기의 수를 다르게 올렸다. 다섯 개의 봉수대 중 **평상시**에는 한 개, **적**이 나타나면 두 개, 적이 **국경**에 가까이 오면 세 개, 적이 쳐들어오면 네 개, 적과 싸움이 시작되면 다섯 개에 불과 연기를 올려 신호를 보냈다.

4 봉수는 날씨의 영향을 크게 받는다는 단점이 있었다. 안개가 끼거나 구름이 많은 날에는 불이나 연기가 잘 보이지 않고, 비가 많이 오는 날에는 불이 잘 붙지 않아서 소식을 전하기 어렵기 때문이다. 또 적의 수가 얼마나 되는지, 적이 어떤 **장비**를 들고 오는지와 같은 자세한 정보는 전달할 수 없다는 것도 불편한 점이었다.

5 하지만 봉수는 낮과 밤의 상황에 맞는 방법을 선택하여 멀리까지 빠르게 소식을 전하는 효율적인 통신 수단이었다. 사람이 소식을 직접 전하려면 몇 날 며칠이 걸렸다. 그러나 봉수대에 올린 불이나 연기는 아무리 먼 곳에서 시작해도 12시간이면 한양까지 소식을 전할 수 있을 정도로 빠른 통신 수단이기 때문이다. 이처럼 봉수는 조상들의 지혜가 살아 있는 ㉠과학적이고 체계적인 통신 수단이다.

5

10

15

20

25

- **위급한** 매우 위험하고 급한.
- **제도**(制 절제할 제, 度 법도 도) 관습, 도덕, 법률 등의 규범이나 사회 구조의 체계.
- **횃불** 주로 밤길을 밝히기 위하여 갈대, 나뭇가지 등의 끝에 붙여 들고 다닐 수 있는 불.
- **평상시** 특별한 일이 없는 보통 때.
- **적**(敵 원수 적) 서로 싸우거나 해치려고 하는 상대.
- **국경**(國 나라 국, 境 경계 경) 나라와 나라의 영역을 나누는 경계.
- **장비** 어떤 일을 하기 위하여 갖추어야 할 물건이나 시설. 또는 그 물건이나 시설을 갖춤.

내용 독해

1 이 글에서 설명하는 대상은 무엇인가요? (   )

① 옛날의 통신 수단인 봉수
② 통신 수단이 발달한 과정
③ 통신 수단을 사용할 때 주의할 점
④ 통신 수단의 발달이 우리의 삶에 끼친 영향
⑤ 지금은 사용하지 않는 여러 가지 통신 수단

2 이 글을 읽고 알 수 있는 내용은 무엇인가요? (   )

① 봉수대의 크기
② 봉수의 단점을 보완한 방법
③ 봉수제를 처음으로 시행한 지역
④ 전국에 설치되었던 봉수대의 수
⑤ 봉수대에 밝힌 횃불이나 연기의 개수가 나타내는 뜻

3 ㉠과 같이 말한 까닭으로 가장 알맞은 것은 무엇인가요? (   )

① 정보를 자세하고 정확하게 전달할 수 있어서
② 정보의 내용을 비밀스럽게 전달할 수 있어서
③ 주변에서 쉽게 구할 수 있는 재료를 활용하여 신호를 보내서
④ 날씨의 영향을 받지 않아 항상 빠르고 정확하게 소식을 전할 수 있어서
⑤ 낮과 밤의 상황에 맞는 방법을 선택하여 멀리까지 빠르게 소식을 전할 수 있어서

4 이 글의 내용으로 보아 다음 상황에서 할 일로 알맞지 <u>않은</u> 것은 무엇인가요?

(   )

> 다섯 개의 봉수대 중 세 개의 봉수대에서 불이 올라오고 있을 때

① 함께 모여 앞으로 일어날 상황에 대한 대책을 세운다.
② 농사일, 집안일 등 평상시에 자신이 하던 일을 계속한다.
③ 주변 사람들에게 적이 국경에 가까이 왔다는 것을 전한다.
④ 전쟁이 일어났을 때의 상황을 생각하여 전쟁 준비를 한다.
⑤ 우리 마을에 있는 봉수대 중 세 개의 탑에 불을 피워 다음 마을에도 소식을 전한다.

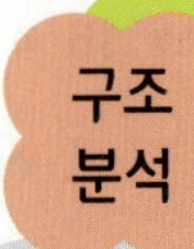

구조
분석

5 각 문단의 중심 내용을 찾아 선으로 알맞게 이으세요.

1문단 •　　　　　• 봉수가 가진 단점

2문단 •　　　　　• 오늘날의 다양한 통신 수단

3문단 •　　　　　• 우리 조상들이 사용했던 통신 수단인 봉수

4문단 •　　　　　• 조상들이 만든 과학적이고 체계적인 통신 수단인 봉수

5문단 •　　　　　• 봉수대에 올린 횃불이나 연기의 개수를 통해 알리는 것

6 빈칸에 들어갈 알맞은 말을 이 글에서 찾아 쓰세요.

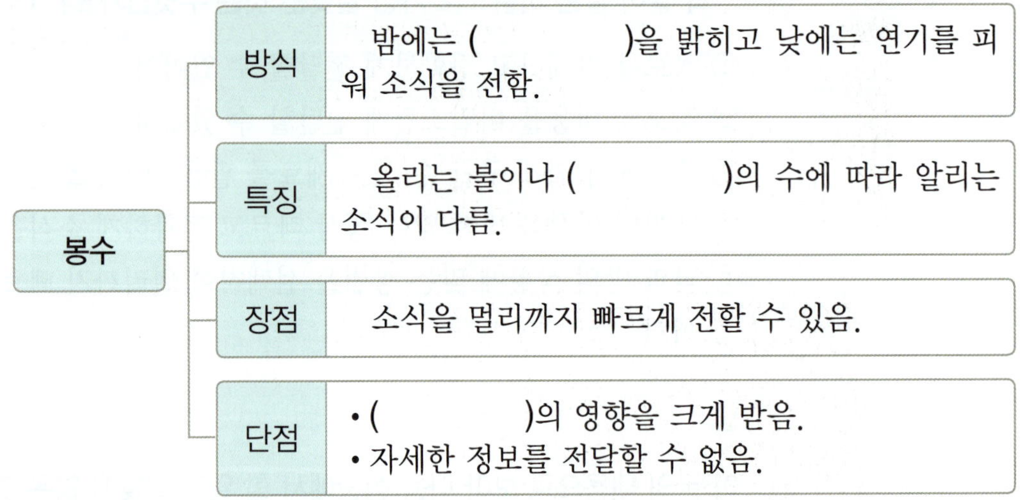

어휘

7 다음 문장에 들어갈 알맞은 낱말에 ○표 하세요.

(1) 장군은 수많은 (동지, 적)과/와 싸우고 전쟁에서 승리했다.

(2) 영상을 찍을 수 있는 새로운 촬영 (장비, 재료)를 준비했다.

(3) 의사는 비행기에서 생명이 (무방한, 위급한) 환자를 살렸다.

(4) 옛사람들은 어두운 길을 밝히기 위해 (횃불, 성화)을/를 들고 걸었다.

(5) 동생은 (비상시, 평상시) 꾸준히 공부하여 시험에서 좋은 성적을 받았다.

옛날과 오늘날의 통신 수단

통신은 서로 정보나 소식을 주고받는 것을 뜻하는 말이에요. 옛날에 소식을 전하기 위해 사용한 **통신 수단**에는 봉수, 전서구, 방 등이 있어요. 봉수를 사용해서 불이나 연기를 피우거나, 사람이 직접 걸어가거나 말을 타고 달려가 중요한 내용이 적힌 문서를 전달하기도 했어요. 북을 치거나 나팔을 불어서 중요한 소식을 전하기도 했지요.

오늘날은 과학 기술이 발달하여 통신 수단도 옛날에 비해 매우 발달했어요. 휴대 전화로 전화를 걸거나 이메일 등을 보내서 소식을 전할 수 있고, 카메라를 통해 서로 얼굴을 보며 가까이 있는 것처럼
● **안부**를 묻기도 해요.

핵심 용어 다음 빈칸에 들어갈 알맞은 용어를 쓰세요.

(1) ☐☐

통(알릴 通) 신(소식 信): 소식을 알림.
• 뜻: 정보나 소식을 주고받는 것.

(2) ☐☐☐☐

통(알릴 通) 신(소식 信) 수(방법 手) 단(방법 段): 소식을 알리는 방법.
• 뜻: 여러 가지 형태의 통신을 전하는 데 이용하는 방법이나 도구.

• 옛날의 통신 수단

나라의 급한 소식이나 중요한 문서를 사람이 말을 타고 가서 전함.

고대 서양의 나라에서 훈련을 받은 비둘기를 이용하여 문서를 전함.

많은 사람이 볼 수 있도록 글을 써서 붙임.

• 오늘날의 통신 수단

상대방과 화면을 통해 얼굴을 보면서 대화함.

통화나 문자 메시지로 연락함.

이메일, 메시지, 누리 소통망 서비스 등을 이용해 소식을 전함.

● **안부** 어떤 사람이 편안하게 잘 지내는지에 대한 소식. 또는 인사로 그것을 전하거나 묻는 일.

통신 수단의 발달로 달라진 생활 모습

뇌를 망가뜨리는 스마트폰

1 스마트폰은 이제 우리 생활의 필수품이 되었다. 통화를 하거나 메시지를 주고받는 일뿐만 아니라 물건을 주문하고 은행 업무를 보고 **빠른** 길을 찾는 등 스마트폰과 함께하는 우리의 생활은 점점 더 편리해지고 있다. 그러나 스마트폰의 편리함에 **빠져** 스마트폰을 사용하는 시간이 늘어날수록 우리 뇌에서는 심각한 문제가 일어난다.

2 전두엽은 뇌에서 기억력, 창의성, 계획, 운동, 감정, 문제 해결처럼 높은 수준의 행동을 **조절하는** 역할을 한다. 스마트폰은 사용자가 원하는 정보를 **즉시** 제공해 주고 자극적인 콘텐츠를 보여 주는데, 이 과정에서 뇌를 **흥분하게** 만드는 도파민이라는 물질이 나오게 된다. 도파민은 기쁘거나 행복할 때 나오는 물질이지만, 도파민 분비가 지나치게 많아지면 전두엽은 자극을 받아 **손상된다**.

3 전두엽이 손상되면 집중력이 떨어지고 감정을 조절하는 능력도 떨어져 **충동적**인 행동이 늘어난다. 스마트폰의 자극에 중독된 뇌는 스마트폰과 떨어지면 불안하여 점점 더 자극적인 것을 찾게 만든다. 이렇게 더 큰 자극을 줄 만한 새로운 것을 찾다 보면 단순하고 평범한 일상생활에는 반응하지 않고 **강렬한** 자극에만 반응하는 ㉠'팝콘 브레인' 증상이 나타나기도 한다.

4 우리의 뇌에 나쁜 영향을 끼치는 스마트폰 중독을 예방하기 위해서는 스마트폰을 **현명하게** 사용해야 한다. 스스로 스마트폰 사용 습관을 점검해 보고 스마트폰을 지나치게 많이 사용한다면 사용 시간을 정하여 그 시간에만 스마트폰을 사용하는 것이 좋다. 또 스마트폰을 반드시 사용해야 할 때에는 자극적인 콘텐츠보다 학습에 도움이 되는 내용을 보도록 노력해야 한다. 스마트폰을 사용하지 않을 때에는 산책이나 운동을 하며 건강한 시간을 보내는 것도 중요하다. 쉬는 시간은 우리의 뇌를 건강하게 만든다.

- **조절하는** 어떤 기준이나 상태에 알맞게 맞추는.
- **즉시**(卽 곧 즉, 時 때 시) 어떤 일이 일어난 바로 그때.
- **흥분하게** 어떤 자극을 받아 감정이 세차게 치밀어 오르게.
- **손상된다** 병이 들거나 몸이 다친다.
- **충동적** 어떤 행동을 하고 싶은 마음이 갑작스럽게 생기는 것.
- **강렬한** 매우 강하고 센.
- **현명하게** 마음이 너그럽고 슬기로우며 일의 이치에 밝게.

내용 독해

1 글쓴이가 이 글을 쓴 목적은 무엇인가요? (　　　)

① 도파민이 분비되는 과정을 설명하려고

② 스마트폰을 현명하게 사용해야 한다고 주장하려고

③ 전두엽이 우리 뇌에서 담당하는 역할을 알려 주려고

④ 생활을 편리하게 만드는 스마트폰의 기능을 소개하려고

⑤ 스마트폰이 제공하는 자극적인 정보를 거르는 방법을 설명하려고

내용 이해

2 이 글을 통해 알 수 있는 내용을 모두 찾아 ○표 하세요.

(1) 뇌의 각 부분이 하는 일 　　　　　　　　　　　　　　　(　　　)

(2) 전두엽이 손상되면 일어나는 일 　　　　　　　　　　　(　　　)

(3) 전두엽이 우리 뇌에서 하는 역할 　　　　　　　　　　(　　　)

(4) 자극적인 콘텐츠를 볼 때 뇌에서 일어나는 일 　　　　(　　　)

추론

3 이 글의 내용으로 보아, ㉠의 증상이 심해지면 나타날 수 있는 행동을 알맞게 짐작하지 **못한** 것은 무엇인가요? (　　　)

① 문제를 해결하는 데에 어려움을 겪는다.

② 책을 읽을 때 집중하지 못하고 딴짓을 한다.

③ 사람들에게 자신의 생각을 논리적으로 잘 설명한다.

④ 위험하고 충동적인 행동을 자주 하고 참을성이 없어진다.

⑤ 해야 할 일을 미루고 계속 스마트폰으로 인터넷에 접속한다.

적용

4 현명하게 스마트폰을 사용하는 방법을 실천하지 **못한** 것은 무엇인가요? (　　　)

① 스마트폰을 절대 사용하지 않도록 부모님께 맡겨 놓아야겠어.

② 스마트폰으로 자극적인 영상이나 사진을 보지 않도록 조심해야겠어.

③ 저녁에는 가족 모두 스마트폰을 내려놓고 대화하는 시간을 갖자고 해야겠어.

④ 스마트폰을 사용하는 시간을 줄이고 내가 좋아하는 그림 그리는 시간을 늘려야겠어.

⑤ 스마트폰을 꼭 필요한 만큼만 사용하도록 시간을 정해 놓고, 그 시간에만 스마트폰을 사용해야겠어.

구조 분석

문단 요약

5 다음은 어느 문단의 중심 내용인지 문단의 번호를 쓰세요.

스마트폰을 현명하게 사용하는 방법	( )문단
스마트폰 사용의 장점과 스마트폰 사용의 문제점	( )문단
스마트폰에 중독되어 전두엽이 손상되면 일어나는 일	( )문단
전두엽의 역할과 스마트폰 사용이 전두엽에 주는 부정적인 영향	( )문단

핵심 내용

6 빈칸에 들어갈 알맞은 말을 이 글에서 찾아 쓰세요.

원인	과도한 스마트폰 사용

↓

문제 발생	지나친 ( ) 분비로 전두엽 손상

↓

결과	전두엽의 기억력, ( ), 계획, 운동, 감정, 문제 해결과 같은 행동 조절 능력에 문제 발생

어휘

적용

7 다음 문장의 빈칸에 들어갈 알맞은 낱말을 보기 에서 찾아 쓰세요.

보기

손상	즉시	흥분	충동적	강렬한

(1) 이 도시락은 구입한 ( ) 먹어야 합니다.
(2) 의사는 환자의 ( )된 다리 근육을 치료하였다.
(3) 강아지는 주인을 보자 ( )하여 이리저리로 뛰어다녔다.
(4) 한낮이 되자 ( ) 햇빛이 내리쬐어 눈을 뜰 수가 없었다.
(5) 화가 나 ( ) 행동을 하는 바람에 친구에게 상처를 주었다.

통신 수단의 발달로 달라진 생활 모습

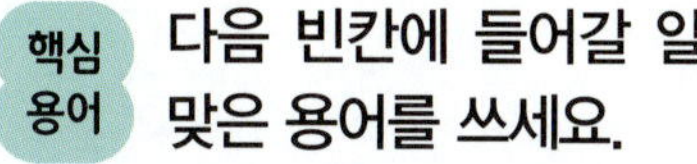

통신 수단이 발달하면서 우리 생활 모습도 크게 달라졌어요. 직접 시장에 가지 않아도 인터넷으로 물건을 살 수 있게 되었고, **위성**으로 신호를 받아 **실시간**으로 지도를 보며 빠른 길로 이동할 수 있게 되었어요. 회사에서는 통신 수단을 활용하여 **화상** 회의로 먼 곳의 사람과 회의를 할 수 있고, 학교에서는 원격 수업으로 선생님과 학생이 직접 만나지 않아도 수업을 할 수 있어요.

하지만 생활이 편리해진 만큼 조심해야 할 일도 늘어났어요. 기업의 **부주의** 등으로 개인에 대해 알 수 있는 정보가 외부로 나가는 **개인 정보 유출** 문제가 자주 발생하고 있어요. 또, 스마트폰에 몰두하여 일상생활에 문제가 생기는 **스마트폰 중독** 현상도 심해져 어디에서나 스마트폰에서 눈을 떼지 못하는 사람들이 늘고 있는 것도 통신 수단의 발달로 생겨난 문제점이에요.

핵심 용어 다음 빈칸에 들어갈 알맞은 용어를 쓰세요.

(1) **개인** ☐ ☐ ☐ ☐

정(이치 情) 보(보답 報) 유(흐를 流) 출(나갈 出): 도움이 되는 자료가 흘러나감.

- 뜻: 이름, 주민 등록 번호, 직업, 주소, 전화번호 등 개인을 알아볼 수 있는 정보가 밖으로 나가는 일.

(2) **스마트폰** ☐ ☐

중(마음 中) 독(독 毒): 마음에 좋지 않은 것.

- 뜻: 스마트폰에 몰두하여 일상생활에 심각한 문제가 생기는 상태.

- **위성** 지구와 같은 행성 둘레를 돌면서 관찰할 수 있도록 로켓을 이용하여 쏘아 올린 물체.
- **실시간** 실제 시간과 같은 시간.
- **화상** 텔레비전의 화면에 나타나는 모양.
- **부주의** 어떤 일을 하는 데에 정신을 집중하지 않아 조심스럽지 않음.

일반사회

4차 산업혁명으로 변하는 일상

1 우리가 스마트폰으로 게임을 하거나 유튜브 영상을 보는 것, 인공 지능 스피커와 대화하는 것, 사람이 **조작하지** 않아도 자동차가 스스로 운전하는 것의 **공통점**은 무엇일까? 모두 4차 **산업혁명**으로 가능해진 일이라는 점이다. 4차 산업혁명은 컴퓨터, 로봇, 인공 지능(AI)과 같은 과학 기술이 우리가 사는 세상을 더 편리하게 만들어 주는 것을 말한다.

2 4차 산업혁명은 우리 생활 모습을 더 편리하게 바꾸고 있다. 개인은 언제 어디서나 스마트폰과 인터넷을 사용하여 필요한 정보를 쉽게 찾고, 빠르고 간편하게 쇼핑을 한다. 농장에서는 **자동화**된 로봇과 기계를 사용하여 농작물이 자라는 환경을 바로 확인하고 조절해서 더 좋은 농산물을 만들어 낸다. 병원에서는 인공 지능으로 병을 빠르고 정확하게 **진단하고**, 환자 개인에게 맞는 치료 방법을 제공한다.

3 하지만 4차 산업혁명은 여러 가지 문제도 발생시킨다. 스마트폰과 인터넷은 사용하는 사람이 제공한 매우 많은 양의 정보를 수집하여 그 중에서 필요한 정보를 찾는다. 이 과정에서 개인 정보가 보호되지 못하고 빠져나갈 가능성이 높아진다. 또, 인터넷이나 기계에 **의존하게** 되어 인터넷이 멈추거나 기계가 고장이 났을 때 사람이 스스로의 힘으로 아무것도 하지 못하는 일이 발생할 수도 있다. 컴퓨터나 기계가 사람이 하는 일을 대신할 수 있기 때문에 변화하는 기술을 빠르게 배우지 못하는 사람들은 **일자리**를 구하기 어려워지게 된다.

4 4차 산업혁명으로 우리는 더 편리한 생활을 누리게 되었지만, 그에 따른 여러 가지 사회 문제도 함께 발생하고 있다. 과학 기술이 발전할수록 사회 변화는 더욱 커지게 되며, 그에 따른 **부작용**도 함께 커지기 때문이다. 우리의 삶에 깊숙이 들어오고 있는 과학 기술에 대해 올바르게 이해하고 사용하는 것이 중요해지는 까닭이다.

- **조작하지** 기계나 장치 같은 것을 일정한 방식에 따라 다루어 움직이게 하지.
- **공통점** 여럿 사이에 서로 같은 점.
- **산업혁명** 18세기 후반부터 약 100년 동안 유럽에서 일어난 생산 기술과 그에 따른 사회 조직의 큰 변화.
- **자동화** 다른 힘을 빌리지 않고 스스로 움직이게 됨.
- **진단하고** 의사가 환자를 검사하여 건강 상태를 판단하고.
- **의존하게** 어떠한 일을 자신의 힘으로 하지 못하고 다른 어떤 것의 도움을 받아 의지하게.
- **일자리** 일터나 직장과 같이 직업으로 삼아 일하는 곳.
- **부작용** 어떤 일로 인해 일어난, 기대하지 않았던 바람직하지 못한 일.

내용 독해

1 이 글은 무엇에 대해 설명하고 있는지 찾아 여섯 글자로 쓰세요.

( )

내용 이해

2 이 글을 통해 알 수 있는 내용을 모두 찾아 ○표 하세요.

(1) 4차 산업혁명의 뜻 ( )
(2) 4차 산업혁명이 가져온 긍정적인 변화 ( )
(3) 4차 산업혁명이 가장 먼저 시작된 나라 ( )
(4) 4차 산업혁명이 우리 생활에 끼친 부정적인 영향 ( )

추론

3 4차 산업혁명이 바꾼 우리의 생활 모습을 짐작한 것으로 알맞지 <u>않은</u> 것은 무엇인가요? ( )

① 인공 지능으로 암을 미리 발견하여 치료한다.
② 로봇과 기계를 관리할 사람이 필요하여 일자리가 늘어난다.
③ 음식을 만들기 위해 필요한 재료를 스마트폰으로 주문한다.
④ 자동차가 스스로 움직여 막히지 않는 길을 찾아 목적지까지 이동한다.
⑤ 농작물이 자라는 온실의 온도와 습도, 햇빛의 양을 스마트폰을 통해 실시간으로 확인한다.

적용

4 이 글을 읽고 친구들이 4차 산업혁명에 대해 나눈 대화입니다. 알맞게 말하지 <u>못한</u> 친구는 누구인가요? ( )

① 효원: 기업은 직원들이 필요한 지식과 능력을 기를 수 있도록 교육을 해 주면 좋겠어.
② 세연: 4차 산업혁명의 영향은 기업이 가장 많이 받으니까 기업에서 나서서 문제를 해결해야 해.
③ 지욱: 국가는 인터넷이나 기계에 대한 국민들의 의존도가 높아져 생길 수 있는 문제에 미리 대비해야 해.
④ 하진: 국가에서는 4차 산업혁명으로 일자리가 줄어드는 것에 대비해서 국민들이 필요한 기술을 배울 수 있도록 해야 해.
⑤ 나리: 우리 모두가 겪을 일이니까 변화하는 사회에서 내 정보가 빠져나가거나 함부로 이용되는 일이 없는지 잘 지켜보아야겠어.

구조 분석

문단 요약

5 각 문단의 중심 내용을 찾아 선으로 알맞게 이으세요.

1 문단 •   • 4차 산업혁명의 뜻

2 문단 •   • 4차 산업혁명 시대를 현명하게 살아가는 방법

3 문단 •   • 4차 산업혁명이 우리 생활에 끼친 부정적인 영향

4 문단 •   • 4차 산업혁명이 우리 생활에 끼친 긍정적인 영향

핵심 내용

6 빈칸에 들어갈 알맞은 말을 이 글에서 찾아 쓰세요.

4차 산업혁명	긍정적인 영향	부정적인 영향
스마트폰과 ( )의 사용	필요한 정보를 쉽게 찾고 빠르고 간편하게 쇼핑함.	( )가 빠져나갈 가능성이 높아짐.
자동화된 로봇과 ( ) 사용	농작물이 자라는 환경을 바로 확인하고 더 좋은 농산물을 생산함.	기계가 고장 나면 인간의 힘으로 해결하기 어려움.
인공 지능 사용	( )을 빠르고 정확하게 진단하고, 개인에게 알맞은 치료 방법을 제공함.	변화하는 기술을 빠르게 배우지 못하면 ( )를 구하기 어려움.

어휘

적용

7 다음 문장의 빈칸에 들어갈 알맞은 낱말을 보기 에서 찾아 쓰세요.

보기

조작   부작용   일자리   자동화   공통점

(1) 언니와 나는 (   )이/가 많다.
(2) 공장은 모든 생산을 (   )하여 물건을 만든다.
(3) 삼촌은 (   )을/를 구하기 위해 서울로 떠났다.
(4) 빠른 사회 변화는 여러 가지 (   )을/를 발생시킨다.
(5) 아저씨는 에어컨을 (   )하는 방법을 자세하게 설명해 주셨다.

사회 변화

우리가 살아가는 사회의 여러 분야에서 이미 있던 것들이 새롭게 바뀌고 사람들의 생활 모습이 달라지는 것을 사회 변화라고 해요. 그리고 과학 기술은 여러 과학 분야의 **이론**을 실제 우리 생활에 **적용하여** 인간 생활에 쓰일 수 있도록 하는 수단을 모두 가리키는 말이에요.

과학 기술의 발달로 우리 생활은 변화하고 있어요. 여러 가지 사물에 센서를 달고 인터넷을 통해 실시간으로 데이터를 주고받으며 서비스를 제공하는 사물 인터넷(IoT)은 우리 삶을 더욱 편하게 바꾸어 주고 있어요. 예를 들면 사물 인터넷이 연결된 집에서는 사람이 일어나면 불이 켜지는 것처럼 필요한 **설정**을 미리 맞추어 두기만 하면 온도나 **습도**, 조명의 밝기를 자동으로 조절해요.

• 과학 기술의 발전이 가져온 일상생활의 변화

핵심 용어 다음 빈칸에 들어갈 알맞은 용어를 쓰세요.

(1) **사회** ▢ ▢

변(달라질 變) 화(될 化): 달라짐.
• 뜻: 한 사회의 여러 분야에서 이미 있던 것들이 새롭게 바뀌고 사람들의 생활 모습이 달라지는 것.

(2) **과학** ▢ ▢

기(재주 技) 술(방법 術): 재주와 방법.
• 뜻: 과학 이론을 실제 우리 생활에 적용하여 인간 생활에 쓰일 수 있도록 하는 수단.

● **이론** 어떤 이치나 지식을 논리적으로 짧은 문장으로 정리한 체계.
● **적용하여** 필요에 따라 적절하게 맞추어 쓰거나 실시하여.
● **설정** 새로 만들어 정함.
● **습도** 공기 속에 수증기가 포함되어 있는 정도.

저출산이 가져온 학교의 변화

지문 분석

글자 수 | 922
800 900 1000

1 할아버지 댁에서 할아버지의 어릴 적 모습이 담겨 있는 오래된 사진을 보았다. 색은 좀 **바랬지만** 옛날 사진을 보니 신기해서 이리저리 **들여다보았다.** 사진 속 교실에는 어린 아이들이 무척 많았다. 나는 사진을 보고 깜짝 놀라며 "이 사람들이 전부 같은 반 친구들이라고요?"라고 말했다.

2 깜짝 놀라는 나를 보며 할아버지께서는 어릴 적 이야기를 들려주셨다. "할아버지가 학교에 다닐 때에는 아이들이 정말 많았단다. 한 반에 60명의 학생들이 함께 모여 공부를 했는데 학생이 많아서 오전반과 오후반으로 나누어 학교에 다녔었지. 세연이 너는 전혀 상상이 안 되지? 허허. **오죽하면** '아들딸 구별 말고 둘만 낳아 잘 기르자.'와 같은 가족 계획 **표어**를 내세워 자녀를 적게 낳자는 **정책**을 펼쳤겠니?"

3 할아버지께서는 요즘은 **학급** 수도 많이 줄고, 한 반에 아이들이 적어졌다는 뉴스를 보셨다며 우리 학교는 어떤지 물어보셨다. 나는 요즘은 예전보다 학생 수가 적어서 같은 반 친구들이 24명쯤 되고, 3학년에 네 개의 학급이 있다고 말씀드렸다. 얼마 전에 입학식을 하는 모습을 보았는데 1학년 학생들의 수는 3학년보다 훨씬 적어서 깜짝 놀랐다는 말씀도 드렸다.

4 내 이야기를 들으신 할아버지께서는 걱정스러운 표정을 지으며 말씀하셨다. "요즘 **출산율**이 떨어지고 **신생아** 수가 줄어드는 ㉠저출산 문제가 심각하다더니 정말 그렇구나. 요즘은 다들 결혼도 늦게 하고, 아이를 낳는다고 해도 **육아**에 대한 **부담**이 크기 때문에 아이를 낳지 않는 것이 자연스러운 변화라는 생각도 든단다. 하지만 낮은 출산율이 계속되면 우리나라가 사라질 **위기**에 처할 수도 있다는 말을 듣고 걱정스럽기도 했지. 아이를 키우기 좋은 환경을 만들어서 출산과 육아에 대한 부담이 줄어들도록 해 주어야 할 텐데 앞으로 어떻게 될지 걱정이구나." 할아버지의 말씀을 들으니 나도 우리 학교가 사라지는 것은 아닐까 걱정스러운 마음이 들었다.

5

10

15

20

25

- **바랬지만** 볕이나 물기 때문에 색이 흐려지거나 누렇게 되었지만.
- **들여다보았다** 가까이서 자세히 보았다.
- **오죽하면** 매우 심하거나 대단하면.
- **표어** 주장을 간단하게 나타낸 짧은 말이나 글.
- **정책** 정치적인 목적을 이루기 위한 방법.
- **학급**(學 배울 학, 級 등급 급) 한 교실에서 공부하는 학생들.
- **출산율** 아기를 낳는 비율.
- **신생아** 태어난 지 얼마 되지 않은 아이.
- **육아** 어린아이를 돌보고 기름.
- **부담** 어떤 일을 할 때 느끼는 어려운 마음.
- **위기** 위험해서 아슬아슬한 순간.

내용 독해

글의 특징

1 이 글의 특징으로 알맞은 것은 무엇인가요? (   )

① 텔레비전에서 본 뉴스의 내용을 그대로 전달하였다.
② 우리나라 인구수의 변화를 구체적인 수치로 설명하였다.
③ 사회 변화로 인해 달라진 학교의 모습을 대화 글로 표현하였다.
④ 저출산 문제를 해결하기 위해 노력해야 한다고 강하게 주장하였다.
⑤ '내'가 어렸을 때 할아버지와 함께했던 일을 일기의 형식으로 표현하였다.

내용 이해

2 할아버지가 학교를 다니시던 때에 대해 알 수 있는 내용이 <u>아닌</u> 것은 무엇인가요?

(   )

① 아이들이 매우 많았다.
② 자녀를 적게 낳으라는 정책이 있었다.
③ 한 반에 60명의 학생이 모여 공부했다.
④ 1학년으로 입학하는 학생들이 별로 없었다.
⑤ 학생들이 오전반과 오후반으로 나누어 학교에 다녔다.

추론

3 ㉠으로 인해 일어날 일에 대해 알맞게 짐작한 것은 무엇인가요? (   )

① 지역마다 인구수가 눈에 띄게 늘어난다.
② 어느 곳에서나 아이들을 많이 만날 수 있다.
③ 산부인과처럼 출산과 관련 있는 병원이 많이 생긴다.
④ 일을 할 수 있는 인구가 늘어나고 일할 수 있는 곳이 많아진다.
⑤ 학생 수가 줄어 학교나 유치원과 같은 교육 관련 시설이 줄어든다.

적용

4 이 글을 읽고 알맞게 말한 친구는 누구인지 쓰세요.

> 지훈: 심각해지는 저출산 문제에 대비하기 위해서 학교의 교실을 늘리고 어
> 린이 문화 시설을 더 많이 만들어야겠어.
> 소윤: 우리나라에서 생기는 저출산과 관련한 문제는 곧 사라질 것들이어서
> 앞으로도 사회에 미치는 영향은 크지 않을 것 같아.
> 예린: 저출산 현상이 미래 사회에 부정적인 영향을 미칠 수 있겠어. 국가,
> 기업, 개인이 모두 힘을 모아 문제를 해결할 수 있는 방법을 찾아야 해.

(   )

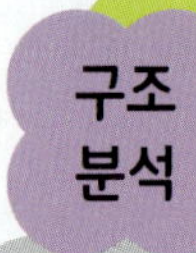

구조 분석

문단 요약

5 각 문단의 중심 내용을 찾아 선으로 알맞게 이으세요.

1 문단 •

2 문단 •

3 문단 •

4 문단 •

• 할아버지께 학생 수가 적은 요즘 학교 모습에 대해 말씀드림.

• 할아버지께서 저출산 문제에 대해 어떻게 생각하는지 말씀해 주심.

• 할아버지 댁에서 오래된 사진을 보고 한 반의 학생이 많아 깜짝 놀람.

• 옛날에 할아버지가 학교를 다니실 때, 학생 수가 많았던 학교의 모습에 대한 이야기를 들려주심.

핵심 내용

6 빈칸에 들어갈 알맞은 말을 이 글에서 찾아 쓰세요.

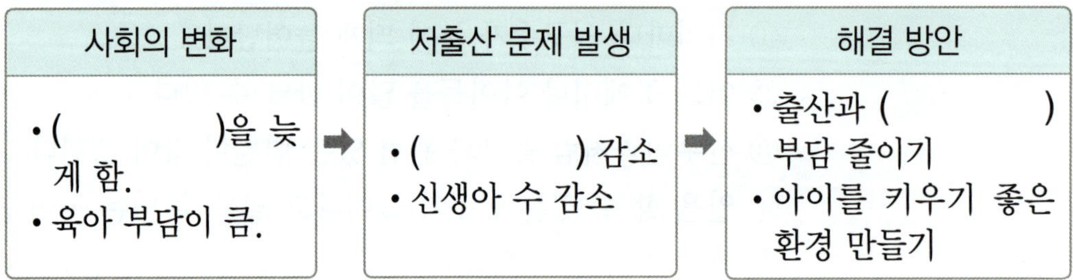

사회의 변화	저출산 문제 발생	해결 방안
•( )을 늦게 함. •육아 부담이 큼.	•( ) 감소 •신생아 수 감소	•출산과 ( ) 부담 줄이기 •아이를 키우기 좋은 환경 만들기

어휘

적용

7 다음 문장에 들어갈 알맞은 낱말에 ◯표 하세요.

⑴ 환자는 어려운 (위기, 공포)를 넘기고 건강을 되찾았다.
⑵ 이 한복은 색이 (바랐지만, 바랬지만) 여전히 곱고 아름답다.
⑶ 채아는 (학급, 학원) 임원으로서 맡은 일을 성실하게 해 내었다.
⑷ 학교 폭력 예방에 대한 짧은 (표어, 속담)을/를 만들어 제출했다.
⑸ 아이는 땅에 떨어진 물건이 무엇인지 한참 (들여다보았다, 올려다보았다).

사회 변화가 가져온 모습(1) 저출산

정답과 해설 **19** 쪽

합계 출산율은 여성 한 명이 임신이 가능한 기간 동안에 낳을 것으로 **예상되는** 자녀의 수를 말해요. 우리나라의 합계 출산율은 해마다 낮아져서 2023년에는 0.72명이 되었어요. 이렇게 합계 출산율이 점점 낮아지면 저출산 문제가 생기게 된답니다.

저출산은 태어나는 아이의 수가 줄어드는 **현상**을 뜻하는데, 저출산 문제는 전 세계적으로 심각해지고 있어요. 저출산 문제를 해결하기 위해 여러 국가들이 다양한 정책을 내놓고 있지만 사회 변화에 따라 출산과 **양육**에 대한 사람들의 생각이 많이 바뀌어서 해결이 쉽지 않다고 해요.

이렇게 태어나는 아이의 수가 적어질수록 생산하고 만들어 낼 수 있는 사람은 줄어들고 **부양해야** 할 노인의 수가 많아져서 나라의 부담이 커지게 돼요.

핵심 용어 다음 빈칸에 들어갈 알맞은 용어를 쓰세요.

(1) **합계** ☐☐☐

출(날 出) 산(낳을 産) 율(비율 率): 아기를 낳는 비율.
- 뜻: 한 여성이 임신이 가능한 기간 동안 낳을 것으로 예상되는 자녀의 수.

(2) ☐☐☐

저(낮을 低) 출(날 出) 산(낳을 産): 아이를 적게 낳음.
- 뜻: 태어나는 아이의 수가 줄어드는 현상.

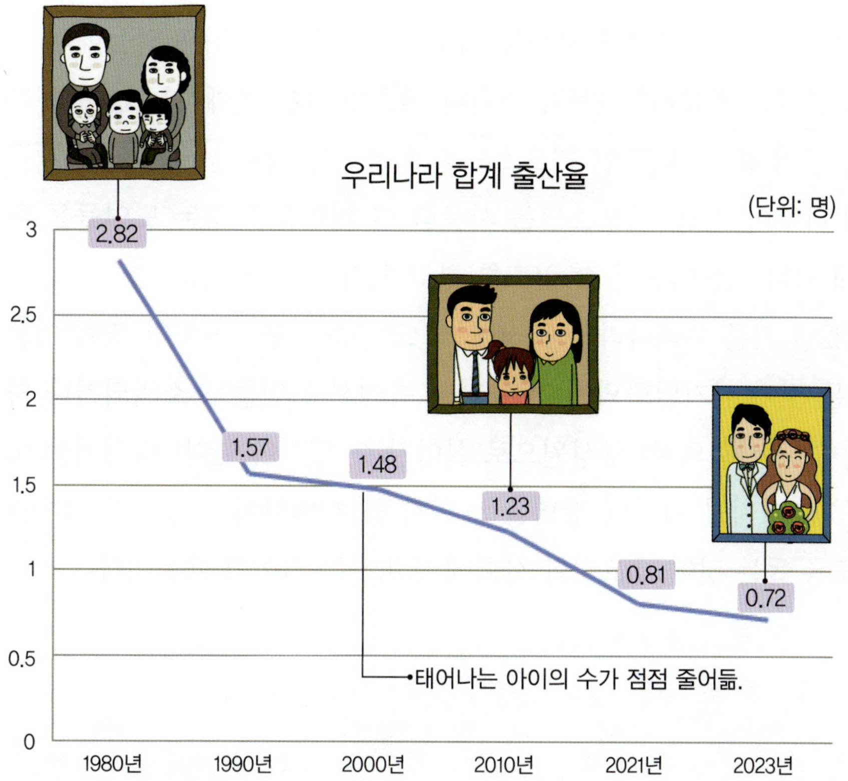

- **예상되는** 앞으로 있을 일이나 상황이 짐작되는.
- **현상** 지금 나타나 보이는 상태.
- **양육** 아이를 보살펴서 자라게 함.
- **부양해야** 돈을 벌지 못하여 혼자 살기 어려운 사람을 돌보아야.

☐☐☐가 만든 디지털 격차

지문 분석

글자 수 846
800 900 1000

1 마트, 식당, 영화관, 병원, 기차역 등 요즘은 어디에서나 키오스크를 쉽게 볼 수 있다. 키오스크는 구매하는 사람이 화면을 직접 눌러서 원하는 것을 **요청하는** **무인** 정보 통신 **단말기**이다. 키오스크는 어떤 사람에게는 필요한 것을 빠르고 간편하게 얻을 수 있는 편리한 수단으로 여겨지지만, 누군가에게는 두려움의 대상이 되기도 한다. 5

2 디지털 기기에 익숙하지 않은 대부분의 노인들은 키오스크 앞에 서면 당황할 수밖에 없다. 용기를 내어 기계 앞에 서서 키오스크를 살펴보아도 **복잡한** 화면 구성 때문에 어디를 어떻게 눌러야 할지, 어떻게 해야 주문을 할 수 있는지 알 수 없기 때문이다. **허둥대며** 실수를 하다가 결국 주문을 포기하고 돌아서게 된다. 뒤에 서 있는 사람의 눈치가 보여 10 누군가에게 도움을 요청하기도 쉽지 않다.

3 각 지역에서는 이렇게 디지털 기기에 익숙한 세대와 그렇지 못한 세대 사이에 생기는 디지털 **격차**를 줄이기 위해 여러 가지 교육을 진행하고 있다. 경로당에 찾아가 교육용 키오스크를 설치한 뒤 노인들에게 식당에서 음식을 주문하는 방법, 기차나 버스의 표를 **예매하는** 방법을 자 15 세하게 알려 준다. 더불어 키오스크를 사용하는 방법을 설명한 교재를 제작해 나누어 주고, 키오스크를 사용할 때 어려움을 겪는 노인들을 위한 안내 서비스를 이용할 수 있도록 하고 있다.

4 2022년 기준 우리나라의 65세 이상 고령층 인구는 900만 명에 이른다. 모든 것이 디지털화되어 가는 세상 속에서 노인들도 **소외되거나** 차 20 별받지 않고 사회의 한 구성원으로 살아갈 수 있어야 한다. 많아지는 노인 인구가 디지털 기기에 **장벽**을 느끼지 않고 변화에 적응하며 살아갈 수 있도록 돕는 것이 ㉠고령화 사회에 대비하는 길이기 때문이다.

- **요청하는** 필요한 일을 해 달라고 부탁하는.
- **무인** 사람이 없음.
- **단말기** 컴퓨터의 중앙 처리 장치와 연결되어 자료를 입력하거나 출력하는 기기.
- **복잡한** 일이나 마음 등이 정리하기 어려울 만큼 얽혀 있는.
- **허둥대며** 어찌할 줄을 몰라 이리저리 헤매며 다급하게 서두르며.
- **격차** 수준, 품질, 수량 등이 서로 벌어져 다른 정도.
- **예매하는** 차표나 입장권 등을 정해진 때가 되기 전에 미리 사 두는.
- **소외되거나** 어떤 무리에서 멀리하거나 따돌려지거나.
- **장벽** 장애가 되거나 이겨 내기 어려운 것.

제목

1 이 글의 제목에 들어갈 알맞은 말을 찾아 네 글자로 쓰세요.

(   )

내용 이해

2 이 글의 내용과 일치하지 <u>않는</u> 것은 무엇인가요? (   )

① 요즘은 주변에서 키오스크를 쉽게 볼 수 있다.

② 키오스크 설치에 반대하는 사람이 늘어나고 있다.

③ 키오스크는 화면을 직접 눌러서 원하는 것을 요청한다.

④ 노인들은 키오스크 사용이 어려워 당황하는 경우가 있다.

⑤ 2022년 기준 우리나라의 65세 이상 고령층 인구는 900만 명에 이른다.

적용

3 이 글의 내용을 알맞게 이해하지 <u>못한</u> 친구는 누구인가요? (   )

① 지아: 지역에서 디지털 격차를 해소하기 위한 교육을 하고 있어서 다행이야.

② 서우: 노인들이 어려운 디지털 기기를 사용하지 않도록 어디에서나 사람이 직접 주문받는 방식을 사용해야 해.

③ 예서: 키오스크를 사용하는 방법을 교육하고 안내 서비스를 제공하면 사회에서 발생하는 디지털 격차가 많이 줄어들겠어.

④ 아인: 노인들이 키오스크 앞에서 허둥대거나 실수를 하더라도 눈치를 주지 말고 화면의 어디를 눌러야 하는지 친절하게 알려 드려야겠어.

⑤ 현진: 디지털 기기가 빠르게 발전하는 것도 좋지만 그 변화에 적응하지 못해 소외받는 사람이 없도록 누구에게나 적응할 기회를 주는 것도 중요해.

추론

4 이 글을 읽고 ㉠에 대해 짐작한 내용으로 알맞은 것의 기호를 쓰세요.

> ㉮ 고령화 사회에서 노인들은 새로운 기술을 익히거나 새로운 변화에 적응하기가 쉬울 것이다.
>
> ㉯ 고령화 사회가 되면 노인 인구가 늘어나서 활발한 경제 활동을 통해 돈을 벌 수 있는 인구가 많아질 것이다.
>
> ㉰ 고령화 사회에서는 늘어나는 노인 인구를 위해 키오스크뿐만 아니라 휴대 전화, 태블릿 등 다양한 디지털 기기에 대한 교육이 필요할 것이다.

(   )

구조 분석

문단 요약

5 다음은 이 글에 나타난 각 문단의 중심 내용입니다. 글의 내용에 맞게 순서대로 기호를 쓰세요.

> ㉮ 디지털 격차를 줄이기 위해 지역이 노력하고 있음.
> ㉯ 키오스크 사용이 익숙하지 않은 노인들이 어려움을 겪음.
> ㉰ 키오스크는 편리한 수단이지만 누군가에게는 두려움의 대상이 됨.
> ㉱ 급변하는 디지털 사회 속에서 노인들이 디지털 기기에 장벽을 느끼지 않고 변화에 적응할 수 있도록 도와야 함.

(   ) → (   ) → (   ) → (   )

핵심 내용

6 빈칸에 들어갈 알맞은 말을 이 글에서 찾아 쓰세요.

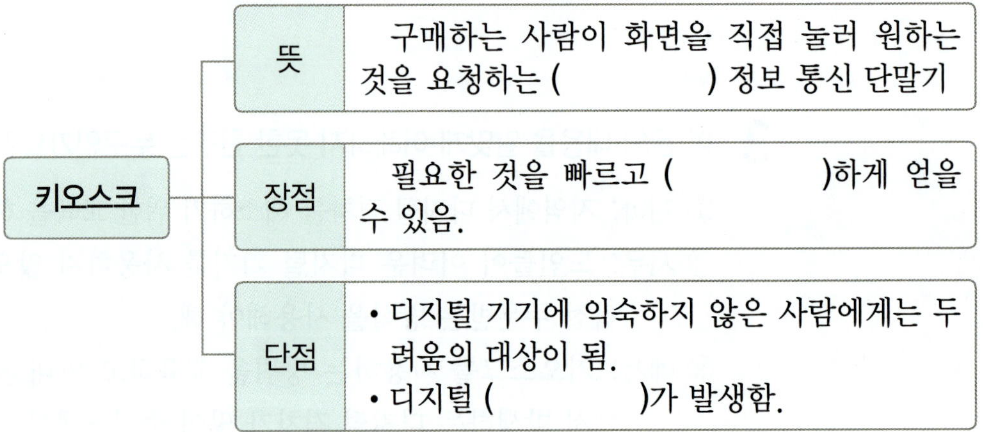

어휘

적용

7 다음 문장의 빈칸에 들어갈 알맞은 낱말을 찾아 선으로 이으세요.

(1) ( ) 돌에 걸려 넘어질 뻔했다.   •　　•㉮ 무인

(2) 공연장에 도착해 ( )한 입장권을 찾았다.   •　　•㉯ 소외

(3) 요즘은 ( )(으)로 운영하는 가게들이 많다.   •　　•㉰ 예매

(4) 전학 온 친구가 ( )되지 않도록 챙겨 주었다.   •　　•㉱ 복잡

(5) 선생님께서 ( )한 수학 공식을 알기 쉽게 설명해 주셨다.   •　　•㉲ 허둥대다가

사회 변화가 가져온 모습 (2) 고령화

정답과 해설 **20** 쪽

현대 사회에서는 예전과 다른 모습들이 많이 나타나고 있어요. 특히 사회를 이루는 구성원들의 나이가 점차 많아지고 있답니다. 이렇게 전체 인구에서 나이 많은 사람의 비율이 높아지는 것을 **고령화**라고 해요. 고령화는 현대 사회의 **인구 문제**로 떠오르고 있어요.

고령화 사회는 65세 이상 노인 인구의 **비율**이 전체 인구의 7퍼센트 이상을 차지하는 사회를 뜻하는 말이에요. 고령화 지수는 유소년층(0~14세)에 대한 노년층 인구(65세 이상)의 비율을 뜻하는 말로, 우리나라의 고령화 지수는 계속 증가하고 있어요. 우리나라는 2040년에 인구의 절반 이상이 52세를 넘을 것으로 예상돼요. 전 세계의 어느 나라보다도 빠르게 고령화가 진행되고 있어요.

핵심 용어 다음 빈칸에 들어갈 알맞은 용어를 쓰세요.

(1) ☐ ☐ ☐

고(높을 高) 령(나이 齡) 화(될 化): 나이가 많아짐.
- 뜻: 한 사회에서 노인의 인구 비율이 높은 상태로 나타나는 일.

(2) ☐ ☐ ☐ ☐

인(사람 人) 구(인구 口) 문(물을 問) 제(물음 題): 일정한 지역에 사는 사람의 수와 관련한 문제.
- 뜻: 한 국가나 지역의 인구가 증가하거나 감소하거나 이동하는 등의 변화로 인해 생기는 여러 가지 문제.

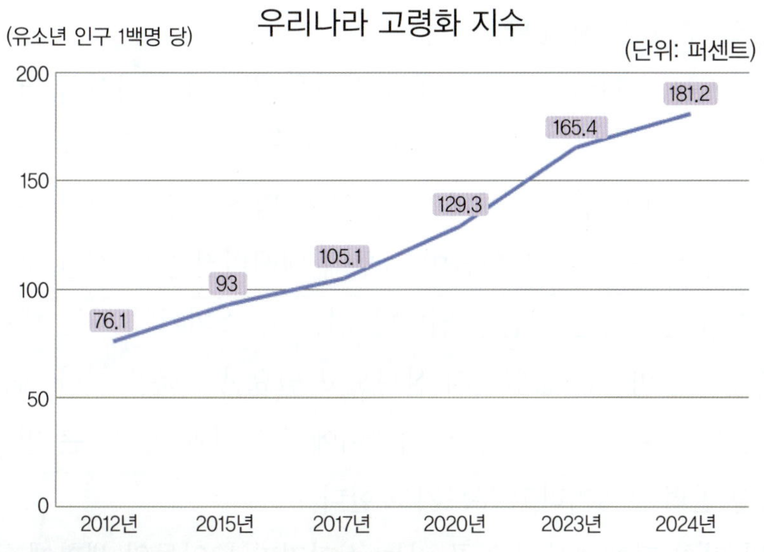

현재: 노약자석보다 일반석이 많음.

미래: 노약자석이 일반석보다 많아질 수 있음.

● **비율** 기준이 되는 수나 양에 대한 어떤 값의 비.

일반사회 **04**

노인을 돕는 [   ] 스피커

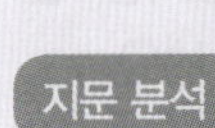

지문 분석

글자 수 857
800 900 1000

1 "헤이, ○○! 텔레비전 좀 켜 줘!", "△△△, 노래 좀 들려줘!"

이렇게 인공 지능 스피커에게 원하는 것을 말해 텔레비전을 켜고 듣고 싶은 노래를 트는 것은 이제 우리에게 너무나 익숙한 모습이다. 이처럼 말만 하면 기기를 관리하고 **제어할** 수 있는 인공 지능 스피커가 홀로 사는 노인과 몸이 불편한 노인들에게 **보급되고** 있다. 5

2 홀로 사는 노인이나 몸이 불편한 노인들은 갑자기 다치거나 병이 나서 누군가의 도움이 필요할 때, 휴대 전화를 찾아 연락을 하는 것마저 어려운 경우가 있다. 그럴 때 인공 지능 스피커의 음성 인식 기능을 이용할 수 있다. **위급한** 일이 생겼을 때 "살려 줘!"라는 말만 외쳐도 인공 지능 스피커가 사용자의 목소리와 말을 알아듣고 119에 연락하여 필요 10 한 **조치**를 받을 수 있게 해 준다.

3 또한 인공 지능 스피커는 노인들에게 가까운 친구이자 **비서**의 역할도 해 준다. 노인들에게 세상에서 일어나는 다양한 소식들을 들려주기도 하고 **말동무**가 되어 주기도 하며, 약을 챙겨 먹을 시간을 알려 주기도 한다. 스피커를 사용하는 노인들이 하루에 텔레비전을 몇 시간 보는 15 지, 밖에 나가서 운동하는 시간은 얼마나 되는지, 스피커와 나눈 대화 속에서 우울해하는 마음은 없었는지 살펴보고 필요한 도움을 찾아 제공해 주기도 한다. 이렇게 노인들의 삶 가까이에서 노인과 함께하는 인공 지능 스피커를 **반려** 스피커라고 부르기도 한다.

4 여러 지방 자치 단체에서는 인공 지능 스피커가 노인들의 생활에 긍 20 정적인 영향을 끼친다고 판단하여 더 많은 노인들에게 인공 지능 스피커를 보급하기 위해 노력하고 있다. ㉠인공 지능 스피커는 앞으로 더욱 발전하여 노인들의 삶뿐만 아니라 사회의 **사각지대**에 놓여 어려움을 겪는 사람들을 돕는 역할까지 하게 될 것이다.

- **제어할** 기계나 시설, 체계 등이 알맞게 움직이도록 조절할.

- **보급되고** 어떤 것을 널리 퍼뜨려 여러 곳에 미치게 되거나 여러 사람이 누리게 되고.

- **위급한** 어떤 일이나 상태가 몹시 위험하고 급한.

- **조치** 일어난 일에 대해 알맞은 계획을 세워서 함.

- **비서** 중요한 자리에 있는 사람의 일을 챙겨 주는 일을 하는 사람.

- **말동무** 함께 이야기할 만한 친구.

- **반려**(伴 짝 반, 侶 짝 려) 짝이 되는 사람이나 동물.

- **사각지대** 관심이나 영향이 닿지 못하는 곳.

제목

1 이 글의 제목에 들어갈 알맞은 말을 찾아 네 글자로 쓰세요.

(   )

내용 이해

2 이 글을 통해 알 수 있는 내용을 모두 찾아 ◯표 하세요.

(1) 인공 지능 스피커를 보급 받은 노인들의 수 　　　　　　　　　　　(　　)
(2) 노인들에게 인공 지능 스피커를 보급한 방법 　　　　　　　　　　(　　)
(3) 인공 지능 스피커가 노인들의 삶에 도움을 주는 방법 　　　　　　(　　)
(4) 노인들에게 위급한 일이 생겼을 때 인공 지능 스피커가 해 주는 일 (　　)

어휘·어법

3 다음은 인공 지능 스피커의 도움을 받아 어려운 일을 해결한 노인이 한 말입니다. 빈칸에 어울리는 한자 성어는 무엇인가요? (　　　)

> 　혼자 있다가 화장실에서 넘어져 몸을 움직이지 못했는데 인공 지능 스피커에게 요청해서 도움을 받을 수 있었어요. 스피커는 기계라고만 생각했는데 지금은 [　　　　]할 정도로 고마운 존재예요.

① 동병상련: 어려운 처지에 있는 사람끼리 서로 도움.
② 유비무환: 미리 준비가 되어 있으면 걱정할 것이 없음.
③ 살신성인: 자기의 몸을 희생하여 옳다고 생각하는 일을 함.
④ 각골난망: 은혜를 입은 고마움이 뼈에 깊이 새겨져 잊히지 않음.
⑤ 어부지리: 둘이 다투는 틈을 타서 엉뚱한 사람이 이익을 가로챔.

적용

4 다음 중 ㉠의 사례로 알맞지 <u>않은</u> 것의 기호를 쓰세요.

> ㉮ 움직이기 귀찮을 때 인공 지능 스피커에게 "불 좀 조절해 줘."라고 말하자 스피커와 연결된 전등의 불빛이 잠자기에 알맞게 되었다.
> ㉯ 인공 지능 스피커를 설치한 노인의 집에서 50시간 이상 대화가 없자 자동으로 행정복지센터로 연결되어 노인의 상황을 확인하였다.
> ㉰ 혼자 사는 노인이 중얼거리며 한 '집에 먹을 게 없다.'는 혼잣말에 인공 지능 스피커가 행정복지센터를 연결하여 어려움을 해결해 주었다.

(   )

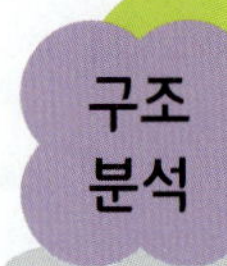

구조 분석

5 각 문단의 중심 내용을 찾아 선으로 알맞게 이으세요.

1문단 •

2문단 •

3문단 •

4문단 •

• 인공 지능 스피커의 미래

• 노인들의 삶을 가까이에서 살피며 도움을 주는 인공 지능 스피커

• 음성 인식 기능을 이용하여 노인들에게 도움을 주는 인공 지능 스피커

• 홀로 사는 노인이나 몸이 불편한 노인들을 위해 보급되고 있는 인공 지능 스피커

6 빈칸에 들어갈 알맞은 말을 이 글에서 찾아 쓰세요.

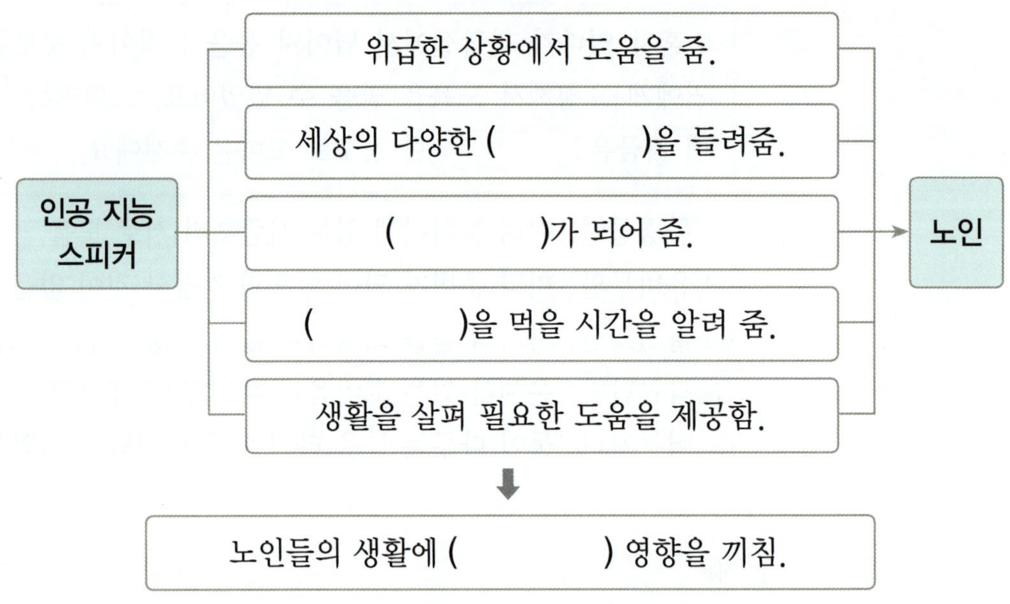

어휘

7 다음 문장의 빈칸에 들어갈 알맞은 낱말에 ○표 하세요.

⑴ 한국은 인터넷 (보급, 보전)이 잘되어 있는 나라이다.

⑵ 요즘은 집에서 (반려, 야생) 동물과 함께 살아가는 사람들이 많다.

⑶ 119 구조 대원들은 생명이 (위급, 신속)한 환자를 병원으로 옮겼다.

⑷ 할아버지는 집에 자주 놀러 와서 (동료, 말동무)가 되어 달라고 하셨다.

⑸ 할머니는 휴대 전화로 에어컨을 (제어, 처리)할 수 있다는 말에 깜짝 놀라셨다.

사회 변화가 가져온 모습 (3) 지능 정보화 정답과 해설 **21** 쪽

인간처럼 생각하고 학습하는 능력을 가진 컴퓨터 기술을 **인공 지능**이라고 해요. 우리 주변을 둘러보면 인공 지능을 **활용한** 기기들이 점차 늘어나고 있다는 것을 알 수 있어요. 대화가 가능한 스피커, **실시간**으로 집 안의 가전을 제어하는 장치, 사람이 움직이지 않아도 알아서 운전을 하는 **자율 주행차**에도 모두 인공 지능 기술이 적용되어 있어요.

이렇게 우리의 삶에 인공 지능과 정보 통신 기술 등이 **결합하여** 활용되고, 그로 인해 새로운 가치가 생겨나고 발전하는 것을 **지능 정보화**라고 해요.

핵심 용어 다음 빈칸에 들어갈 알맞은 용어를 쓰세요.

(1) ▢▢▢▢

인(사람 人) **공**(장인 工) **지**(알 知) **능**(능할 能): 사람의 힘으로 만들어 낸 지적 활동 능력.
- 뜻: 인간처럼 생각하고 학습하는 능력을 가진 컴퓨터 기술.

(2) **지능** ▢▢▢

정(뜻 情) **보**(알릴 報) **화**(될 化): 정보로 만듦.
- 뜻: 우리의 삶에 인공 지능과 정보 통신 기술이 결합하여 활용되고, 그로 인해 새로운 가치가 생겨나고 발전하는 것.

- 인공 지능 기술 발달이 가져온 변화

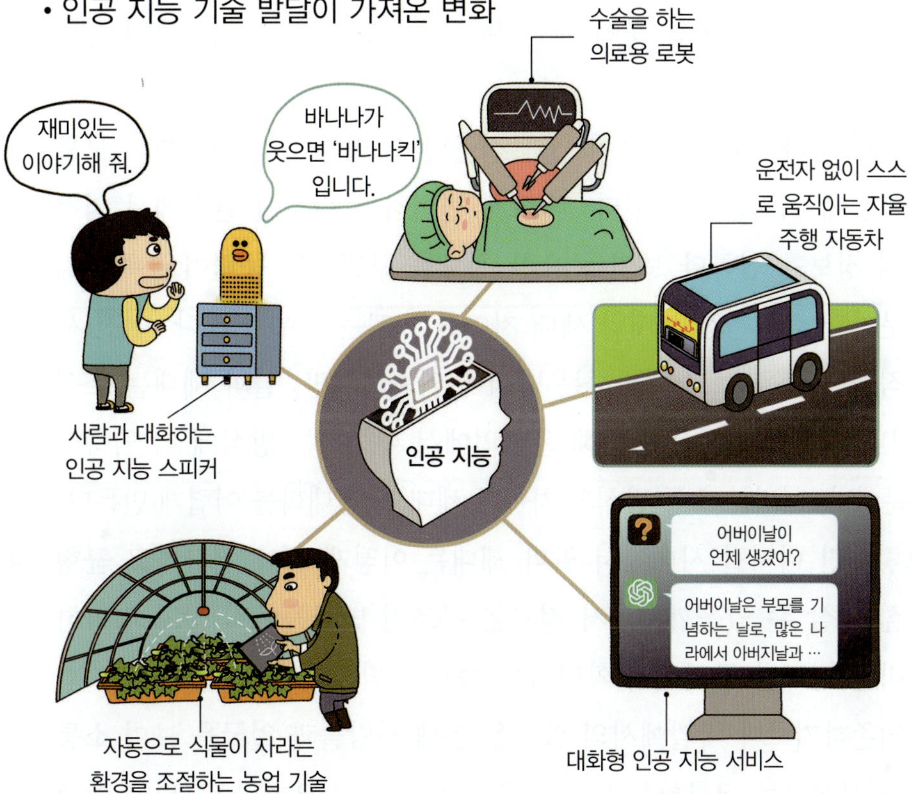

- **활용한** 어떤 대상이 가지고 있는 쓰임이나 능력을 충분히 잘 이용한.
- **실시간** 실제 시간과 같은 시간.
- **자율 주행차** 사람이 조작하지 않아도 스스로 움직일 수 있는 차.
- **결합하여** 둘 이상의 사물이나 사람이 서로 관계를 맺어서 하나로 합쳐.

알파 세대

1 X세대, 밀레니얼 세대, Z세대처럼 태어난 **시기**마다 그 세대를 가리키는 말이 있다. 그중 2010년 이후에 태어난 사람들을 '알파 세대'라고 부른다.

2 알파 세대는 인공 지능, 가상 현실, 로봇과 같은 신기술에 익숙하다. 그래서 디지털 기기를 **자유자재**로 활용하여 자신에게 필요한 정보를 쉽게 찾을 수 있다. 알파 세대를 '디지털 네이티브'라고 부르기도 하는데, 이들은 태어날 때부터 인터넷, 스마트폰, 태블릿과 같은 디지털 기기에 둘러싸여 자라 디지털 기술과 떼려야 뗄 수 없는 사이이기 때문이다. 이러한 환경 때문에 알파 세대는 글이나 책을 읽는 것보다 디지털 기기를 통해 볼 수 있는 이미지와 영상을 더 편하게 느낀다. 또, 디지털 기기를 이용해 자신이 좋아하는 것에 대한 새로운 콘텐츠를 만드는 것에 흥미를 가지고 있다.

3 하지만 알파 세대는 정보에 쉽게 접근할 수 있는 만큼 필요한 정보를 선택하는 데 어려움을 느낀다. 빠르게 변화하는 디지털 환경에서 엄청난 양의 정보를 접하다 보면 중요한 정보를 구별하는 능력이 부족해지기 때문이다. 또, 이전 세대와 세대 차이를 느끼는 경우가 많다. 이전 세대는 직접 얼굴을 보고 대화하는 방식에 **익숙하지만**, 알파 세대는 소셜 미디어나 디지털 플랫폼을 통해 온라인에서 대화하는 방식에 더 익숙하기 때문이다. 이러한 **소통** 방식의 차이는 세대 간의 대화를 어렵게 만든다.

4 그렇다면 디지털 시대에서 알파 세대는 어떻게 해야 건강하고 **균형** 잡힌 삶을 살 수 있을까? 먼저 정보를 무조건 받아들이지 않고 정확하고 올바른 정보가 무엇인지 확인하는 습관이 필요하다. 또 디지털 기기에만 의존하기보다 바깥에서의 활동을 통해 사람들과 얼굴을 보며 소통하고, **정서적**으로 **교류하는** 방법을 익히는 것도 중요하다. 그리고 이전 세대와 서로 다름을 이해하고 열린 마음으로 소통하려는 자세를 가져야 한다.

5

10

15

20

25

- **시기**(時 때 시, 期 기약할 기) 어느 한 때로부터 다른 때까지의 동안.
- **자유자재** 자기가 원하는 대로 마음대로 할 수 있음.
- **익숙하지만** 어떤 것을 자주 보거나 겪어서 낯설지 않고 편하지만.
- **소통** 오해가 없도록 뜻이나 생각이 서로 잘 통함.
- **균형**(均 고를 균, 衡 저울대 형) 어느 한쪽으로 기울거나 치우치지 않은 상태.
- **정서적** 사람의 마음에 일어나는 여러 가지 감정과 관련된 것.
- **교류하는** 문화나 생각의 방식 등이 서로 오가는.

설명 대상

1 이 글에서 설명하는 것은 무엇인가요? (　　　)

① 알파 세대의 특징
② 밀레니얼 세대의 특징
③ 알파 세대와 소통하는 방법
④ 인터넷에서 중요한 정보를 확인하는 방법
⑤ 알파 세대가 디지털 기기로 영상을 만드는 방법

내용 이해

2 알파 세대에 대한 설명으로 알맞지 <u>않은</u> 것은 무엇인가요? (　　　)

① '디지털 네이티브'라고 불린다.
② 디지털 기기를 자유자재로 사용할 수 있다.
③ 얼굴을 보고 대화하는 방식을 익숙하게 생각한다.
④ 2010년 이후에 태어난 사람들을 가리키는 말이다.
⑤ 글이나 책을 읽는 것보다 디지털 기기를 통해 볼 수 있는 이미지와 영상을
　 더 편하게 느낀다.

어휘·어법

3 알파 세대와 디지털 기기 사이의 관계에 가장 잘 어울리는 한자 성어는 무엇인가
요? (　　　)

① 수어지교: 물과 물고기의 관계처럼 긴밀한 사이라는 뜻
② 고진감래: 어려운 일을 겪은 끝에 좋은 일이 생긴다는 뜻
③ 붕우유신: 친구와 친구 사이에는 믿음이 있어야 한다는 뜻
④ 십중팔구: 어떤 일이 거의 확실하게 성공하거나 발생한다는 뜻
⑤ 사면초가: 주변에 도움을 기대할 수 없는 어려운 상황이라는 뜻

적용

4 글 **4**의 내용을 실천하지 <u>못한</u> 친구는 누구인가요? (　　　)

① 지우: 소셜 미디어로 사귄 친구들과 온라인에서 대화를 많이 나누고 있어.
② 연아: 운동도 하고 책도 읽으면서 디지털 기기에만 빠져 있지 않으려고 해.
③ 도준: 가족과 자주 이야기를 나누고 서로 이해하면서 부모님과 느낄 수 있는
　　　　세대 차이를 좁히려고 해.
④ 현주: 축구 동아리 활동을 통해 사람들을 직접 만나고 대화하면서 건강한 인
　　　　간관계를 만들기 위해 노력하고 있어.
⑤ 윤호: 인터넷에서 찾은 정보를 그대로 받아들이지 않고 그 내용이 정확한 사
　　　　실을 바탕으로 하는지 확인하고 있어.

문단 요약

5 각 문단의 중심 내용을 찾아 선으로 알맞게 이으세요.

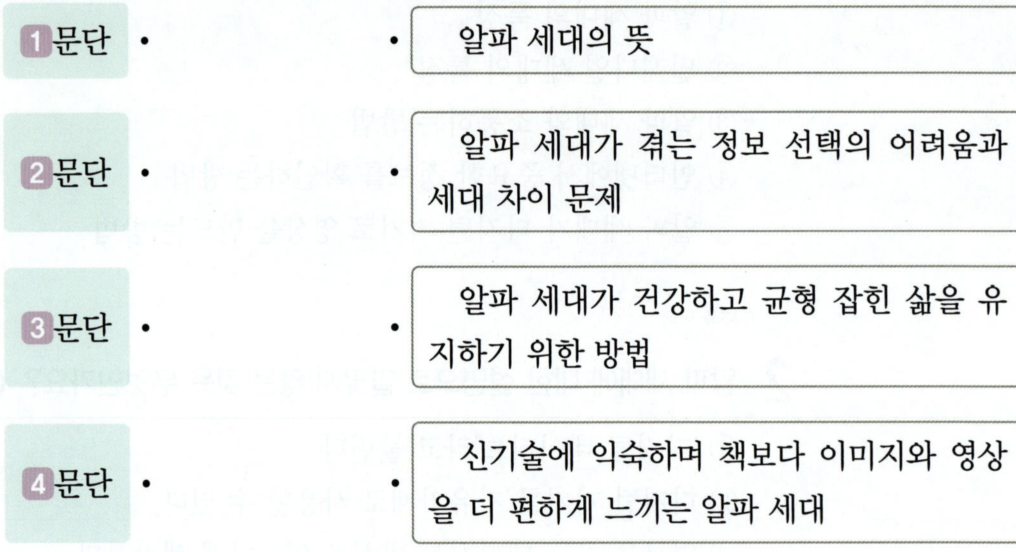

핵심 내용

6 빈칸에 들어갈 알맞은 말을 이 글에서 찾아 쓰세요.

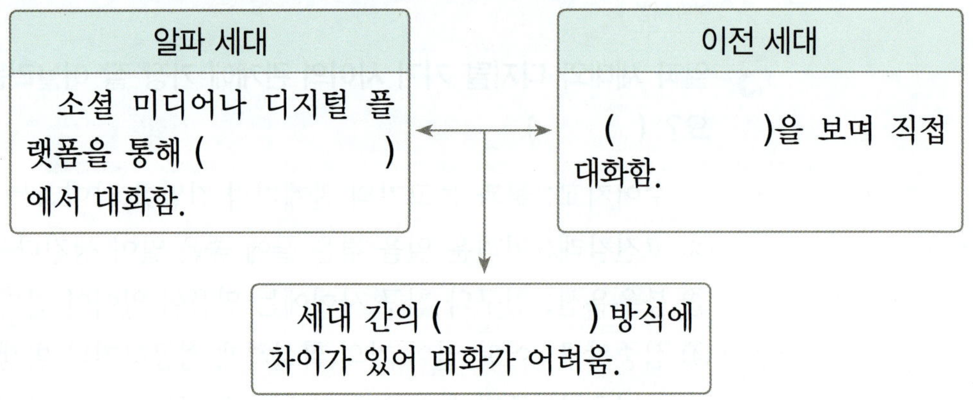

적용

7 다음 문장의 빈칸에 들어갈 알맞은 낱말을 보기 에서 찾아 쓰세요.

> **보기**
>
> 지속   소통   시기   정서적   자유자재

⑴ 선우는 어떤 악기든 (   )로 다룬다.

⑵ 가을은 벼가 고개를 숙이는 (   )이다.

⑶ 이 약은 효과가 6시간 동안 (   )된다.

⑷ 이 음악을 들으면 (   )(으)로 안정이 된다.

⑸ 한국어를 모르는 외국인과 손짓으로 (   )을/를 했다.

최근 우리 사회의 다양한 문화

정답과 해설 **22** 쪽

문화는 한 사회 안에서 사람들이 함께 생활하면서 만들어지고 전해지는 생활 방식을 뜻해요. **의식주**, 언어, 풍습, 종교 등이 모두 문화에 포함돼요.

최근 우리나라에는 전통과 현대가 합쳐지며 새로운 형식의 문화가 나타나고 있어요. 대표적으로 현대적인 디자인으로 바뀌어 나타나는 한복, **퓨전** 스타일의 전통 음식 등이 있어요. 외국인 **이주민**들이 늘어나면서 다양한 나라의 사람들이 함께 어우러져 살게 되어 그들의 전통, 음식, 언어 등도 한국 문화에 영향을 미치고 있지요.

또, 디지털 기기의 발달로 디지털 기기에 익숙한 세대의 문화와 디지털 기기에 익숙하지 않은 세대의 문화가 함께 있어 그 사이에서 세대 차이가 발생하기도 해요.

핵심 용어 다음 빈칸에 들어갈 알맞은 용어를 쓰세요.

(1) ☐☐

문(글월 文) 화(풍속 化): 글과 풍속.
- 뜻: 한 사회 안에서 사람들이 함께 생활하면서 만들어지고 전해지는 생활 방식.

(2) ☐☐☐

의(옷 衣) 식(밥 食) 주(집 住): 옷과 음식과 집.
- 뜻: 사람이 살아가는 데 기본적으로 필요한 것으로 옷과 음식, 집을 통틀어 이르는 말.

• 우리나라의 전통 문화와 새롭게 등장한 문화

● **퓨전** 서로 다른 두 종류 이상의 것을 섞어 새롭게 만든 것.
● **이주민** 다른 곳으로 옮겨 가서 사는 사람. 또는 다른 곳에서 옮겨 와서 사는 사람.

다양한 문화에 대한 이해와 존중

지문 분석

글자 수 901
800 900 1000

1 초여름 더위가 찾아오면 적은 양을 포장하여 파는 수박, 1인분으로 먹을 수 있게 재료를 포장해 놓은 냉면 세트, 다양한 재료를 넣어 만든 1인분용 빙수 등이 인기를 끈다. 이러한 현상은 우리나라의 1인 **가구**가 늘어나고 있기 때문이다.

2 1인 가구는 한 명이 **단독**으로 **생계**를 유지하고 있는 생활 단위를 뜻 5
하는 말로, 우리나라의 1인 가구는 2010년에 전체 가구 수의 15.8퍼센트를 차지했는데, 2020년에는 31.7퍼센트로 크게 늘었다. **통계청**은 2050년에는 1인 가구가 전체 가구의 40퍼센트까지 이를 것으로 본다. 우리나라의 1인 가구가 **증가하는** 까닭으로 결혼을 하지 않거나 늦게 결혼하는 사람들이 늘어났고, 시대의 변화에 따라 국가나 사회보다 개인의 10
권리와 이익이 더 중요하다고 생각하는 개인주의가 확대되었다는 것을 꼽는다.

3 1인 가구가 늘어나면서 개인의 생활 **방식**과 **가치관**이 다양해지고 문화 다양성도 **풍부해지고** 있다. 1인 가구는 주로 혼자서 식사하고 생활하기 때문에 배달 음식이나 간편하게 요리하여 먹을 수 있는 식품을 더 15
좋아한다. 그래서 음식 문화가 다양해지고 이전에는 없었던 새로운 요리가 등장했다. 또, 1인 가구는 개인을 중요하게 생각하기 때문에 자신이 하고 싶은 취미 생활을 하며 새로운 문화를 만들어 나간다. 그리고 이런 활동을 온라인 커뮤니티와 소셜 미디어를 통해 공유하며 발전시킨다.

4 하지만 1인 가구의 증가는 주변에 사람이 없이 홀로 살다가 죽음을 20
맞이하는 고독사와 같은 사회 문제를 발생시키기도 한다. 특히, 가족이 없거나 안부를 물을 사람이 없어 혼자 사는 경우에는 경제·안전·건강 등의 문제가 발생했을 때 **적절한** 도움을 받기 어렵다. 정부에서는 이러한 1인 가구의 상황을 정확하게 파악하고 그들에게 필요한 도움을 주기 위해 노력하고 있다. 25

- **가구**(家 집 가, 口 입 구) 생활을 함께하는 사람을 세는 단위.
- **단독** 함께 하지 않고 혼자.
- **생계**(生 살 생, 計 살림 계) 살림을 해 나가는 일.
- **통계청** 국가 기관의 하나로, 인구 조사 및 각종 통계에 관한 일을 맡음.
- **증가하는** 수나 양이 더 늘어나거나 많아지는.
- **방식** 일정한 방법이나 형식.
- **가치관** 사람이 어떤 것의 가치에 대해 가지는 태도나 판단의 기준.
- **풍부해지고** 넉넉하고 많아지고.
- **적절한** 아주 딱 알맞은.

내용 독해

1 이 글의 제목으로 알맞은 것은 무엇인가요? (   )

① 줄어드는 1인 가구
② 늘어나는 1인 가구
③ 우리나라 인구의 변화
④ 1인 가구가 겪는 어려움
⑤ 1인 가구가 늘어나는 이유

내용 이해

2 1인 가구에 해당하지 <u>않는</u> 것은 무엇인가요? (   )

① 부모님이 돌아가셔서 혼자 사는 경우
② 보육원에서 독립하여 홀로 사는 경우
③ 자녀 없이 배우자와 헤어져 사는 경우
④ 나이 든 부모님을 모시며 함께 사는 경우
⑤ 대학교에 다니기 위해 집에서 나와 혼자 사는 경우

추론

3 이 글을 통해 답을 알 수 있는 질문이 <u>아닌</u> 것은 무엇인가요? (   )

① 1인 가구는 무엇을 뜻하는 말인가요?
② 1인 가구가 증가하는 원인은 무엇인가요?
③ 1인 가구의 증가로 생기는 문제는 무엇인가요?
④ 1인 가구가 중요하게 생각하는 것은 무엇인가요?
⑤ 1인 가구가 요리를 자주 하는 이유는 무엇인가요?

적용

4 이 글을 읽고 1인 가구의 미래에 대해 알맞게 말한 친구의 이름을 쓰세요.

> 재우: 1인 가구의 증가에 대비해서 크기가 크고 기능이 모두 갖추어진 물건을 더 많이 만들게 될 거야.
> 현수: 한국에서는 1인 가구의 증가가 가져오는 사회적 변화가 적어서 앞으로도 큰 영향을 주지 않을 거야.
> 이서: 경제적 어려움을 겪는 1인 가구를 위한 정책이나 도움을 요청할 곳이 없어 고생하는 1인 가구를 위한 돌봄 서비스가 늘어날 거야.

(   )

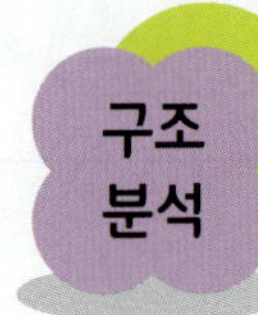
구조 분석

문단 요약

5 다음 빈칸에 들어갈 알맞은 말을 쓰며 이 글의 내용을 정리하세요.

문단	중심 내용
1	적은 양을 포장한 음식이 ( )를 얻고 있는 현상과 그 까닭
2	( )의 뜻과 1인 가구가 증가하는 원인
3	1인 가구의 증가로 다양해지는 ( )과 가치관, 문화
4	1인 가구의 증가로 발생하는 ( ) 문제

핵심 내용

6 빈칸에 들어갈 알맞은 말을 이 글에서 찾아 쓰세요.

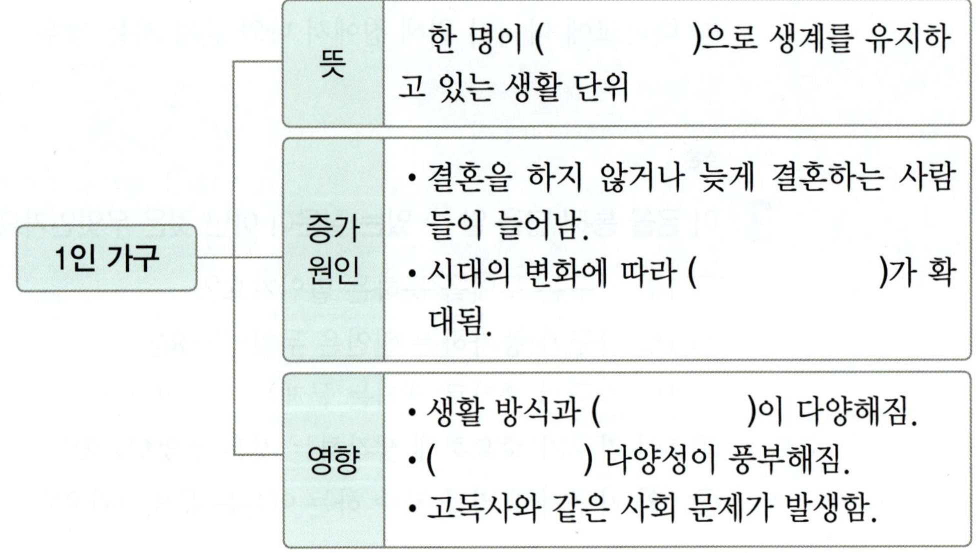

어휘

적용

7 다음 문장의 빈칸에 들어갈 알맞은 낱말을 보기 에서 찾아 쓰세요.

보기

가구   증가   방식   적절한   가치관

(1) 가을은 여행을 다니기에 ( ) 계절이다.
(2) 농사를 짓는 ( )이/가 점차 줄어들고 있다.
(3) 친구와 나는 ( )이/가 비슷하여 대화가 잘 통한다.
(4) 우리나라 방방곡곡을 여행하는 사람의 수가 ( )하고 있다.
(5) 우리나라는 지역의 특성에 따라 김치를 담그는 ( )이/가 다르다.

다양한 문화에 대한 이해와 존중

정답과 해설 **23** 쪽

요즘은 사람마다 각자 따르는 삶의 방식이 달라지면서 우리나라 안에서도 다양한 삶의 모습들이 나타나고 있어요.

외국에서 태어났지만 우리나라에 **정착해서** 사는 외국인 이주민, 부모와 함께 살지 않고 홀로 독립해서 살거나, 결혼을 하지 않은 1인 가구, 결혼은 했지만 아이가 없이 개나 고양이, 앵무새 같은 반려동물을 키우며 살아가는 사람들처럼 다양한 삶의 모습이 존재하지요. 이처럼 다양한 삶의 모습은 서로 다른 생활 방식과 문화를 만들어요. 따라서 각 문화에 차이를 두어 구별하는 **문화 차별**보다는 서로 다른 문화를 중요하게 대하는 **문화 존중**의 자세가 필요해요.

• 다양한 삶의 모습

핵심 용어 다음 빈칸에 들어갈 알맞은 용어를 쓰세요.

(1) **문화** ☐☐

차(어긋날 差) 별(나눌 別): 둘 이상의 대상을 차이를 두어서 구별하는 것.
• 뜻: 각 문화에 차이를 두어서 구별하는 것.

(2) **문화** ☐☐

존(높을 尊) 중(귀중할 重): 높이어 중요하게 대함.
• 뜻: 서로 다른 문화를 높이고 중요하게 대하는 것.

● **정착해서** 일정한 곳에 자리를 잡아 머물러서.

화폐(돈)

07 물물 교환에서 화폐까지

1 옛날 사람들은 필요한 물건을 직접 만들어 쓰는 **자급자족** 생활을 했다. 그러다가 점차 도구와 기술이 발달하면서 자신에게 필요한 양보다 더 많은 물건을 만들 수 있게 되었다. 그러자 사람들은 필요한 만큼 쓰고 남은 물건을 그 물건이 필요한 사람과 **맞바꾸어** 사용했다. 이것이 바로 물물 교환이다.

2 사람들은 남은 물건을 직접 가지고 다니며 자신이 필요한 물건과 바꾸어 사용했다. 물물 교환을 하면 서로 싸우지 않고도 부족하거나 필요한 것을 얻을 수 있었기 때문에 평화로운 관계를 유지하는 데 도움이 되었다. 또 물물 교환을 편하게 하려면 **특정한** 장소로 모여야 했기 때문에 자연스럽게 시장이 생겨났다.

3 시장이 생겼지만 물건을 바꾸는 데에는 어려움이 많았다. ㉠시장 안에서도 내가 가진 물건을 필요로 하는 사람을 직접 찾아야 했다. 또 ㉡물건이 필요한 사람을 찾더라도 서로 교환하고 싶은 물건이 다르거나 물건 값에 대한 생각이 다르면 **거래하기** 힘들었다. 교환하려는 물건이 무겁거나 부피가 커서 옮기기 어려울 때, 쉽게 변하거나 상하는 물건일 때도 거래가 **불가능했다.**

4 이러한 문제점을 해결하기 위해 사람들은 조개, 소금, 곡식처럼 생활에 반드시 필요한 물건을 기준으로 하여 물건의 값을 정했다. 이것을 물품 화폐라고 한다. 하지만 물품 화폐는 **보관**이 어려웠다. 그래서 물품 화폐 대신 보관하기 편하고 모양이 잘 변하지 않는 구리와 같은 금속으로 물건의 가격을 정하고 거래를 했다. 이렇게 구리·청동 등과 같은 금속으로 만든 화폐를 금속 화폐라고 한다.

5 하지만 금속으로 만든 화폐는 만든 사람에 따라 모양과 크기가 **제각각**이었다. 그래서 사람들은 쇠붙이를 똑같은 모양으로 만들어 낼 수 있는 **틀**을 만들었다. 그리고 금속을 동그란 모양으로 만든 후 가운데에 네모난 구멍을 뚫어 끈으로 묶을 수 있게 하여, 보관하기 쉽고 가지고 다니기 편하게 만들었다. 이것을 주조 화폐라고 한다.

5

10

15

20

25

- **자급자족**(自 스스로 자, 給 공급할 급, 自 스스로 자, 足 만족할 족) 필요한 것을 스스로 만들어 채움.
- **맞바꾸어** 어떤 것을 다른 것과 서로 바꾸어.
- **특정한** 특별히 가리켜 분명하게 정한.
- **거래하기** 돈이나 물건을 주고받거나 사고팔기.
- **불가능했다** 할 수 없거나 될 수 없었다.
- **보관** 물건을 맡아 둠.
- **제각각** 저마다 모두 따로따로인 것.
- **틀** 똑같이 생긴 물건을 여러 개 찍어 내거나 굳혀 내는 데 쓰는 도구.

내용 독해

설명 대상

1 이 글은 무엇에 대해 쓴 글인가요? (   )

① 화폐의 발달 과정　　　　　② 시장의 발달 과정
③ 주조 화폐의 종류　　　　　④ 금속 화폐의 재료
⑤ 물물 교환이 시작된 때

내용 이해

2 이 글의 내용과 일치하는 것은 무엇인가요? (   )

① 조개, 소금, 곡식은 화폐로 사용하기 편리했다.
② 물물 교환은 물건을 직접 가지고 다니지 않아도 할 수 있었다.
③ 물건을 서로 바꾸는 데 어려움이 많아 필요한 것을 직접 만들어 썼다.
④ 물품 화폐는 원하는 것을 바로 얻을 수 있어서 지금도 사용하고 있다.
⑤ 서로 가지고 있는 물건을 교환하기 위해 모인 장소에 시장이 만들어졌다.

추론

3 이 글을 읽고 화폐의 발달 과정에 대해 알맞게 짐작하여 말하지 <u>못한</u> 친구는 누구인가요? (   )

> 물물 교환 – 물품 화폐 – 금속 화폐 – 주조 화폐 – 지폐 – 신용 카드

① 조이: 돈은 점차 사용하기 편리한 모습으로 발달하고 있어.
② 민준: 신용 카드는 지폐보다 물건을 사기 더 쉽고 편한 수단이야.
③ 서연: 화폐가 발달할수록 사람들이 겪는 불편함도 줄어들고 있어.
④ 지우: 앞으로 신용 카드보다 더 사용하기 편한 화폐는 나오지 않을 거야.
⑤ 예린: 지폐는 주조 화폐를 사용할 때의 불편함을 해결하기 위해 만들어진 화폐야.

적용

4 다음은 민서가 물물 교환을 하며 겪은 일입니다. ㉠과 ㉡에 해당하는 내용을 찾아 번호를 쓰세요.

> ① 민서는 가게에서 재료를 구입해서 빵을 만들었다. 그리고 ② 빵이 필요한 사람을 찾기 위해 먹고 남은 빵을 학교에 가지고 갔다. 마침 우유를 가진 준수를 만났다. ③ 하지만 준수는 빵이 필요하지 않았다. ④ 빵을 먹고 싶어 하는 효주를 만나 효주가 가진 우유와 빵을 바꾸기로 했다. ⑤ 하지만 민서는 빵 3개와 우유 한 병을 바꾸고 싶었고, 효주는 빵 5개와 우유 한 병을 바꾸자고 하는 바람에 교환할 수 없었다.

(1) ㉠: (　　　　　)　　　(2) ㉡: (　　　　　)

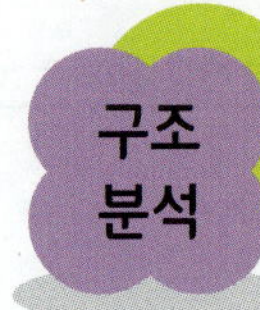

문단 요약

5 다음은 이 글에 나타난 각 문단의 중심 내용입니다. 글의 내용에 맞게 순서대로 기호를 쓰세요.

> ㉮ 물물 교환의 불편함.
> ㉯ 자급자족 생활에서 물물 교환으로의 변화
> ㉰ 금속 화폐의 불편함을 해결하기 위해 만들어진 주조 화폐
> ㉱ 물물 교환의 좋은 점과 물물 교환으로 인해 만들어진 시장
> ㉲ 물물 교환에서 물품 화폐, 물품 화폐에서 금속 화폐로의 변화

(   ) → (   ) → (   ) → (   ) → (   )

핵심 내용

6 빈칸에 들어갈 알맞은 말을 이 글에서 찾아 쓰세요.

( ) 생활	필요한 양보다 더 많은 물건을 만듦.
( )의 발달	물건을 교환하는 것에 어려움이 생김.
( ) 화폐	보관하기 어려움.
( ) 화폐	사람마다 만든 화폐의 크기가 제각각임.
( ) 화폐	일정한 모양으로 똑같이 만들어낼 수 있는 틀을 이용하여 만듦.

적용

7 다음 문장의 빈칸에 들어갈 알맞은 낱말에 ○표 하세요.

⑴ 이 물건은 (보관, 보건) 상태가 좋지 않다.

⑵ (특권, 특정) 지역에 강풍 주의보가 내려졌다.

⑶ 의견이 (제각각, 만장일치)(이)라서 갈 곳을 정하지 못했다.

⑷ 올해는 사과 농사가 잘되지 않아서 사과가 비싼 값에 (교환, 거래)된다.

⑸ 마당의 텃밭에 상추, 깻잎 등을 심어 채소를 (자급자족, 대량 생산)하고 있다.

화폐(돈)

화폐는 물건을 사고팔거나 다른 물건과 교환할 때 상품의 가치를 매기는 기준이 되는 것으로, '돈'이라고도 해요. 화폐는 그것이 사용되는 사회에서 물건이나 서비스의 **가치**를 나타내는 기준이 돼요. 또 물건과 물건을 바꿀 수 있도록 중간에서 도와주는 역할을 해요. 우리가 지금 사용하는 화폐에는 동전과 **지폐**뿐만 아니라 돈을 직접 들고 다니지 않아도 사용할 수 있는 **수표**나 직불 카드, 신용 카드 등이 있어요. 최근에는 큐아르 코드 등으로도 카드를 대신해 물건값을 지불할 수 있답니다.

핵심 용어 다음 빈칸에 들어갈 알맞은 용어를 쓰세요.

(1) ☐☐

화(돈 貨) 폐(비단 幣): 돈과 비단.
- 뜻: 물건을 사고팔거나 다른 물건과 교환할 때 상품의 가치를 매기는 기준이 되는 것

(2) ☐☐

지(종이 紙) 폐(돈 幣): 종이로 만든 돈.
- 뜻: 종이로 만든 화폐.

▲가게에서 화폐로 계산을 하는 모습

- **가치** 값이나 귀중한 정도.
- **수표** 종이에 적힌 액수의 돈을 은행이 내어 주어 돈처럼 쓸 수 있도록 증명하는 것.

돈의 발행과 유통

지폐에 숨겨진 비밀

1 우리가 사용하는 지폐에는 ㉠비밀이 숨어 있다. 지폐를 만지며 직접 살펴보지 않으면 찾아낼 수 없는 이 비밀은 진짜처럼 보이게 만든 가짜 지폐인 위조지폐 **제작**을 막는 장치들이다.

2 지폐는 종이로 만든 화폐라는 뜻이지만 실제로 지폐는 종이가 아닌 면섬유를 사용해서 만든다. 지폐를 종이로 만들면 쉽게 찢어지고 물에 5 젖어서 망가지기 쉽다. 이러한 종이의 **단점**을 **보완할** 수 있는 재료가 바로 면섬유이다. 면섬유로 만든 지폐는 질기고, 물에 젖어도 말리면 다시 사용할 수 있다. 위조지폐는 주로 종이에 인쇄하기 때문에 면섬유로 만든 지폐와 모양은 같아도 만졌을 때 느낌이 다르다. 그래서 위조지폐를 바로 구분할 수 있다. 10

3 우리나라에서 **발행하는** 지폐에는 종류마다 다른 인물의 얼굴이 그려져 있고, 그 배경에도 여러 가지 그림이 그려져 있다. 이렇게 다양한 그림을 지폐에 그리는 것은 위조지폐를 만들지 못하게 하기 위해서이다. 지폐 속 인물의 모습이나 배경은 굉장히 **세밀하면서도** 부드럽게 표현되어 있어서 그림이 조금만 이상하거나 비뚤어져도 가짜임을 쉽게 알아차 15 릴 수 있다. 지폐를 컬러복사기에 넣고 복사하면, 위조지폐는 인물의 얼굴을 표현한 선이 부드럽지 않고 거칠게 나와서 진짜 지폐와 구분할 수 있다.

4 이 외에도 지폐에는 위조를 막기 위한 다양한 장치들이 숨어 있다. 특수 잉크를 사용해 특정한 그림과 문자, 숫자를 만지면 **오톨도톨한** 느 20 낌이 나도록 만든 부분이나 보는 각도에 따라 무늬가 다르게 보이는 홀로그램은 지폐에서 쉽게 찾을 수 있는 장치이다. **특수한** 인쇄 기술을 사용하여 평상시에는 보이지 않다가 빛을 비추거나 **비스듬히** 했을 때만 보이는 그림과 빛에 비추어 보면 지폐 앞, 뒷면의 동그란 원 속의 무늬가 합쳐져 만들어지는 태극 무늬도 진짜 지폐에만 있는 장치들이다. 25

- **제작**(制 만들 제, 作 지을 작) 재료를 가지고 기능과 내용을 가진 새로운 물건이나 작품을 만듦.
- **단점** 모자라거나 부족함이 되는 점.
- **보완할** 모자라거나 부족한 것을 보충하여 완전하게 할.
- **발행하는** 화폐를 만들어 세상에 내놓아 널리 쓰도록 하는.
- **세밀하면서도** 자세하고 빈틈이 없이 꼼꼼하면서도.
- **오톨도톨한** 물건의 겉부분이나 피부 등이 잘게 부풀어 올라 고르지 못한.
- **특수한** 보통과 매우 차이가 나게 다른.
- **비스듬히** 똑바르게 되지 않고 한쪽으로 조금 기울어진 듯하게.

내용 독해

1 ㉠이 뜻하는 것은 무엇인가요? (   )

① 지폐의 색
② 지폐의 종류
③ 지폐를 만드는 순서
④ 지폐의 크기를 정하는 방법
⑤ 위조지폐의 제작을 막는 장치

2 이 글의 내용과 일치하지 않는 것은 무엇인가요? (   )

① 지폐는 종이로 만든 화폐라는 뜻이다.
② 지폐는 잘 찢어지지 않는 종이를 이용하여 만든다.
③ 면섬유는 질기고 물에 젖어도 말리면 다시 사용할 수 있다.
④ 컬러복사기에 위조지폐를 복사하면 진짜 지폐와 구별할 수 있다.
⑤ 우리나라의 지폐에는 종류마다 각각 다른 인물의 얼굴이 그려져 있다.

3 위조지폐를 구별하는 방법으로 알맞지 않은 것은 무엇인가요? (   )

① 지폐를 만든 재료가 무엇인지 손으로 만져 본다.
② 오톨도톨한 느낌이 나는 부분이 있는지 손으로 만져 본다.
③ 보는 각도에 따라 무늬가 다르게 보이는 홀로그램을 찾아본다.
④ 지폐를 정면으로 보았을 때 숨은 그림이 나타나는지 살펴본다.
⑤ 지폐에 그려진 인물의 얼굴이 세밀하게 표현되어 있는지 살펴본다.

4 이 글을 읽고 알맞게 말하지 못한 친구는 누구인가요? (   )

① 주원: 위조지폐는 진짜 지폐보다 품질이 많이 떨어져.
② 지민: 위조지폐가 생기지 않도록 아예 지폐를 없애는 것이 좋겠어.
③ 서윤: 지폐를 만드는 것은 여러 가지 복잡한 기술이 필요한 일이야.
④ 준혁: 위조지폐를 만드는 것은 우리 사회에 좋지 않은 영향을 끼치는 일이야.
⑤ 채원: 우리나라에서는 위조지폐를 만들지 못하도록 막는 기술이 굉장히 발
　　　 전되어 있어.

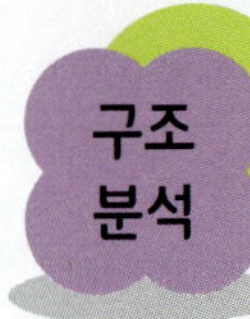

**구조
분석**

문단 요약

5 각 문단의 중심 내용을 찾아 선으로 알맞게 이으세요.

1 문단 •	• 위조를 막기 위한 비밀이 숨겨져 있는 지폐
2 문단 •	• 위조지폐를 막기 위해 사용된 다양한 장치들
3 문단 •	• 종이 대신 면섬유를 사용하여 지폐를 만드는 까닭
4 문단 •	• 지폐에 인물의 얼굴과 배경을 복잡하게 그려 넣는 까닭

핵심 내용

6 빈칸에 들어갈 알맞은 말을 이 글에서 찾아 쓰세요.

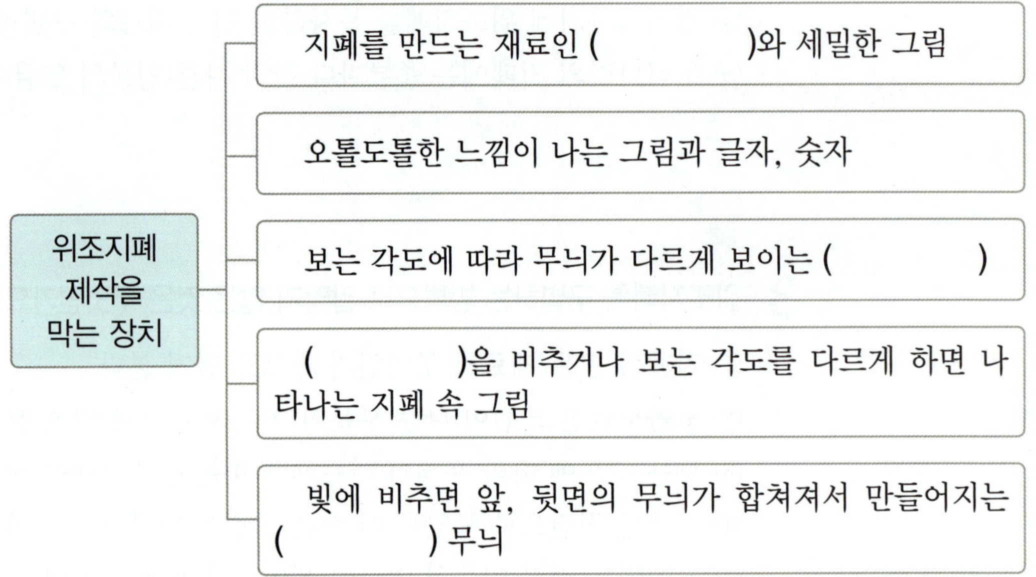

어휘

적용

7 다음 문장의 빈칸에 들어갈 알맞은 낱말을 보기 에서 찾아 쓰세요.

보기

특수   단점   세밀   제작   비스듬히

(1) 의자에 (   ) 걸터앉았더니 허리가 아팠다.
(2) 감독은 무려 10년 동안이나 영화를 (   )하였다.
(3) 화가는 길에서 본 꽃을 연필로 (   )하게 그려서 표현하였다.
(4) 체력이 부족하다는 (   )을/를 극복하기 위해 열심히 운동을 했다.
(5) 물속에서는 숨을 쉴 수 있게 해 주는 (   )한 장치를 달고 촬영을 한다.

돈의 발행과 유통

비주얼 사회 교과서 개념

우리가 사용하는 돈은 한국은행에서 만들어요. 한국은행에서 돈의 모양, 찍어 낼 돈의 양 등을 결정하면 **조폐 공사**에서 돈을 찍어 내요. 한국은행은 그 돈이 사회에서 쓰일 수 있게 내놓는데, 이것을 돈의 **발행**이라고 해요. 이 돈이 사회에서 사람과 사람 사이, 은행이나 기업 등을 오가며 쓰이다가 자신의 **수명**을 다한 뒤에 다시 한국은행으로 돌아오는 것을 돈의 **유통**이라고 해요.

돈을 만들 때는 사회에서 사용되는 돈의 양을 조절하는 것을 중요하게 생각해요. 돈을 너무 많이 만들면 오히려 돈의 가치가 너무 떨어지게 되고, 돈을 너무 적게 만들면 돈의 가치가 너무 올라가기 때문이에요. 이렇게 돈의 가치가 너무 떨어지거나 올라가면 사회가 어지러워진답니다.

핵심 용어 다음 빈칸에 들어갈 알맞은 용어를 쓰세요.

(1) ☐☐

발(드러낼 發) 행(행할 行): 드러내서 행함.
• 뜻: 공공의 기능을 하는 화폐나 증권, 증서 등을 만들어 내놓음.

(2) ☐☐

유(흐를 流) 통(통할 通): 흘러서 통함.
• 뜻: 화폐나 물품 등이 널리 쓰임.

• 우리나라에서 돈이 발행되어 유통되는 과정

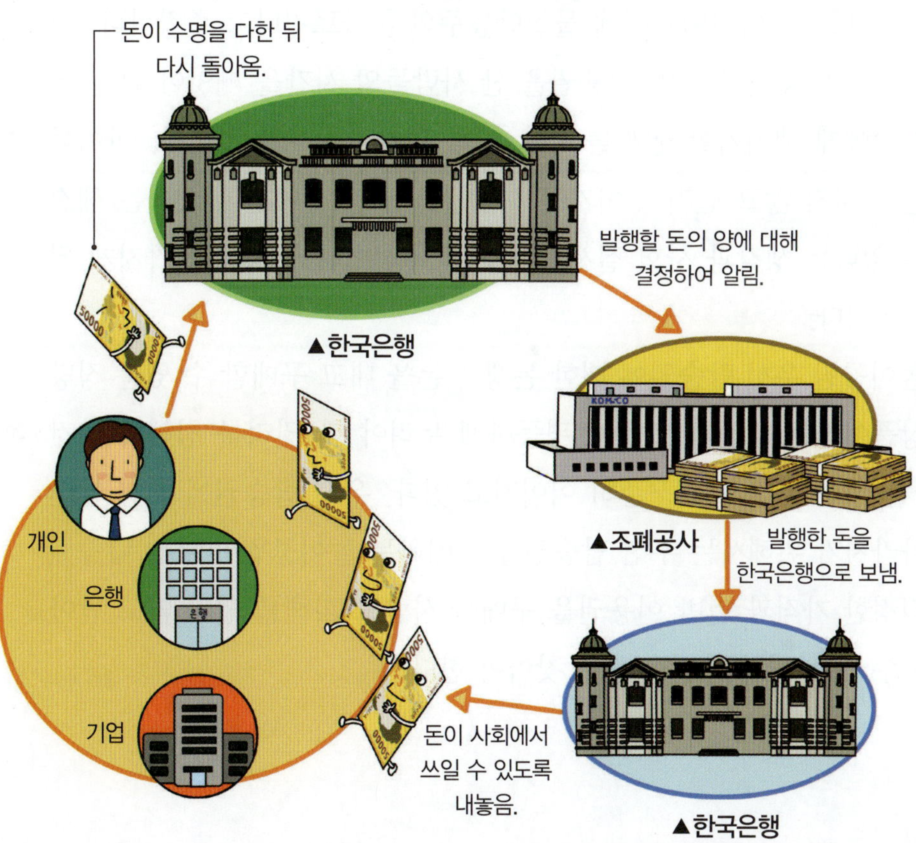

● **조폐 공사** 동전이나 지폐와 같은 돈을 만들기 위해 만든 곳.
● **수명** 물건이나 시설 등이 쓰일 수 있는 기간.

놀이공원 우선 탑승권은 정당한가

지문 분석

글자 수 850
800 900 1000

1 요즘 놀이공원에서는 줄을 서지 않고 놀이기구를 탈 수 있도록 하는 이용권인 **우선** 탑승권을 판매한다. 우선 탑승권은 일반 이용권보다 비싸지만, 이 이용권이 있으면 줄을 서지 않고 놀이기구를 먼저 이용할 권리를 갖게 되어 구매하는 사람이 늘고 있다. 그러나 우선 탑승권이 **정당한** 상품인지에 대해 찬성과 반대 의견이 맞서며 논란이 되고 있다. 5

2 우선 탑승권 판매에 찬성하는 사람들은 우선 탑승권이 돈을 내고 그만큼 서비스를 누리는 것이므로 문제가 없다고 주장한다. ㉠놀이공원은 우선 탑승권을 구매한 고객들을 위해 서비스를 제공하며 이익을 얻고, 우선 탑승권을 구매한 사람들은 시간을 **절약하여** 피로를 덜 수 있다는 것이다. 시간은 중요한 **자원**이므로 돈을 내고 서비스를 이용하며 시간 10 을 효율적으로 사용하는 행동이 나쁘다고 볼 수 없다고 말한다.

3 놀이공원 우선 탑승권에 반대하는 사람들은 우선 탑승권이 불공평한 사회를 만들고, 어린이들에게 **물질만능주의**를 가르친다고 주장한다. 이들은 우선 탑승권이 일반 이용권을 산 사람들의 시간을 빼앗아 돈을 더 낸 사람에게 새치기할 권리를 주는 것과 마찬가지라고 말한다. 아이들 15 은 줄을 서지 않고 먼저 들어가는 사람들을 보며 돈이면 무엇이든 해결할 수 있다는 생각과 사회 질서보다 돈이 우선이라는 생각을 가지게 된다는 것이다.

4 놀이공원 우선 탑승권에 대한 **논쟁**은 돈을 내고 구매할 수 있는 정당한 상품이라는 의견과 모두가 평등하게 누려야 할 권리를 **침해하는** 것 20 이라는 의견이 맞서며 꾸준히 이어지고 있다. 우선 탑승권에 대한 논란이 사라지기 위해서는 우선 탑승권을 판매하는 놀이공원이 우선 탑승권의 적정한 가격과 일반 이용권을 구매한 사람도 피해를 입지 않고 받아들일 수 있는 **해결** 방법을 모두 찾아야 한다.

- **우선** 다른 것에 앞서서 특별하게 대우함.
- **정당한** 바르고 옳은.
- **절약하여** 함부로 쓰지 않고 꼭 필요한 데에만 써서 아껴.
- **자원** 사람이 생활하거나 경제적인 생산을 하는 데 쓰이는 사람의 힘이나 기술 등을 가리키는 말.
- **물질만능주의** 돈만 있으면 무엇이든지 마음대로 할 수 있다는 사고방식이나 태도.
- **논쟁** 서로 다른 의견을 가진 사람들이 각각 자기의 주장을 말이나 글로 논하여 다툼.
- **침해하는** 남의 땅이나 권력, 재산 등에 해를 끼치는.
- **해결**(解 풀 해, 決 결정할 결) 사건이나 문제, 일 등을 잘 처리해 끝을 냄.

핵심어

1 이 글에서 가장 중심이 되는 말은 무엇인지 찾아 다섯 글자로 쓰세요.

(   )

어휘·어법

2 ㉠의 상황에 어울리는 한자 성어는 무엇인가요? (   )

① 일석이조: 동시에 두 가지 이익을 얻음.
② 배은망덕: 남에게 입은 은혜를 저버리고 배신함.
③ 고진감래: 힘든 일이 끝난 후에 즐거운 일이 생김.
④ 임기응변: 그때그때의 상황에 맞게 바로 결정하거나 처리함.
⑤ 조삼모사: 당장 눈앞에 나타나는 차이만 알고 그 결과가 같다는 것은 모르
　　　　　는 어리석음

추론

3 이 글을 읽고 놀이공원 우선 탑승권에 대한 자신의 의견을 정하여 토론을 할 때, 찬
성과 반대의 근거로 알맞지 <u>않은</u> 것은 무엇인가요? (   )

① 찬성: 우선 탑승권은 비싸더라도 KTX를 타서 목적지로 빠르게 가는 것과
　　　　같다고 생각합니다.
② 반대: 돈이 없는 사람과 돈이 있는 사람을 다르게 대하는 것은 올바른 사회
　　　　의 모습이 아닙니다.
③ 찬성: 아이들에게 시간의 중요성과 시간 역시 돈으로 살 수 있다는 물질만능
　　　　주의를 가르쳐 주어야 합니다.
④ 반대: 우선 탑승권을 가진 사람에게 혜택을 주기 위해 일반 이용권을 산 사
　　　　람들의 시간을 빼앗으면 안 됩니다.
⑤ 찬성: 시간이 부족한 사람은 우선 탑승권을 구매하여 자신의 시간을 절약할
　　　　수 있으므로 우선 탑승권은 시간을 효율적으로 사용하는 방법입니다.

적용

4 놀이공원 우선 탑승권을 구매한 사람과 비슷한 소비를 한 것의 기호를 쓰세요.

> ㉮ 사려던 물건을 할인해서 원래 가격보다 더 저렴하게 구입했어.
> ㉯ 좋아하는 가수의 공연을 볼 때 비싼 좌석을 구매해서 공연을 더 실감 나
> 　게 볼 수 있었어.
> ㉰ 친구와 약속에 늦었을 때 택시 대신에 교통 상황의 영향을 적게 받는 지
> 　하철을 타서 빨리 도착할 수 있었어.

(   )

구조 분석

문단 요약

5 다음 빈칸에 들어갈 알맞은 말을 쓰며 이 글의 내용을 정리하세요.

문단	중심 내용
1	놀이공원의 (　　　　　)이 정당한지에 대한 찬반 논란
2	놀이공원 우선 탑승권에 (　　　　　)하는 사람들의 의견
3	놀이공원 우선 탑승권에 (　　　　　)하는 사람들의 의견
4	우선 탑승권 논란을 해결하기 위해 놀이공원을 이용하는 사람들이 모두 받아들일 수 있는 해결 방법이 필요함.

핵심 내용

6 빈칸에 들어갈 알맞은 말을 이 글에서 찾아 쓰세요.

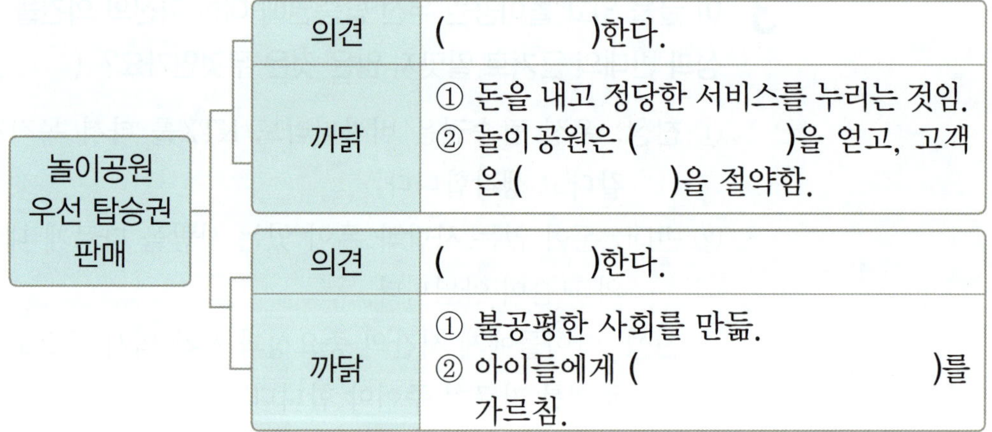

어휘

이해

7 다음 낱말의 뜻을 찾아 선으로 알맞게 이으세요.

(1) 우선　•　　•㉮　바르고 옳음.

(2) 정당　•　　•㉯　다른 것에 앞서 특별하게 대우함.

(3) 침해　•　　•㉰　남의 땅이나 권리, 재산 등에 해를 끼침.

(4) 절약　•　　•㉱　사건이나 문제, 일 등을 잘 처리해 끝을 냄.

(5) 해결　•　　•㉲　함부로 쓰지 않고 꼭 필요한 데에만 써서 아낌.

소비와 저축

정답과 해설 **26** 쪽

자신에게 필요한 물건이나 **서비스**를 얻기 위해서 돈을 쓰는 것을 소비라고 해요. 하지만 우리가 가진 돈은 **한정되어** 있기 때문에 사고 싶은 물건을 모두 살 수는 없어요. 그래서 소비를 하기 전에 그 물건이 꼭 필요한 것인지, 사고 싶은 물건이 어떤 가치를 가지고 있는지 생각해야 해요. 이렇게 소비하는 것을 **합리적** 소비라고 해요.

저축은 나중에 급하게 많은 돈을 써야 할 때가 생기거나 하고 싶은 것을 하기 위해서 돈을 쓰지 않고 모아 두는 것을 말해요. 저축을 하기 전에는 자신이 반드시 써야 하는 돈과 쓰지 않아도 되는 돈을 잘 **구별하는** 것이 중요해요. 무조건 돈을 쓰지 않고 모두 저축한다고 해서 나의 생활과 경제에 도움이 되는 것은 아니기 때문이에요.

핵심 용어 다음 빈칸에 들어갈 알맞은 용어를 쓰세요.

(1) ☐☐

소(사라질 消) 비(쓸 費): 써서 사라짐.
- 뜻: 필요한 물건을 얻기 위해 돈을 쓰는 것.

(2) ☐☐

저(쌓을 貯) 축(쌓을 蓄): 쌓아 둠.
- 뜻: 필요할 때에 쓰기 위해서 돈을 쓰지 않고 모아 두는 것.

• 용돈을 받은 친구들이 한 일

합리적 소비를 하지 않고 가진 돈을 모두 소비한 경우

용돈 기입장을 쓰고 저축을 한 경우

● **서비스** 생활에 직접 도움이 되는 여러 가지를 제공하는 일.
● **한정되어** 수량이나 범위를 넘지 못하게 정해져.
● **합리적** 논리나 이치에 알맞은 것.
● **구별하는** 성질이나 종류에 따라 차이가 나는.

민주 정치의 시작, 그리스 아테네

1 고대 그리스의 사람들은 작은 도시 국가를 이루고 살았는데, 그곳을 폴리스라고 불렀다. 각각의 폴리스들은 **독립적**으로 지내면서도 함께 모여 운동 경기를 하거나 행사를 열기도 하고, 광장에 모여 여러 가지 일을 함께 의논하기도 했다. 현재 우리가 사용하는 '정치(politics)'라는 말은 도시 국가를 뜻하는 '폴리스(polis)'에서 생겨났다. 　5

2 폴리스 중에서도 아테네는 가장 빠르게 발달하여 민주 정치를 발전시켰다. 아테네에서는 시민들이 **정기적**으로 모여서 민회를 열었는데 이곳에서는 시민권을 가진 성인 남성들이 모여 국가의 중요한 정책들에 대해 의견을 나누었다. 자신의 의견은 손을 들거나 항아리 속에 조개껍데기를 넣어 투표하는 방식으로 표현했고, 민회에서의 의견은 **다수결**로 　10 결정했다. 이것은 모든 국민이 국가의 정책을 결정하고 운영하는 데 참여하는 직접 민주주의 방식이다.

3 아테네에는 민주 정치를 위한 여러 가지 제도들이 있었다. 아테네에는 나라에 위험을 줄 만한 사람이나 **독재**를 하려는 사람의 이름을 조개껍데기나 도자기 조각에 적어 비밀로 투표하는 도편추방제가 있었다. 　15 이 투표에서 이름이 6천 표 이상 나온 사람은 아테네에서 쫓겨나 10년간 다시 돌아올 수 없었다. 또한 아테네는 나라를 위해 일하는 관리를 뽑을 때에 시민들 중에서 **추첨하여** 결정하고, 관리로 뽑히면 1년 동안 일할 수 있도록 하였다. 이것은 최대한 많은 시민이 정치에 참여할 수 있도록 하는 방법이었다. 　20

4 그러나 아테네의 정치에는 **한계점**이 존재했다. 여성과 노예, 외국인은 정치에 참여하지 못하고 오로지 성인 남성만이 시민으로서의 권리를 가졌다는 것이다. 그러나 당시 주변 국가들이 왕이나 귀족에 의한 정치를 하던 것과 달리 시민이 직접 참여하여 국가의 중요한 일을 결정했다는 점에서 아테네는 민주 정치의 시작이라는 큰 **의의**를 가진다. 　25

● **독립적** 남이나 다른 것에 기대거나 속하지 않는 것.

● **정기적** 기한이나 기간이 일정하게 정해져 있는 것.

● **다수결** 많은 사람의 의견에 따라 결정을 내리는 일.

● **독재** 지도자가 혼자 마음대로 결정하여 하는 정치.

● **추첨하여** 미리 기호나 글을 적어 놓은 것을 뽑아.

● **한계점** 어떤 것이 더 이상 실제로 일어나거나 영향을 미치지 못하는 지점.

● **의의** 어떤 사실이나 행동이 갖는 중요성이나 가치.

내용 독해

1 이 글에서 설명하는 것은 무엇인가요? (   )

① 정치의 발전 과정
② 아테네의 민주 정치
③ 폴리스 사이의 전쟁
④ 아테네의 예술과 문화
⑤ 우리나라의 정치 과정

2 이 글의 내용과 일치하는 것은 무엇인가요? (   )

① 아테네에서는 시민들이 정기적으로 모여서 민회를 열었다.
② 고대 그리스의 도시 국가들은 하나의 국가처럼 모여서 지냈다.
③ 우리가 사용하는 '정치(politics)'라는 말은 도시 국가 폴리스와 관련이 없다.
④ 고대 그리스의 도시 국가들은 함께 모여 민회를 열고 중요한 일을 결정했다.
⑤ 폴리스 중에서 아테네는 가장 늦게 발달하였지만 민주 정치에 큰 영향을 주었다.

3 이 글을 읽고 아테네에 대해 알맞게 짐작하여 말하지 <u>못한</u> 친구는 누구인가요?

(   )

① 세아: 아테네의 관리는 남성으로만 이루어져 있었어.
② 아영: 지금의 민주 정치는 아테네 정치의 영향을 많이 받았어.
③ 주미: 아테네에서 투표에 참여할 수 있는 시민은 6천 명이 넘었어.
④ 선호: 아테네처럼 투표로 정책을 결정하는 것은 민주적인 방법이야.
⑤ 도준: 아테네의 민회는 투표를 해서 항아리 속 조개껍데기의 수가 적은 쪽의 의견을 따랐어.

4 다음 빈칸에 공통으로 들어갈 말은 무엇인지 이 글에서 찾아 두 글자로 쓰세요.

> ☐☐☐은/는 도시 국가를 뜻하는 폴리스에서 생긴 말로, 사람들 사이에 서로 생각이 다르거나 다툼이 생겼을 때 해결하는 활동이다.
> ☐☐☐은/는 좁은 의미에서는 대통령이나 국회 의원들이 국가와 지역에 관한 결정을 내리는 일을 뜻하고, 넓은 의미에서는 사람들이 생활하면서 발생하는 갈등과 문제를 해결하기 위해 의견을 나누는 일을 뜻한다.

(   )

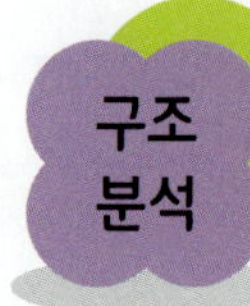

구조 분석

문단 요약

5 다음 빈칸에 들어갈 알맞은 말을 쓰며 이 글의 내용을 정리하세요.

문단	중심 내용
1	고대 그리스의 도시 국가인 (　　　　　　　)의 특징
2	아테네의 시민들이 국가의 중요한 정책들을 결정하기 위해 열었던 (　　　　　　　)와 의사 결정 방법
3	아테네의 도편추방제와 관리를 뽑는 방법
4	아테네 정치의 (　　　　　　　)과 의의

핵심 내용

6 빈칸에 들어갈 알맞은 말을 이 글에서 찾아 쓰세요.

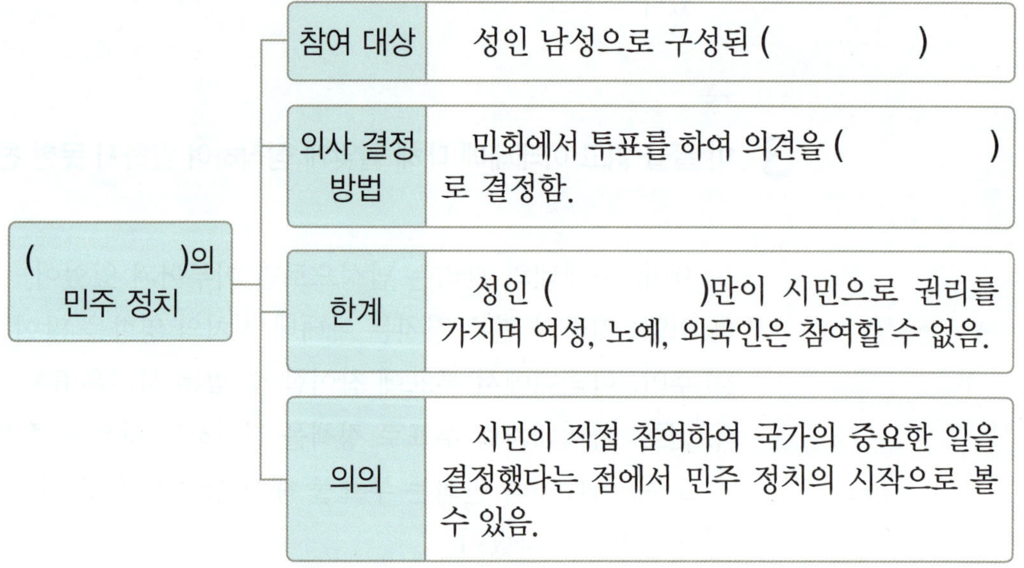

어휘

적용

7 다음 문장에 들어갈 알맞은 낱말에 ○표 하세요.

(1) 행사가 끝난 후 (추측, 추첨)을 통해 선물을 주었다.

(2) 방정환은 어린이를 (독립적, 독단적) 존재로 대해 주었다.

(3) 학급 회의 안건은 투표를 통해 (맞대결, 다수결)로 결정하였다.

(4) 아테네 시민들은 (독재, 민주) 정치를 하려는 정치인을 몰아냈다.

(5) 일주일에 세 번씩 (정기적, 구체적)으로 과일 주스를 만들어 마시고 있다.

함께 사는 사회를 위한 노력, 정치

정답과 해설 **27** 쪽

　　정치는 사람들 사이의 의견 차이나 이해 관계를 둘러싼 다툼을 해결하는 과정이에요. 사람들 사이에 일어나는 문제나 다툼을 해결하여 모두가 행복하고 편안하게 잘살 수 있도록 해 주는 일이지요.

　　정치는 주로 정치인들이 나라를 더 좋은 방향으로 이끌어가기 위한 정책을 결정하는 일을 뜻하는 말로 쓰여요. 그래서 정치가 우리 삶과 **관련**이 없다고 느끼기 쉽지만, 우리 주변의 사람과 생각이나 입장이 달라서 서로 대립하거나 다투는 상태인 **갈등**을 해결하고, 더 좋은 방향으로 나갈 수 있도록 하는 것도 모두 정치라고 할 수 있어요. 학급에서 지켜야 할 규칙을 정하는 학급 회의, 가족의 휴가 계획을 세우기 위한 가족회의도 모두 넓은 의미의 정치에 포함되는 활동이에요.

핵심 용어 다음 빈칸에 들어갈 알맞은 용어를 쓰세요.

(1) ☐☐

정(정사 政) 치(다스릴 治): 나라에 관한 일을 다스림.
- 뜻: 사람들 사이의 의견 차이나 이해 관계를 둘러싼 다툼을 해결하는 과정.

(2) ☐☐

갈(칡 葛) 등(등나무 藤): 칡과 등나무가 얽혀 있는 모습.
- 뜻: 생각이나 입장이 달라서 서로 대립하거나 다투는 상태.

● **관련** 둘 이상의 사람, 사물, 현상 등이 서로 영향을 주고받도록 관계를 맺고 있음.

바다로 돌아간 돌고래

지문 분석

글자 수 **892**
800　900　1000

1 2013년 제주 앞바다에 두 마리의 돌고래가 방류되었다. 2009년 5월 제주 서귀포시 성산읍 앞바다에서 **어민**의 그물에 잡힌 뒤, 제주의 어느 수족관에 팔려갔던 제돌이와 춘삼이다. 제돌이와 춘삼이는 **불법**으로 잡혀 온 후, 수족관과 동물원에서 돌고래 쇼를 하며 지내다가 시민 단체의 **요구**로 고향인 제주 바다로 돌아가게 되었다. 　5

2 2015년에는 돌고래 복순이와 태산이도 **야생** 적응 훈련을 마치고 제주 바다에 방류되어 자유를 되찾았다. 복순이와 태산이도 제주 바다에서 불법으로 잡혀 왔지만 수족관 생활에 잘 적응하지 못했다. 복순이는 심한 우울증을 앓았고, 태산이는 **경계심**이 많아 **길들여지지** 않았다. 결국, 복순이와 태산이는 야생에서도 적응이 어려울 것으로 생각되어 방 　10 류하지 않고 서울의 한 동물원으로 보내져 생활하고 있었다. 그러나 두 돌고래도 시민 단체의 노력으로 방류가 결정되었고, 방류 이후 사람들의 걱정과는 다르게 **무리**를 만나 잘 적응한 모습을 보여 주었다.

3 돌고래들을 고향으로 돌려보내는 데에는 ㉠한 시민 단체의 역할이 컸다. 이 시민 단체는 2012년부터 수족관 돌고래 **해방** 운동을 시작하여 　15 제주도에 살고 있는 돌고래를 보호하고 해양 생태계 보전의 중요성을 알리기 위해 힘썼다. 시민 단체는 돌고래 쇼를 하기 위해 돌고래를 불법으로 구입한 수족관과 동물원에 문제를 **제기하였고**, 그 결과 잡혀 온 돌고래들을 제주 바다로 방류할 수 있었다.

4 그 이후로도 불법으로 잡혀 왔던 여러 마리의 돌고래들이 다시 고향 　20 인 제주 바다로 돌아갔지만 여전히 수족관에는 사람을 위해 헤엄치는 돌고래들이 남아 있다. 또, 좁고 답답한 수족관에서 고통스럽게 죽음을 맞이하는 돌고래들도 있다. 시민 단체들은 이러한 상황의 문제점을 말하며 정부와 기업이 위기에 처한 생명을 보호하기 위한 대책을 마련해야 한다고 주장하고 있다. 　25

- **어민**(漁 고기잡을 어. 民 백성 민) 물고기를 잡는 일을 직업으로 하는 사람.
- **불법**(不 아닐 불. 法 법 법) 법에 어긋남.
- **요구** 필요하거나 받아야 할 것을 달라고 청함.
- **야생**(野 들 야. 生 날 생) 산이나 들에서 저절로 나서 자란 동물이나 식물.
- **경계심** 남을 의심하거나 사고 또는 위험이 일어나지 않도록 조심하는 마음.
- **길들여지지** 짐승이 야생의 성질을 잃어서 사람이 부리기 좋게 되지.
- **무리** 여러 사람이나 동물. 사물 등이 함께 모여 있는 것.
- **해방** 자유롭지 못하게 하는 것으로부터 벗어남.
- **제기하였고** 문제를 삼거나 토론을 하려고 의견이나 문제를 내놓고.

내용 독해

설명 대상

1 이 글은 무엇에 대해 쓴 글인가요? (   )

① 돌고래 무리의 특징
② 동물을 보호하는 방법
③ 시민 단체의 뜻과 종류
④ 바다로 돌아간 야생 돌고래들
⑤ 제주 앞바다에 사는 돌고래의 종류

내용 이해

2 이 글의 내용과 일치하지 않는 것은 무엇인가요? (   )

① 2013년에 제주 앞바다에 두 마리의 돌고래가 방류되었다.
② 복순이와 태산이는 방류되기 전에 야생 적응 훈련을 했다.
③ 제돌이는 불법으로 잡혀 와 수족관과 동물원에서 돌고래 쇼를 했다.
④ 제돌이와 함께 방류된 춘삼이는 바다에 적응하지 못하고 다시 돌아왔다.
⑤ 돌고래들을 고향인 제주 바다로 돌려보내는 데에는 시민 단체의 역할이 컸다.

적용

3 이 글의 내용을 읽고 바르게 말하지 못한 친구의 이름을 쓰세요.

> 주아: 수족관 돌고래 해방 운동은 수족관에 갇힌 돌고래들을 살던 곳으로 돌려보내는 일이야.
> 소현: 돌고래들이 무리에 잘 적응했는지 알고 있는 것을 보면 돌고래를 방류한 이후에도 어떻게 살고 있는지 계속 관찰하고 있나 봐.
> 아린: 복순이와 태산이처럼 건강에 문제가 있는 동물들은 야생에 잘 적응할 수 없으니 다시 자연으로 돌려보내지 말고 동물원에서 보호하면서 건강을 돌보아 주어야 해.

(   )

추론

4 이 글의 내용으로 보아 ㉠이 하는 일에 대해 알맞게 이해한 것은 무엇인가요?

(   )

① 법을 어긴 사람을 심판하는 역할을 한다.
② 대통령 후보자를 추천하고 선거에 참여한다.
③ 사회나 국가의 발전을 위해 스스로 모여 활동한다.
④ 자신들의 이익을 얻기 위한 여러 가지 활동을 한다.
⑤ 국민이 선거로 뽑은 사람들이 모여 법을 만드는 활동을 한다.

구조 분석

문단 요약

5 다음 질문의 답을 찾을 수 있는 문단을 찾아 선으로 이으세요.

| 돌고래들을 고향으로 돌려보내는 데에 큰 역할을 한 것은 누구인가요? | • | • | **1**문단 |

| 2013년에 불법으로 잡혀 왔다가 제주 바다로 돌아간 돌고래는 누구인가요? | • | • | **2**문단 |

| 건강에 문제가 있었지만 제주 바다로 돌아가 잘 적응한 돌고래는 누구인가요? | • | • | **3**문단 |

| 시민 단체들이 수족관에 남아 있는 돌고래들을 위해 주장하는 것은 무엇인가요? | • | • | **4**문단 |

핵심 내용

6 빈칸에 들어갈 알맞은 말을 이 글에서 찾아 쓰세요.

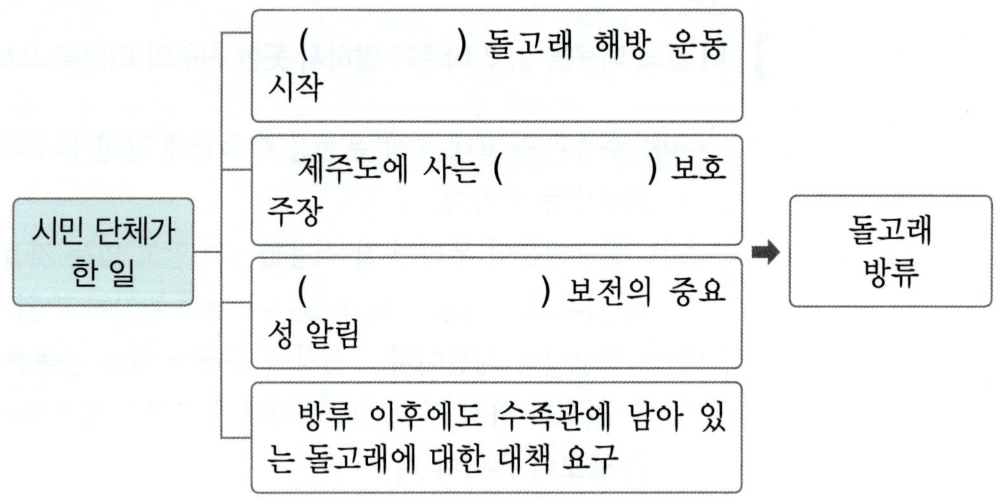

어휘

적용

7 다음 문장의 빈칸에 들어갈 알맞은 낱말을 보기 에서 찾아 쓰세요.

보기

무리   제기   불법   어민   요구

(1) 코끼리 (   )은/는 초원을 향해 걸어갔다.
(2) 그 일에 대한 여러 가지 문제가 (   )되었다.
(3) 주인은 손님의 (   )을/를 들어줄 수 없다고 거절하였다.
(4) (   )들은 바다에 나가기 위해 일기 예보에 귀를 기울였다.
(5) 인터넷에서 (   )으로 개인 정보를 수집하는 일이 늘어나고 있다.

정치를 하기 위해 뜻을 모으는 방법

정답과 해설 28 쪽

민주주의 사회에서는 정치에 참여하기 위해 다양한 활동을 할 수 있어요. 정당은 정치적 의견이나 생각을 같이 하는 사람들이 모여 만든 단체예요. 혼자서는 정치에 대한 생각을 펼치기 힘들기 때문에 생각이 같은 사람들이 모여 정당을 만들어 활동해요.

또 정치에 적극적으로 참여하기 위해 시민 단체를 만들기도 해요. 시민 단체는 시민들이 스스로 모여 개인의 이익이 아닌 사회 전체에 도움이 되는 일을 해요. 시민 단체는 정치, 경제, 환경, 교육 등 다양한 분야에서 활동하며 나라에서 일어나는 일에 영향을 준답니다.

핵심 용어 다음 빈칸에 들어갈 알맞은 용어를 쓰세요.

(1) ☐ ☐

정(정치 政) 당(무리 黨): 정치적 무리.
- 뜻: 정치에 대해 생각이 비슷한 사람들이 모여서 만든 단체.

(2) ☐ ☐ **단체**

시(시장 市) 민(백성 民): 시장에 모인 백성.
- 뜻: 시민들이 스스로 모여 사회 전체의 이익을 위해 활동하는 단체.

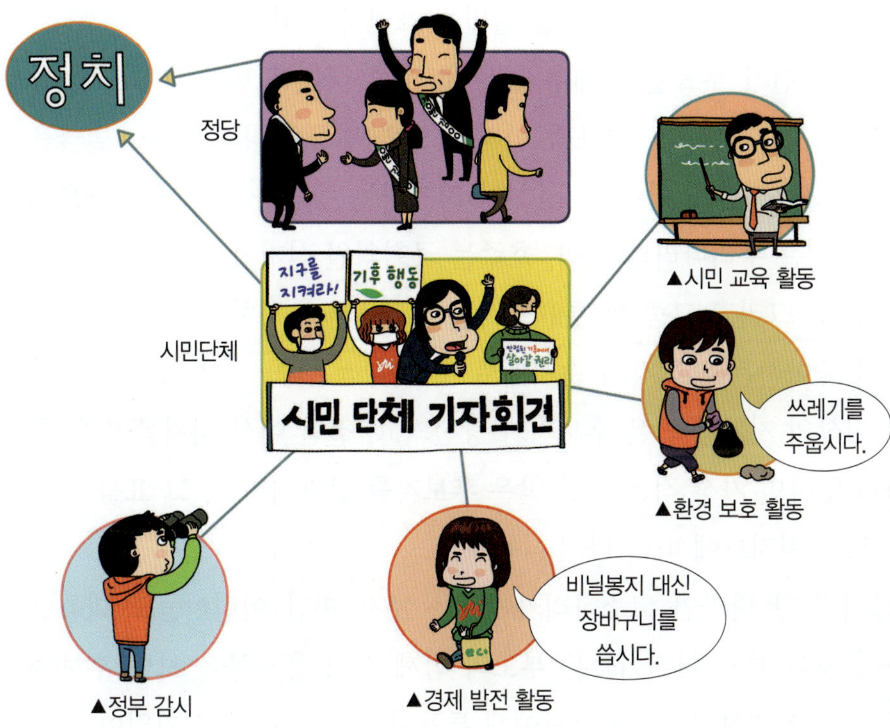

- **민주주의** 국민에게 권력이 있으며 국민이 자유롭고 평등하게 의사 결정에 참여하는 정치의 한 형태.
- **영향** 어떤 것을 하여 얻어지는 좋은 결과나 작용이 다른 것에 미치는 것.

지문 분석

글자 수 974
800 900 1000

국민이 정치에 참여하는 방법

세계의 다양한 선거 방법

1 선거는 대통령, 국회 의원과 같은 국민의 대표를 투표로 뽑는 일을 뜻한다. 선거는 국민이 정치에 참여하는 방법 중 하나로, 나라마다 상황에 맞는 방식으로 선거를 진행하여 국민들이 선거에 많이 참여하도록 하기 위해 노력하고 있다.

2 아프리카의 한 나라인 케냐에는 **문맹**이 많아 글자를 사용하여 투표를 하는 방식은 효과적이지 못했다. 그래서 국민이 쉽게 이해하고 투표에 참여할 수 있도록 투표용지에 바나나와 오렌지 그림을 그렸다. 찬성하는 사람은 바나나에, 반대하는 사람은 오렌지에 표시하는 이 방식은 선거 투표율을 높이는데 도움이 되었다. 케냐는 이 선거를 **계기**로 국민들이 정치에 대한 자신의 생각을 활발히 표현하게 되었다.

3 호주는 선거 투표율이 매우 높은데, 호주 국민은 반드시 투표에 참여해야 하기 때문이다. 투표를 하지 않으면 벌금을 내야 하고, 벌금을 내지 않으면 재판을 받는다. 자신이 **지지하는** 정당과 후보에 도장으로 한 표만 찍는 우리나라와 달리, 호주는 국회의원 선거가 두 종류로 나누어져 있다. 그리고 그중 한 투표에서는 투표용지에 적힌 많은 후보자 중 자신이 좋아하는 후보자의 순서대로 숫자를 적는다. 첫 투표 결과에서 절반 이상의 지지를 받은 후보자가 당선되고, 절반 이상 지지를 받은 후보자가 없다면 가장 적은 표를 받은 후보자를 탈락시키고, 그 표를 나머지 후보의 지지도에 따라 다시 나눈다.

4 남미의 한 나라인 코스타리카에서는 18세 미만 어린이들도 대통령 선거에 참여한다. 어린이들은 부모와 함께 선거 **홍보물**을 보며 후보들의 **공약**을 살펴보고, 어떤 후보에게 투표할지 결정한다. 선거일이 되면 어린이 박물관에 만들어진 투표소에서 어른들과 똑같이 투표한다. 어린이들이 투표한 결과가 실제 선거 결과에 반영되는 것은 아니지만 방송을 통해 어린이들의 투표 결과를 **공개한다**. 이 결과는 나라의 미래를 보여 주는 것이기 때문에 꽤 중요한 의미를 지닌다. 코스타리카의 어린이들은 어려서부터 선거를 직접 체험하며 민주주의의 중요성을 깨닫게 된다.

- **문맹** 배우지 못해서 글을 읽거나 쓸 줄을 모르는 것. 또는 그러한 사람.
- **계기** 어떤 일이 일어나거나 결정되도록 하는 원인이나 기회.
- **지지하는** 어떤 사람이나 단체의 생각에 찬성하여 이를 위해 힘을 쓰는.
- **홍보물** 어떤 사실이나 제품 등을 널리 알리기 위해 만든 것.
- **공약** 정부·정당·입후보자 등이 앞으로 어떤 일을 하겠다고 국민에게 약속함. 또는 그런 약속.
- **공개한다** 어떤 사실이나 사물, 내용 등을 사람들에게 널리 알린다.

**내용
독해**

1 글쓴이가 이 글을 쓴 목적은 무엇인가요? (   )

① 선거를 해 본 경험을 소개하기 위해

② 선거 방법을 바꾸자고 주장하기 위해

③ 우리나라 선거의 역사를 요약하기 위해

④ 다른 나라의 선거 방법을 설명하기 위해

⑤ 다른 나라의 선거 방법을 따라 하자고 설득하기 위해

2 이 글을 통해 알 수 있는 내용을 모두 찾아 ○표 하세요.

(1) 호주의 투표율이 높은 까닭   (   )

(2) 코스타리카의 성인들이 선거에 참여하는 방법   (   )

(3) 우리나라에서 투표율을 높이기 위해 사용한 투표 방법   (   )

(4) 케냐에서 글자를 모르는 사람을 위해 사용한 투표 방법   (   )

3 이 글에 대한 반응으로 알맞지 <u>않은</u> 것은 무엇인가요? (   )

① 어릴 때부터 투표에 참여하면 민주주의에 대해 배울 수 있겠어.

② 강제로 투표를 하게 하는 것도 투표율을 올리는 데 도움이 되는구나.

③ 글을 모르는 사람들을 위한 투표 방법도 정치 참여율을 높일 수 있어.

④ 그림을 그려 만든 투표용지는 글자를 모르는 사람도 이해하기 쉬웠어.

⑤ 어린이들이 투표한 내용까지 실제 선거 결과에 반영하니 투표율이 더 높아
　지는구나.

4 이 글을 읽고 밑줄 친 내용과 관련하여 투표율을 높일 수 있는 방법을 알맞게 말한
친구는 누구인가요? (   )

> 　이번 지방 선거는 대한민국 역사상 두 번째로 낮은 투표율을 기록했다. 정
> 부에서는 <u>투표율을 높이기 위한 장기적인 방법</u>을 고민하고 있다.

① 혜지: 케냐처럼 투표용지를 이해하기 쉽게 그림으로 바꿔야 해.

② 서윤: 선거 홍보물을 만들어 후보의 공약을 국민 모두가 알게 해야 해.

③ 로운: 아이들에게 선거 홍보물을 보여 주고 어른 대신 투표하게 하면 좋겠어.

④ 새미: 호주처럼 투표용지에 좋아하는 후보자의 순서를 숫자로 적을 수 있도
　록 투표 방법을 바꿔야 해.

⑤ 진우: 코스타리카처럼 어릴 때부터 투표하는 방법을 교육해서 선거에 참여
　하는 것의 중요성을 알려 주는 것이 필요하겠어.

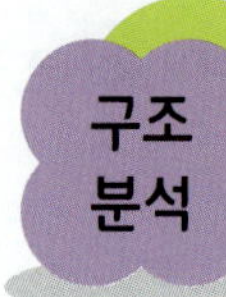

구조 분석

5 다음 빈칸에 들어갈 알맞은 말을 쓰며 이 글의 내용을 정리하세요.

문단	중심 내용
1	선거의 뜻과 국민의 선거 참여를 위해 노력하는 나라들
2	케냐에서 (　　　　　)를 모르는 사람을 위해 했던 투표 방법과 그 결과
3	(　　　　　)의 투표율이 높은 까닭과 투표 방법
4	코스타리카에서 18세 미만 (　　　　　)들이 대통령 선거에 참여하는 방법과 그 결과

6 빈칸에 들어갈 알맞은 말을 이 글에서 찾아 쓰세요.

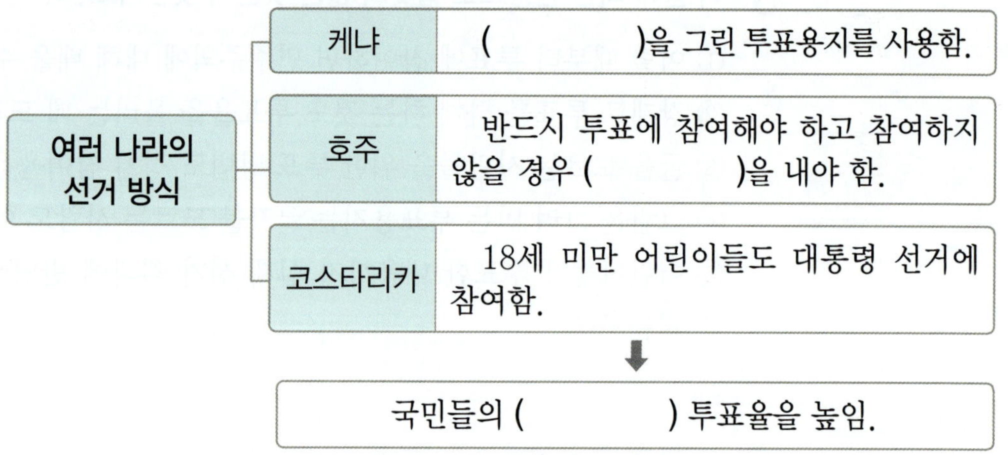

어휘

7 다음 문장의 빈칸에 들어갈 알맞은 낱말을 보기 에서 찾아 쓰세요.

보기

공약　　지지　　계기　　문맹　　공개

⑴ 부모님께서는 나를 항상 믿고 (　　　　　)해 주신다.
⑵ 그 일을 (　　　　　)로 짝꿍과 나는 더 친한 친구 사이가 되었다.
⑶ 세종 대왕이 훈민정음을 창제한 이후, (　　　　　)이 줄어들었다.
⑷ 선거에 나온 후보는 지역을 발전시키겠다는 (　　　　　)을 내세웠다.
⑸ 한 포털에서는 댓글을 다는 사람의 정보를 (　　　　　)하기로 결정했다.

국민이 정치에 참여하는 방법

국민이 정치에 참여하는 가장 대표적인 방법은 **선거**로 자신이 원하는 대표자를 뽑는 거예요. 하지만 대표자를 통한 정치 참여 방법은 자신의 의견을 직접적으로 전하기 어렵다는 단점이 있어요. 그래서 사람들은 **국가 기관**에 직접 의견을 내고 국가 정책에 대해 **비판**을 하기도 해요. 또, 자신과 같은 뜻을 가진 사람들을 모아서 시민 단체를 만들어 활동하면서 좀 더 적극적으로 정치에 참여하는 방법도 있어요. 꼭 대표자를 뽑지 않더라도 **투표**를 통해 의견을 표시하기도 하고 캠페인이나 **집회**에 참여하기도 해요. 이러한 다양한 정치 참여가 민주주의를 발전시켜요.

핵심 용어 다음 빈칸에 들어갈 알맞은 용어를 쓰세요.

(1) ☐☐

선(가릴 選) **거**(뽑을 擧): 가려서 뽑음.
- 뜻: 투표를 통해 여러 후보들 중에서 적절한 대표자를 뽑는 일.

(2) ☐☐

투(던질 投) **표**(표 票): 표를 던짐.
- 뜻: 선거를 하거나 어떤 일을 결정할 때 투표용지에 자신의 의견을 표시해서 내는 일.

- **국가 기관** 나라의 정치를 위해 만든 모든 기관.
- **비판** 옳고 그름을 밝히거나 잘못된 점을 지적함.
- **집회** 여러 사람이 하나의 목적을 위해 모이는 일.

지문 분석

글자 수 **951**
800 900 1000

지방 자치 제도

 열매 제거 작전

1 가을마다 거리에 떨어지는 은행나무 열매는 오고 가는 사람들의 발에 밟혀 **지독한** 냄새를 풍기며 우리의 코를 찌른다. ○○시는 은행나무 열매의 냄새로 인한 **민원**을 해결하기 위해 올해부터 **가로수** 열매 집중 **제거** 기간을 정하기로 결정했다.

2 은행나무는 도시의 나쁜 공기 속에서도 잘 자라며 **공기 정화** 능력이 뛰어나고 곰팡이나 벌레에도 강해서 가로수로 많이 이용된다. 하지만 은행나무 열매에는 뷰티르산이라는 물질이 들어 있어 땅에 떨어져 터지면 지독한 냄새가 나는데 이 냄새는 많은 시민들을 불쾌하게 만든다. ○○시뿐만 아니라 다른 여러 지방자치단체도 은행나무 열매의 냄새로 많은 민원을 받고 있어 은행나무 열매는 **골칫거리**로 여겨졌다.

3 은행나무는 **암수**가 나누어져 있는데, 그중 암나무에서만 열매가 열린다. 따라서 수나무만 가로수로 심으면 은행나무 열매가 열리지 않게 할 수 있다. 하지만 과거에는 은행나무의 암수 구별이 쉽지 않았다. 암수를 구별하려면 꽃과 씨앗이 열리는 것을 확인해야 하는데, 그러기 위해서는 10년 이상의 시간이 걸렸기 때문이다. 최근에는 은행나무의 나이와 상관없이 유전자 검사를 통해 성별을 구별하는 방법이 개발되어 쓰이고 있다.

4 ○○시는 은행나무 열매로 인한 민원을 해결하기 위해 적극적으로 나설 예정이다. 암나무를 수나무로 **교체하는** 작업을 진행할 예정이며, 또 열매 집중 제거 기간에는 **굴착기**에 매단 진동수확기를 사용해 길가에 있는 은행나무 열매를 미리 수확할 계획이다. 진동수확기로 은행나무를 흔들면 나무에 큰 피해를 주지 않고도 은행나무 열매를 떨어뜨릴 수 있다.

5 ○○시는 은행나무 열매가 나무에 한꺼번에 열리는 것이 아니기 때문에 나무의 성장 속도에 따라 2~3번으로 나누어 열매를 딸 계획이라고 밝혔다. 길가의 은행나무에서 딴 열매에는 차에서 나오는 매연 등이 묻어 있을 수 있으므로 나쁜 **성분**이 남아 있는지 확인한 후, 지역의 양로원 등 은행나무 열매가 필요한 기관에 보낼 예정이다.

- **지독한** 맛이나 냄새 등이 몸에 좋지 않거나 참기 어려울 정도로 심한.
- **민원** 주민이 행정 기관에 처리해 달라고 요구하는 일.
- **가로수** 길을 따라 줄지어 심은 나무.
- **제거** 없애 버림.
- **공기 정화** 공기 속의 먼지나 세균 등을 없애 공기를 깨끗하게 하는 일.
- **골칫거리** 해결하기 힘들고 귀찮은 일.
- **암수** 암컷과 수컷.
- **교체하는** 사람, 사물 등을 다른 사람이나 사물로 바꾸는.
- **굴착기** 땅을 파거나 바위를 뚫는 데 쓰는 기계.
- **성분**(成 이룰 성, 分 나눌 분) 화합물이나 혼합물을 구성하는 각각의 원소나 물질.

제목

1 이 글의 제목으로 ㉠에 들어갈 알맞은 말을 찾아 네 글자로 쓰세요.

(   )

내용 이해

2 이 글의 내용과 일치하는 것은 무엇인가요? (   )

① 은행나무는 곰팡이나 벌레에 약하다.
② 은행나무는 공기 정화 능력이 거의 없다.
③ 은행나무는 가로수로 잘 이용되지 않는다.
④ 은행나무는 도시의 나쁜 공기 속에서는 잘 자라지 못한다.
⑤ 은행나무 열매는 땅에 떨어져 터지면 지독한 냄새가 난다.

추론

3 이 글을 통해 답을 알 수 있는 질문이 <u>아닌</u> 것은 무엇인가요? (   )

① 은행나무 열매에는 어떤 성분이 있어서 지독한 냄새가 나나요?
② 은행나무 열매를 나무에서 딴 뒤에 어떻게 해야 먹을 수 있나요?
③ 예전에는 은행나무의 암수를 확인하여 심는 것이 왜 어려웠나요?
④ 은행나무 열매를 딸 때 진동수확기를 사용하는 까닭은 무엇인가요?
⑤ ○○시가 2~3번에 걸쳐서 은행나무 열매를 따는 까닭은 무엇인가요?

적용

4 다음 내용과 관련하여 이 글에 대해 적절하게 말하지 <u>못한</u> 친구는 누구인가요?

(   )

> 지방자치단체는 시청이나 도청, 시의회나 도의회처럼 그 지역 주민을 위해 일하는 곳이다. 시청이나 도청이 지역 주민들의 의견을 들은 뒤 어떤 일을 할지 계획을 세워 제안하고, 시의회나 도의회에서 그 계획을 실행할지 결정한다.

① 서우: ○○시의 시청에서 은행 열매를 미리 줍자고 제안했을 거야.
② 예진: ○○시의 시청과 시의회는 ○○시 주민들을 위해 일하고 있어.
③ 차영: ○○시의 시의회에서 은행 열매를 미리 수거하자는 제안을 실행하기로 결정했어.
④ 세호: ○○시는 은행나무 열매를 미리 따기로 결정하기 전에 지역 주민들의 의견을 듣지 않았어.
⑤ 유리: ○○시에서 은행나무 열매를 필요한 지역의 기관에 보내는 것도 지역 주민을 위해 하는 일이야.

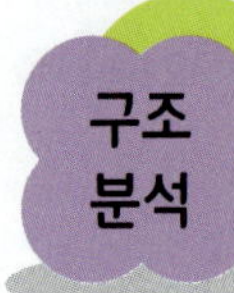

문단 요약

5 각 문단의 중심 내용을 알맞게 선으로 이으세요.

1문단 •

2문단 •

3문단 •

4문단 •

5문단 •

• ○○시의 구체적인 은행나무 열매 수확 계획과 은행나무 열매 활용 계획

• 은행나무 열매로 인한 민원을 해결하기 위해 ○○시가 진행할 예정인 일

• 은행나무의 성별을 구별하여 심기 어려웠던 까닭과 최근 개발된 구별 방법

• ○○시가 은행나무 열매로 인한 민원 해결을 위해 가로수 열매 제거 기간을 정함.

• 은행나무가 가로수로 많이 이용되는 까닭과 은행나무 열매가 골칫거리로 여겨지는 까닭

핵심 내용

6 빈칸에 들어갈 알맞은 말을 이 글에서 찾아 쓰세요.

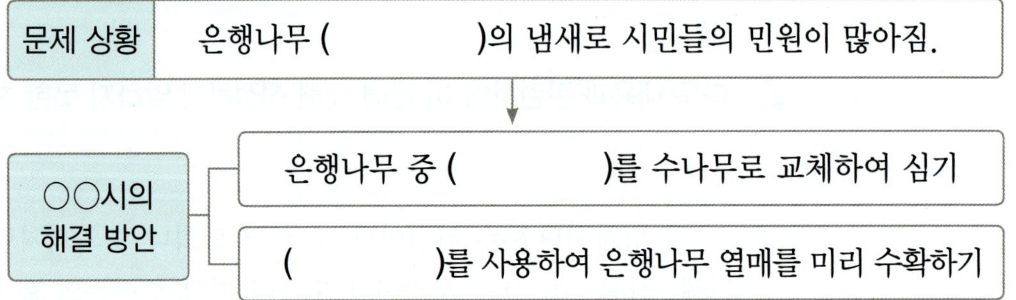

적용

7 다음 문장의 빈칸에 들어갈 알맞은 낱말을 보기 에서 찾아 쓰세요.

보기

성분   민원   암수   가로수   지독한

(1) 사자는 (   )의 생김새가 다르다.

(2) (   )에서 떨어진 낙엽이 거리에 휘날렸다.

(3) 이 과자는 아기들을 위해 좋은 (   )만 넣어 만들었다.

(4) 처음 먹어 본 과일에서 (   ) 냄새가 나서 얼른 코를 막았다.

(5) 동네 큰 길가의 가로등이 모두 꺼졌다는 (   )이/가 접수되었다.

지방 자치 제도

정답과 해설 **30** 쪽

나라 전체의 **살림**을 맡아 하는 곳을 중앙 정부라고 하고, 특별시나 광역시, 도, 시, 군처럼 **구역**을 나누어 한 지역에서 일어나는 일을 맡아서 하는 곳을 지방 정부라고 해요. 나라에서 일어나는 일을 중앙 정부에서 모두 살펴보기 어렵기 때문에 각 지역마다 지방 정부를 두고 지역의 특성에 맞게 살림을 할 수 있도록 하는 거예요.

지방 정부는 지역 주민이 직접 뽑은 도지사, 시장, 구청장, 군수를 대표로 해요. 그리고 지역 주민과 그 지역의 주민이 뽑은 대표가 함께 지역에서 생긴 문제를 해결하는 것을 지방 자치 제도라고 하지요. 지방 자치 단체 대표는 지역에 대해 잘 알고 있어서 지역의 상황에 맞게 일을 처리할 수 있어요. 지역의 주민들도 자신들이 뽑은 대표자가 지역의 상황에 맞게 정책을 잘 진행하고 있는지, 정책에 지역 사람들의 의견이 잘 반영되고 있는지 살펴보고 감독한답니다.

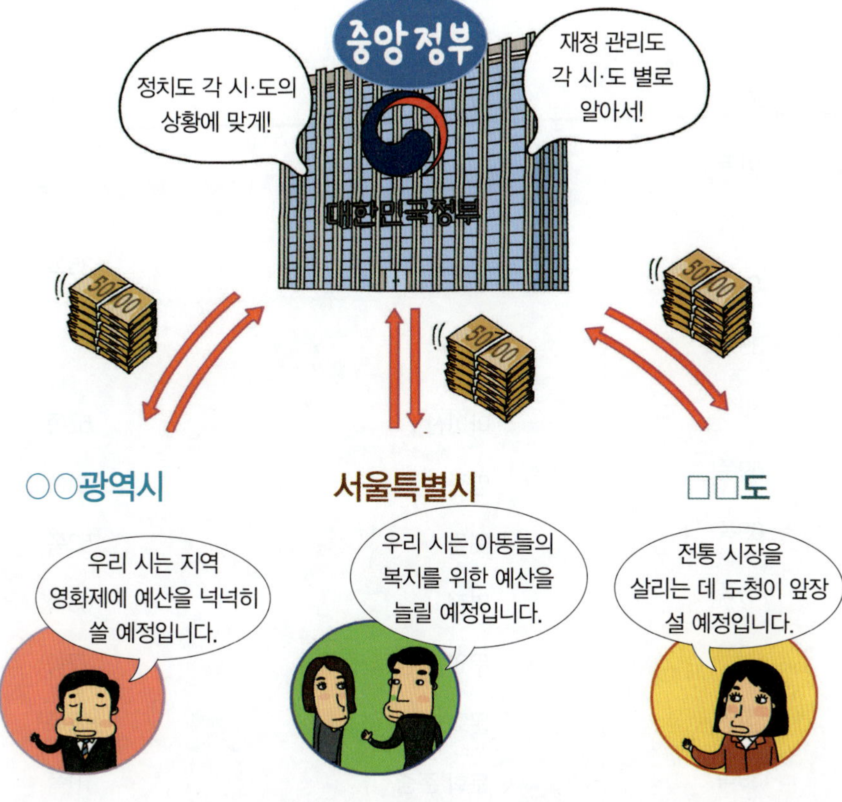

- **살림** 가정 혹은 국가의 경제적 형편.
- **구역** 어떤 기준이나 특성에 따라 여럿으로 나누어 놓은 지역 중 하나.

 다음 빈칸에 들어갈 알맞은 용어를 쓰세요.

(1) ☐☐ **정부**

중(가운데 中) 앙(가운데 央): 가운데.
- 뜻: 나라 전체의 살림을 맡아 하는 곳.

(2) ☐☐ **정부**

지(땅 地) 방(모 方): 땅의 가장자리.
- 뜻: 행정 구역을 나누어 한 지역에서 일어나는 일을 맡아서 하는 곳.

(3) **지방** ☐☐ **제도**

자(스스로 自) 치(다스릴 治): 스스로 다스림.
- 뜻: 지역 주민과 주민이 뽑은 대표가 함께 지역에서 생긴 문제를 해결하는 것.

교과 개념 어휘 **찾아보기**

사회 교과 연계 비문학 독해 특화 훈련서

초등 비문학 독해

통합사회

3학년

정답과 해설

동아출판

- **글의 종류** 기행문
- **글의 특징** 천안에 있는 독립운동과 관련된 여러 명소에 가서 글쓴이가 보고 듣고 느낀 점을 쓴 글입니다.
- **주제:** 독립운동의 역사가 담겨 있는 천안

017~018쪽

1 ④　**2** ②　**3** ㉮　**4** ⑤

5

문단	중심 내용
1	'내'가 사는 고장인 (천안)을 여행한 까닭과 여행을 시작할 때의 마음
2	(독립기념관)에서 보고 들은 것과 생각한 것
3	(유관순) 열사 기념관에서 본 것과 생각한 것
4	(이동녕) 선생 생가에서 들은 것과 생각한 것
5	여행을 마치고 바뀐 '내'가 사는 고장에 대한 생각과 느낌

6

	독립기념관 전시공원	유관순 열사 기념관	이동녕 선생 생가
보고 들은 것	조선 총독부 건물을 철거한 뒤 남은 (첨탑)을 땅에 묻어 전시한 것	유관순 열사의 어린 시절 모습과 유관순 열사가 만세 운동을 이끌었던 (아우내) 장터의 모습	이동녕 선생 생가 주변의 모습과 이동녕 선생의 업적
생각하거나 느낀 점	공원을 만든 의도가 느껴져 놀람.	유관순 열사의 나라를 사랑하는 마음이 대단함.	우리나라의 (독립)을 위해 애쓴 분에 대해 잘 몰랐던 것이 부끄러움.

7 (1) 철거　(2) 침략　(3) 의도　(4) 자부심　(5) 애쓰는

1 글쓴이가 방문한 독립기념관, 유관순 열사 기념관, 이동녕 선생 생가는 독립운동과 관련 있는 장소이므로 이 글의 제목에는 '독립운동의 역사'가 들어가는 것이 가장 어울립니다.

2 이 글은 글쓴이가 자신이 사는 고장인 천안을 여행한 뒤에 쓴 기행문입니다.

3 1919년 아우내 장터에서 독립 만세 운동을 벌인 것은 유관순 열사가 한 일입니다.

오답 풀이

㉯ 이동녕 선생이 독립을 위해 한 일 중 우리나라의 독립을 위해 임시 정부에서 한 일과 관련이 있습니다.
㉰ 이동녕 선생은 을사조약이 부당하게 체결되었음을 주장하다 일본 헌병에 잡혀 고문을 받았고, 이후 만주 북간도 용정촌으로 망명하여 교육기관인 서전서숙을 세웠습니다.

4 독립기념관 전시공원에 있는 첨탑은 일부러 일제가 남긴 건물을 위에서 아래로 내려다 볼 수 있도록 전시했다고 하였으므로, 일제의 행위에 대해 부정적으로 바라보는 관점이 드러나 있습니다.

오답 풀이

① 유관순 열사, 이동녕 선생 등을 통해 천안에서 나고 자란 우리나라의 독립 운동가들에 대해 알 수 있습니다.
② 이동녕 선생처럼 우리나라의 독립을 위해 애쓴 인물에 대해 찾아볼 수 있습니다.
③ 유관순 열사 기념관이 세워진 것을 통해 인물이 독립운동에 어떤 영향을 주었는지 알 수 있습니다.
④ 독립기념관이라는 이름과 이 글에 나타난 전시공원에 대한 설명을 통해 무엇이 전시되어 있을지 짐작할 수 있습니다.

5 1문단은 글쓴이가 천안 여행을 하기로 한 까닭과 여행을 시작할 때의 마음, 2문단은 독립기념관에서 보고 들은 것과 생각한 것, 3문단은 유관순 열사 기념관에서 본 것과 생각한 것, 4문단은 이동녕 선생 생가를 둘러보며 들은 것과 생각한 것, 5문단은 여행을 마치고 바뀐 글쓴이가 사는 고장인 천안에 대한 생각과 느낌에 대해 썼습니다.

6 이 글은 기행문으로, 각 장소에서 보고 들은 것과 생각하거나 느낀 점을 정리하며 읽을 수 있습니다.

7 (1) '철거'는 '건물이나 시설을 무너뜨려 없애거나 걷어 치움.'이라는 뜻입니다.
(2) '침략'은 '정당한 이유 없이 남의 나라에 쳐들어 감.'이라는 뜻입니다.
(3) '의도'는 '무엇을 하고자 하는 생각이나 계획.'이라는 뜻입니다.
(4) '자부심'은 '스스로 자신의 가치나 능력을 믿고 떳떳이 여기는 마음.'이라는 뜻입니다.
(5) '애쓰는'은 '무엇을 얻기 위해 노력하는.'이라는 뜻입니다.

비주얼 사회 교과서 개념　**019쪽**

(1) 고장　(2) 장소

(1) '사람이 많이 모여 사는 곳.'을 '고장'이라고 합니다.
(2) '우리가 생활하는 모든 곳.'을 '장소'라고 합니다.

- **글의 종류** 설명하는 글
- **글의 특징** 100년이 넘는 역사를 가진 대전역의 과거와 현재, 미래에 대해 설명하는 글입니다.
- **주제** 대전역의 역사

021~022 쪽

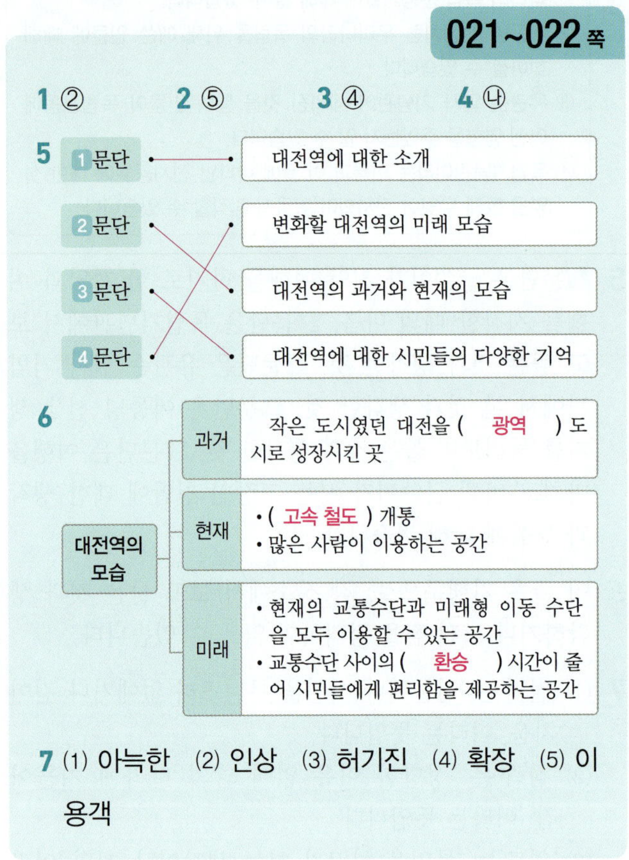

1 대전역의 역사에 대해 설명하는 글이므로 이 글에서 가장 중심이 되는 말은 '대전역'입니다.

2 대전역을 중심으로 주변에 관청과 새로운 건물들이 들어오며 인구가 늘어났고, 대전이 광역 도시로 발전할 수 있었습니다. 하지만 대전역이 우리나라에서 가장 인구가 많은 도시는 아닙니다.

3 3문단에서는 대전역을 이용하는 사람들이 각자 어떤 경험을 했는지에 따라 대전역을 다른 의미로 기억하고 있다는 것을 설명하였습니다. 이를 통해 자신이 어떤 경험을 했는지에 따라 그 장소에 대한 기억과 의미가 달라진다는 것을 알 수 있습니다.

오답 풀이

① 오래된 장소라고 해서 사람들에게 인기가 많다고 할 수 없습니다.
②, ③ 한 장소에서 정해진 경험만 할 수 있는 것은 아니며, 자신이 갔던 장소에서 다양한 기억을 가질 수 있습니다.
⑤ 대전역을 이용한 사람들이 대전역에 대해 각자 다른 기억을 갖고 있는 것에서 특정 장소에서의 경험은 그 장소에 대한 느낌에 영향을 준다는 것을 알 수 있습니다.

4 '도심항공교통'이라는 새로운 교통수단이 도로의 교통 혼잡 문제를 해결할 수 있다고 하였으므로 교통 혼잡이 심해진다는 내용은 대전역의 미래 모습으로 적절하지 않습니다.

오답 풀이

㉮ 도심항공교통은 미래의 교통수단으로 도로의 교통 혼잡 문제의 영향을 받지 않고 빠르게 이동할 수 있습니다.
㉰ 바뀐 대전역에서는 다양한 교통수단을 이용할 수 있어, 환승 시간이 줄어든다고 하였습니다.

5 1문단은 대전역에 대해, 2문단은 여러 차례 바뀌며 지금의 모습을 갖게 된 대전역의 모습에 대해, 3문단은 대전역에 대한 시민들의 다양한 기억에 대해, 4문단은 미래에 대비하여 변화하고 있는 대전역에 대해 설명하고 있습니다.

6 대전역은 과거에는 경부선과 호남선이 모두 지나가며 대전을 광역 도시로 성장시킨 곳이었고, 현재는 고속 철도의 개통으로 인해 여전히 많은 사람들이 이용하는 공간입니다. 미래에는 현재와 미래형 이동 수단을 모두 이용할 수 있는 공간으로 변화하여 교통수단을 이용하는 승객들에게 편리함을 제공하는 공간이 될 예정입니다.

7 (1) '아늑한'은 '따뜻하고 포근한 느낌이 있는.'이라는 뜻입니다.
(2) '인상'은 '어떤 대상이 주는 느낌.'이라는 뜻입니다.
(3) '허기'는 '배가 몹시 고파서 기운이 빠짐.'이라는 뜻입니다.
(4) '확장'은 '시설, 사업, 세력 등을 늘려서 넓힘.'이라는 뜻입니다.
(5) '이용객'은 '어떤 시설이나 교통수단 등을 이용하는 손님.'이라는 뜻입니다.

비주얼 사회 교과서 개념   **023 쪽**

(1) 장소감 (2) 장소 경험

(1) '어떤 장소에 대한 사람의 기억, 느낌, 마음.'을 '장소감'이라고 합니다.
(2) '어떤 장소에서 하는 특정한 경험.'을 '장소 경험'이라고 합니다.

- **글의 종류** 설명하는 글
- **글의 특징** 혼일강리역대국도지도의 의의, 만든 방법, 혼일강리역대국도지도를 만든 사람들의 가치관, 지도를 통해 파악할 수 있는 정보에 대해 설명하는 글입니다.
- **주제** 혼일강리역대국도지도를 통해 알 수 있는 지도의 속성

025~026 쪽

1 혼일강리역대국도지도　　　**2** ③

3 ②　　　　**4** 로아

5
㉮ 혼일강리역대국도지도의 의의와 만든 방법
㉯ 약 600여 년 전에 만들어진 세계 지도인 혼일강리역대국도지도
㉰ 혼일강리역대국도지도와 같은 옛 지도를 통해 얻을 수 있는 정보
㉱ 혼일강리역대국도지도를 통해 알 수 있는 중국이 세계의 중심이라는 조선 사람들의 생각과 조선을 큰 나라로 보이고 싶어 한 마음

(㉯)→(㉮)→(㉱)→(㉰)

6
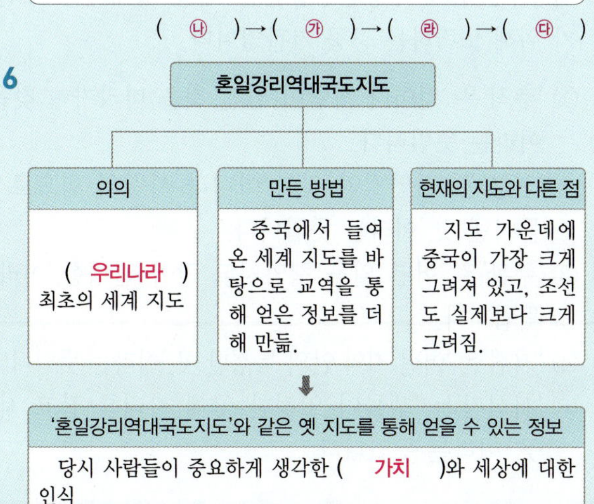

7 (1) 측정　(2) 지명　(3) 지형　(4) 반영　(5) 교역

1 이 글은 조선 시대에 만들어진 우리나라 최초의 세계 지도인 '혼일강리역대국도지도'를 만든 방법, 혼일강리역대국도지도에 반영된 생각, 혼일강리역대국도지도를 통해 얻을 수 있는 정보에 대해 설명하는 글입니다.

2 혼일강리역대국도지도에는 아시아의 여러 나라뿐만 아니라 유럽과 아프리카의 나라 등 세계 여러 나라의 지명이 표시되어 있습니다.

오답 풀이
① 우리나라 최초의 세계 지도입니다.
② 지도의 가운데에 중국이 가장 크게 그려져 있습니다.
④ 중국에서 들여온 지도의 내용을 바탕으로 제작하였습니다.
⑤ 현재 우리가 알고 있는 세계 지도의 모양과는 다르다고 하였습니다.

3 혼일강리역대국도지도를 살펴보면 조선 시대 사람들이 세계를 바라보는 관점이 어떠한지, 조선에 대해 어떤 마음인지 알 수 있지만, 조선에 대한 다른 나라 사람들의 생각은 알 수 없습니다.

오답 풀이
① 조선 시대 초기인 1402년에 만들어졌습니다.
③ 지도의 가운데에 중국이 가장 크게 그려져 있었다는 것에서 중국을 세계의 중심이라고 생각했다는 것을 알 수 있습니다.
④ 여러 나라와의 교역 활동을 통해 얻었습니다.
⑤ 옛사람들이 중요하게 생각한 가치, 그 당시 사람들의 세계에 대한 인식이 어떠했는지 등을 알 수 있습니다.

4 세계 여러 나라의 정보가 담겨 있다고 해서 심상지도라고 할 수 있는 것은 아닙니다.

5 **1**문단은 600여 년 전에 만들어진 세계 지도인 혼일강리역대국도지도에 대한 소개, **2**문단은 혼일강리역대국도지도의 의의와 만든 방법, **3**문단은 혼일강리역대국도지도에서 알 수 있는 조선의 세계관과 조선 시대 사람들의 마음, **4**문단은 옛 지도를 통해 얻을 수 있는 정보에 대해 설명하고 있습니다.

6 혼일강리역대국도지도는 우리나라 최초의 세계 지도로, 이러한 옛 지도를 통해 당시 사람들이 중요하게 생각한 가치와 세상에 대한 인식을 알 수 있습니다.

7 (1) '측정'은 '일정한 양을 기준으로 하여 같은 종류의 다른 양의 크기를 잼.'이라는 뜻입니다.
(2) '지명'은 '마을이나 지방, 지역 등의 이름.'이라는 뜻입니다.
(3) '지형'은 '땅의 생긴 모양.'이라는 뜻입니다.
(4) '반영'은 '다른 사람의 의견이나 사실, 상황 등으로부터 영향을 받아 어떤 현상이 드러남.'이라는 뜻입니다.
(5) '교역'은 '나라와 나라 사이에 물건을 서로 사고팖.'이라는 뜻입니다.

비주얼 사회 교과서 개념　　　027 쪽

(1) 지도　　(2) 심상지도

(1) '위에서 내려다본 땅의 실제 모습을 일정한 형식으로 줄여서 나타낸 그림.'을 '지도'라고 합니다.
(2) '지도를 그리는 사람의 마음속에 있는 장소에 대한 정보를 지도로 나타낸 것.'을 '심상지도'라고 합니다.

- **글의 종류** 소개하는 글
- **글의 특징** 제주에서 열린 바다거북을 바다로 방류하는 행사에 대해 소개하는 글입니다.
- **주제** 제주에서 열린 바다거북 방류 행사

029~030 쪽

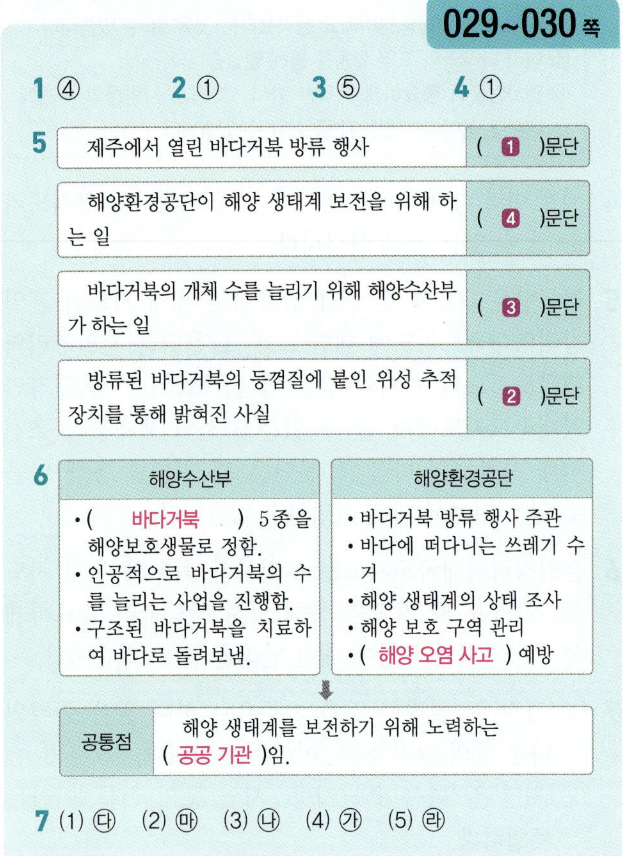

1 ④　　**2** ①　　**3** ⑤　　**4** ①

5

제주에서 열린 바다거북 방류 행사	(**1**)문단
해양환경공단이 해양 생태계 보전을 위해 하는 일	(**4**)문단
바다거북의 개체 수를 늘리기 위해 해양수산부가 하는 일	(**3**)문단
방류된 바다거북의 등껍질에 붙인 위성 추적 장치를 통해 밝혀진 사실	(**2**)문단

6

해양수산부	해양환경공단
• (**바다거북**) 5종을 해양보호생물로 정함. • 인공적으로 바다거북의 수를 늘리는 사업을 진행함. • 구조된 바다거북을 치료하여 바다로 돌려보냄.	• 바다거북 방류 행사 주관 • 바다에 떠다니는 쓰레기 수거 • 해양 생태계의 상태 조사 • 해양 보호 구역 관리 • (**해양 오염 사고**) 예방

공통점	해양 생태계를 보전하기 위해 노력하는 (**공공 기관**)임.

7 (1) ㉰　(2) ㉲　(3) ㉴　(4) ㉮　(5) ㉱

1 이 글은 제주도에서 열린 바다거북 방류 행사에 대해 소개하고 있습니다.

2 **1** 문단에서 바다에 방류된 바다거북은 야생에서 구조돼 치료를 마친 붉은바다거북과 푸른바다거북, 수족관에서 인공으로 부화시켜 자란 매부리바다거북 등 총 9마리라고 하였습니다.

3 인공적으로 바다거북의 수를 늘리는 사업을 하고 있다는 내용은 있지만, 언제부터 시작되었는지는 이 글에서 알 수 없습니다.

오답 풀이

① 가장 최근까지 바다거북이 알을 낳는 모습이 발견되었고, 바다거북의 서식지인 태평양으로 이동하기 좋은 곳이기 때문입니다.
② 바다거북의 서식지가 줄어들었기 때문입니다.
③ 해양수산부는 바다거북 5종을 해양보호생물로 정하고 바다거북의 개체 수를 늘려 바다로 돌려보내고 있습니다.
④ 바다거북은 베트남 바다에서 제주도로, 다시 일본으로 이동했습니다.

4 바다거북 방류 행사는 공공 기관인 해양환경공단과 해양수산부가 진행한 것으로, 개인의 실천이 아닌 정부 차원의 노력에 해당합니다.

오답 풀이

② 해양 생태계를 보전하는 일은 인간의 건강과 생존을 위한 일입니다.
③ 해양수산부와 해양환경공단이 하는 일들은 개인이 하기 어려운 일들입니다.
④ 해양환경공단은 정부에서 마련한 공공 기관입니다.
⑤ 바다거북의 개체 수를 늘리는 것은 해양 생태계를 보전하는 일로, 결국 인간의 건강과 생존을 위한 일입니다.

5 **1** 문단은 제주에서 열린 바다거북 방류 행사, **2** 문단은 방류되는 바다거북의 등껍질에 붙인 위성 추적 장치를 통해 밝혀진 사실, **3** 문단은 개체 수가 줄고 있는 바다거북을 위해 해양수산부가 하는 일, **4** 문단은 행사를 주관해 온 해양환경공단이 하는 일에 대해 설명하고 있습니다.

6 해양수산부와 해양환경공단은 해양 생태계를 보전하기 위해 노력하는 공공 기관입니다.

7 (1) '추적'은 '일이나 사람이 남긴 것을 따라가며 찾음.'이라는 뜻입니다.
(2) '인공'은 '자연적인 것이 아니라 사람의 힘으로 만들어낸 것.'이라는 뜻입니다.
(3) '주관'은 '어떤 일을 책임지고 맡아 관리함.'이라는 뜻입니다.
(4) '지점'은 '어떤 지역 안의 특정한 곳.'이라는 뜻입니다.
(5) '서식지'는 '생물이 일정한 곳에 자리를 잡고 사는 곳.'이라는 뜻입니다.

비주얼 사회 교과서 개념　**031 쪽**

(1) 공공 기관　　(2) 시설

(1) '개인이 아닌 주민 전체의 생활에 도움을 주기 위해 국가가 운영하는 기관.'을 '공공 기관'이라고 합니다.
(2) '어떤 목적을 위해 만든 건물이나 도구, 기계.'를 '시설'이라고 합니다.

- **글의 종류** 소개하는 글
- **글의 특징** 대한민국 여러 지역에 있는 랜드마크를 소개하는 글입니다.
- **주제** 대한민국 여러 지역의 랜드마크

033~034 쪽

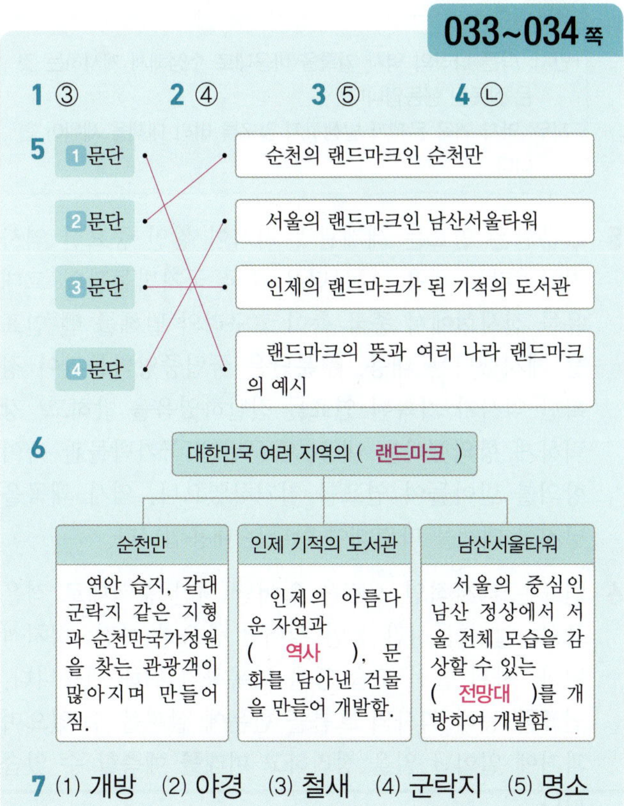

1 이 글은 뉴욕의 '자유의 여신상', 파리의 '에펠 탑', 시드니의 '오페라 하우스'처럼 지역을 대표하는 랜드마크가 무엇인지 설명하고, 대한민국의 여러 지역에 있는 랜드마크를 소개하고 있습니다.

2 서울의 랜드마크 중 한곳인 남산서울타워 전망대에 올라가면 서울 시내의 전체 모습을 감상할 수 있다고 하였습니다.

오답 풀이

① 4문단에서 서울에는 다양한 랜드마크가 있지만 그중 남산서울타워가 서울의 랜드마크로 손꼽힌다고 하였습니다.
② 인제는 인구 3만 명의 작은 도시입니다.
③ 순천만 갈대 군락지를 서식지로 살아가는 생물은 500여 종에 이릅니다.
⑤ 인제 기적의 도서관은 문을 연 지 일 년 만에 10만 명의 사람이 다녀갔습니다.

3 랜드마크는 한 지역을 대표하거나 다른 지역과 구별되는 지형지물을 뜻합니다. 그러므로 지역의 랜드마크를 알아보면 그 지역에 대해 이해하는 데 도움이 될 것입니다.

오답 풀이

① 순천만처럼 자연환경이 랜드마크가 되기도 합니다.
② 한 지역을 대표하는 랜드마크는 여러 개일 수도 있습니다.
③ 인제의 기적의 도서관처럼 만들어진 지 얼마 되지 않은 곳이 랜드마크가 되기도 합니다.
④ 랜드마크는 대부분 관광객들이 많이 찾아가는 곳입니다.

4 구겐하임 미술관은 죽어 가던 빌바오에 많은 관광객을 불러들여 빌바오를 관광 도시로 거듭나게 한 랜드마크입니다. ㉠~㉢ 가운데 이와 가장 비슷한 사례는 인구 3만 명의 작은 도시인 인제에 10만 명의 사람이 다녀가게 만든 랜드마크인 인제 기적의 도서관입니다.

5 1문단은 랜드마크의 뜻과 예시, 2문단은 순천을 대표하는 랜드마크인 순천만, 3문단은 인제의 랜드마크가 된 기적의 도서관, 4문단은 서울의 랜드마크인 남산서울타워에 대해 소개하고 있습니다.

6 '랜드마크'는 어떤 지역을 대표하거나 다른 지역과 구별되는 지형지물로, 순천만은 연안 습지이자 갈대 군락지가 되는 지형과 자연환경을 살린 랜드마크이고, 인제 기적의 도서관은 자연과 역사, 문화를 담아낸 건물을 만들어 개발한 랜드마크입니다. 남산서울타워는 서울의 중심에 서울 전체 모습을 감상할 수 있는 전망대를 개방하여 만든 랜드마크입니다.

7 (1) '개방'은 '자유롭게 들어가거나 이용할 수 있도록 열어 놓음.'이라는 뜻입니다.
(2) '야경'은 '밤에 보이는 경치.'라는 뜻입니다.
(3) '철새'는 '계절을 따라 이리저리 옮겨 다니며 사는 새.'라는 뜻입니다.
(4) '군락지'는 '자라는 조건이 비슷한 식물들이 모여 사는 지역.'이라는 뜻입니다.
(5) '명소'는 '아름다운 경치나 유적, 특산물 등으로 유명한 장소.'라는 뜻입니다.

비주얼 사회 교과서 개념　**035 쪽**

(1) 지형지물　　(2) 랜드마크

(1) '땅의 생김새와 땅 위에 있는 모든 물체를 가리키는 말.'을 '지형지물'이라고 합니다.
(2) '어떤 지역을 대표하거나 다른 지역과 구별되는 지형지물.'을 '랜드마크'라고 합니다.

- **글의 종류** 주장하는 글
- **글의 특징** 중국 국가박물관과 관련하여 생긴 연표 문제와 그 결과에 대해 설명하고 역사 왜곡이 일어나지 않도록 대책을 마련해야 한다고 말하는 글입니다.
- **주제** 연표의 의의와 중국 국가박물관의 한국 역사 연표 삭제 논란

039~040 쪽

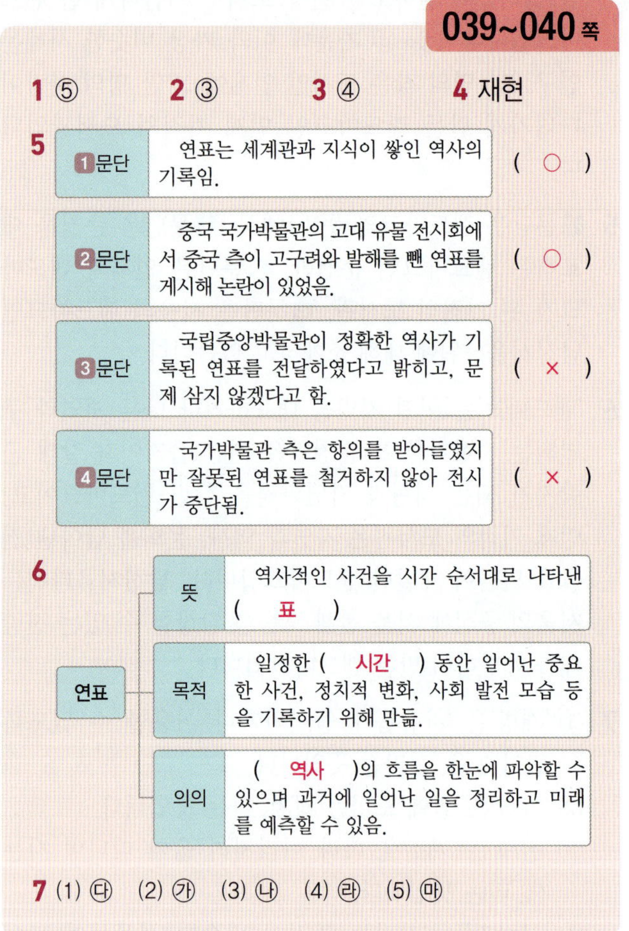

1 ⑤   **2** ③   **3** ④   **4** 재현

5

1문단	연표는 세계관과 지식이 쌓인 역사의 기록임.	(○)
2문단	중국 국가박물관의 고대 유물 전시회에서 중국 측이 고구려와 발해를 뺀 연표를 게시해 논란이 있었음.	(○)
3문단	국립중앙박물관이 정확한 역사가 기록된 연표를 전달하였다고 밝히고, 문제 삼지 않겠다고 함.	(×)
4문단	국가박물관 측은 항의를 받아들였지만 잘못된 연표를 철거하지 않아 전시가 중단됨.	(×)

6

연표	뜻	역사적인 사건을 시간 순서대로 나타낸 (**표**)
	목적	일정한 (**시간**) 동안 일어난 중요한 사건, 정치적 변화, 사회 발전 모습 등을 기록하기 위해 만듦.
	의의	(**역사**)의 흐름을 한눈에 파악할 수 있으며 과거에 일어난 일을 정리하고 미래를 예측할 수 있음.

7 (1) ⓒ   (2) ㉮   (3) ㉯   (4) ㉣   (5) ㉺

1 중국 국가박물관에서 열린 전시회에서 한국 고대 역사 일부를 삭제한 연표를 게시하여 생긴 논란에 대해 소개하며 역사 왜곡 문제의 심각성과 재발 방지 대책에 대해 생각해 보게 하기 위해 쓴 글입니다.

2 국립중앙박물관은 한국 역사 연표의 내용을 잘못 게시한 국가박물관에 공식적인 사과와 연표의 정정을 요구하였습니다.

오답 풀이

① 국가박물관은 한국 연표를 철거하고 전시를 이어갔습니다.
② 국가박물관은 국립중앙박물관의 항의를 받아들여 실수가 있었음을 인정하고 잘못된 연표를 철거하였습니다.
④ 국립중앙박물관은 전시를 열기 전에 국가박물관에 고구려와 발해가 세워진 연도가 포함된 연표를 제공하였습니다.
⑤ 국가박물관이 잘못된 한국 역사 연표를 게시하여 국립중앙박물관의 항의를 받았습니다.

3 연표에는 중요한 사건이나 정치적 변화, 사회 발전 모습 등이 기록되어 있어 역사의 흐름을 한눈에 파악할 수 있고, 과거에 일어난 일을 정리하며 앞으로 나아갈 미래를 예측할 수 있게 해 줍니다.

4 연표는 중요한 역사 기록으로 누군가가 마음대로 삭제하거나 수정할 수 없습니다.

오답 풀이

민지: 다른 나라의 역사 기록을 마음대로 수정해서 게시하는 것은 잘못된 행동입니다.
지우: 역사 왜곡 문제가 발생하지 않도록 미리 대책을 세워야 합니다.

5 1문단은 연표는 세계관과 지식이 쌓인 중요한 역사 기록이라는 내용, 2문단은 중국 국가박물관의 고대 유물 전시회에서 중국 측이 고구려와 발해를 뺀 연표를 게시했다는 내용, 3문단은 국립중앙박물관이 정확한 역사가 기록된 연표를 전달하였음을 밝히고, 강력하게 항의했다는 내용, 4문단은 국가박물관 측이 항의를 받아들여 연표를 철거하였으나, 역사 왜곡을 방지할 대책을 마련해야 한다는 내용입니다.

6 연표는 역사적인 사건을 일어난 시간 순서대로 적은 표로, 일정한 시간 동안 일어난 중요한 사건, 정치적 변화, 사회 발전 모습 등을 기록하기 위해 만듭니다. 연표를 통해 역사의 흐름을 한눈에 살펴볼 수 있으며 과거에 일어난 일을 정리하고 미래를 예측할 수 있습니다.

7 (1) '게시'는 '여러 사람이 알 수 있도록 내걸어 두루 보게 함.'이라는 뜻입니다.
(2) '예측'은 '앞으로의 일을 미리 생각함.'이라는 뜻입니다.
(3) '고대'는 '원시 시대와 중세 사이의 아주 옛 시대.'라는 뜻입니다.
(4) '대책'은 '어려운 상황을 이겨낼 수 있는 계획.'이라는 뜻입니다.
(5) '왜곡'은 '사실과 다르게 해석되거나 그릇됨.'이라는 뜻입니다.

비주얼 사회 교과서 개념   **041** 쪽

(1) **역사**   (2) **연표**

(1) '인간 사회가 시간이 지남에 따라 잘되거나 망하면서 변해 온 과정. 또는 그 기록.'을 '역사'라고 합니다.
(2) '역사에 나타나 있는 사실을 바탕으로 있었던 사건들을 시간 순서대로 나타낸 표.'를 '연표'라고 합니다.

- **글의 종류** 설명하는 글
- **글의 특징:** 조선 시대의 풍속화가인 신윤복 그림의 특징을 설명한 글입니다.
- **주제:** 신윤복 그림의 특징과 신윤복에 대한 오늘날의 평가

043~044 쪽

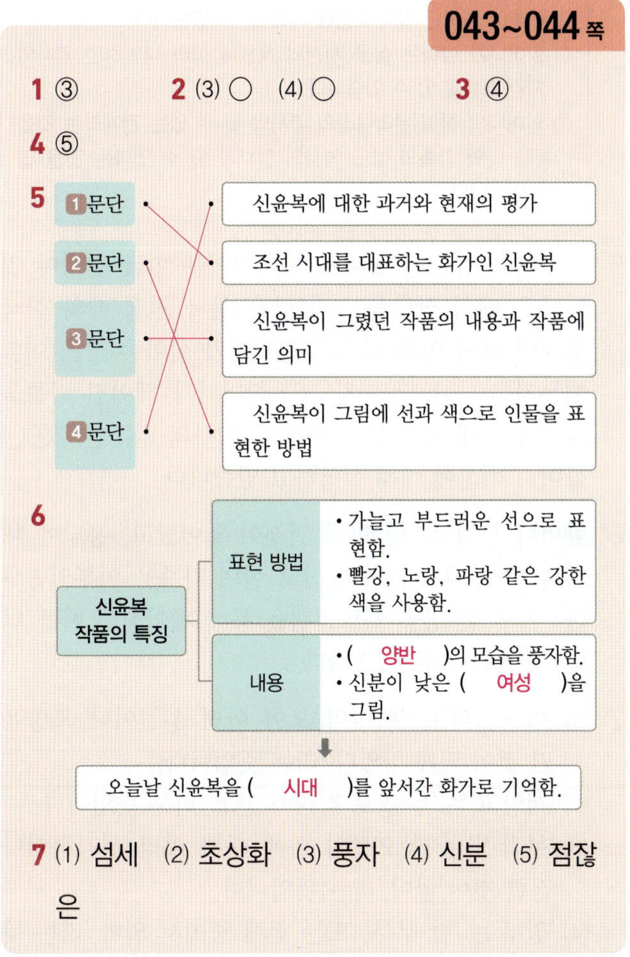

1 ③　　**2** (3) ○　(4) ○　　**3** ④

4 ⑤

5
1문단	신윤복에 대한 과거와 현재의 평가
2문단	조선 시대를 대표하는 화가인 신윤복
3문단	신윤복이 그렸던 작품의 내용과 작품에 담긴 의미
4문단	신윤복이 그림에 선과 색으로 인물을 표현한 방법

6

신윤복 작품의 특징
- 표현 방법
  - 가늘고 부드러운 선으로 표현함.
  - 빨강, 노랑, 파랑 같은 강한 색을 사용함.
- 내용
  - (양반)의 모습을 풍자함.
  - 신분이 낮은 (여성)을 그림.

오늘날 신윤복을 (시대)를 앞서간 화가로 기억함.

7 (1) 섬세　(2) 초상화　(3) 풍자　(4) 신분　(5) 점잖은

1 이 글은 조선 시대의 대표적인 화가로, 풍속화를 잘 그린 것으로 알려진 신윤복에 대해 설명하는 글입니다. 따라서 가장 중심이 되는 말은 '신윤복'입니다.

2 신윤복은 인물을 가늘고 부드러운 선으로 그려 표정까지 섬세하게 표현했고, 빨강, 노랑, 파랑과 같은 강한 색을 사용하여 그림을 그렸습니다.

3 1문단에서 왕의 초상화를 그리는 사람이 따로 있었다는 내용을 찾을 수 있습니다.

> **오답 풀이**
> ① 신분이 높은 사람만 그림을 그릴 수 있었다는 내용은 이 글에서 찾을 수 없습니다.
> ② 신윤복의 아버지와 신윤복은 도화서에서 일했습니다.
> ③ 조선 시대는 유교 사상이 강한 남성 위주의 사회였습니다.
> ⑤ 양반의 모습을 풍자하고 비판한 신윤복의 그림이 당시에는 이상하게 여겨졌다는 것에서 양반들의 잘못을 풍자하거나 비판하는 일이 어려웠음을 알 수 있습니다.

4 신윤복은 자신만의 표현 방법으로 그림을 그렸다고 하였고, 김홍도와는 다른 방법으로 그림 속 인물을 표현하였습니다.

> **오답 풀이**
> ① 신윤복은 인물을 가늘고 부드러운 선으로 그렸습니다.
> ② 신윤복은 빨강, 노랑, 파랑 등 강한 색을 사용하여 그림을 그렸습니다.
> ③ 신윤복은 인물의 표정까지 섬세하게 표현했습니다.
> ④ 신윤복이 그린 여성들의 모습을 통해 당시 여성들이 어떤 옷을 입고 생활했는지 알 수 있습니다.

5 1문단은 조선 시대를 대표하는 화가인 신윤복의 삶에 대해, 2문단은 신윤복이 그림에 인물을 표현한 방법과 색을 사용한 방법에 대해, 3문단은 신윤복이 그렸던 작품의 내용과 작품에 담긴 의미에 대해, 4문단은 신윤복에 대한 과거와 다른 현재의 평가에 대해 설명하고 있습니다.

6 신윤복은 그림에 인물을 가늘고 부드러운 선으로 표현했으며, 강한 색을 사용했습니다. 또, 양반의 모습을 풍자하고 신분이 낮은 여성을 등장시켰습니다. 이러한 점으로 인해 오늘날 신윤복은 시대를 앞서간 화가로 기억됩니다.

7 (1) '섬세하게'는 '매우 세밀하고 정확하게.'라는 뜻입니다.
(2) '초상화'는 '사람의 얼굴이나 모습을 그린 그림.'이라는 뜻입니다.
(3) '풍자'는 '부정적인 것을 직접적으로 표현하지 않고 돌려서 이야기함.'이라는 뜻입니다.
(4) '신분'은 '왕이 있던 옛날에 제도적으로 개인에게 주어진 지위나 서열.'이라는 뜻입니다.
(5) '점잖은'은 '품위가 있고 수준이 높은.'이라는 뜻입니다.

비주얼 사회 교과서 개념　　**045 쪽**

(1) 시대　　(2) 세기

(1) '역사적으로 어떤 특징을 기준으로 나눈 일정한 기간.'을 '시대'라고 합니다.
(2) '백 년 동안을 세는 단위.'를 '세기'라고 합니다.

• **글의 종류** 설명하는 글
• **글의 특징** 김○○ 할머니의 삶을 통해 한 사람의 삶이 역사로서 가지는 의미에 대해 설명하는 글입니다.
• **주제** 역사의 일부인 개인의 역사

047~048 쪽

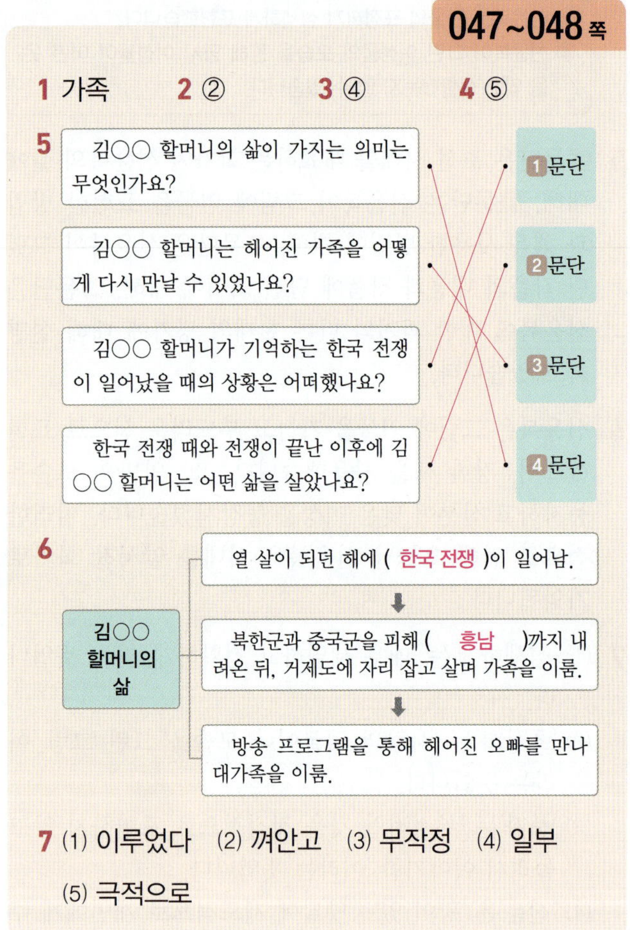

1 김○○ 할머니가 한국 전쟁으로 가족과 헤어지고 난 뒤, 다시 가족을 찾아 만나는 이야기이므로 빈칸에는 '가족'이 들어가는 것이 가장 알맞습니다.

2 할머니는 거제도에 온 이후, 스무 살 무렵에 남편을 만나 함께 자식을 낳고 키웠다고 하였습니다.

3 김○○ 할머니의 사례를 통해 한국 전쟁 이후 고향을 떠나 살게 된 사람도 있다는 것을 알 수 있습니다.

> **오답 풀이**
> ① 텔레비전 방송국에서 전국적으로 진행한 프로그램을 보고 헤어진 가족을 찾으려는 사람이 많았다는 것에서 알 수 있습니다.
> ② 할머니의 오빠가 미국에 살고 있었다는 것에서 알 수 있습니다.
> ③ 헤어진 가족을 찾으려는 사람이 많았다는 것에서 헤어지고 난 뒤 만나기 어려웠다는 것을 알 수 있습니다.
> ⑤ 이산가족 찾기 방송을 했다는 것에서 한국 전쟁으로 헤어진 가족이 많았음을 알 수 있습니다.

4 한국 전쟁은 우리나라 역사에서 큰 사건이었으며 우리나라에 살고 있던 모든 사람들에게 영향을 미친 큰 사건이었습니다. 그러므로 한 개인에게는 큰일이 아니었다는 재율이의 말은 적절하지 않습니다.

> **오답 풀이**
> ① 할머니의 삶이 개인의 삶이기도 하지만 살아 있는 역사이기도 하다는 말에서 뗄 수 없는 관계임을 알 수 있습니다.
> ② 할머니의 삶을 살펴보면 우리나라에 일어났던 한국 전쟁과 그 이후에 일어난 일의 흐름에 대해 알 수 있습니다.
> ③ 할머니가 살아온 삶을 시간의 흐름에 따라 나열하면 역사의 시간 흐름을 알 수 있습니다.
> ④ 할머니의 삶이 우리나라의 역사와 뗄 수 없는 관계라는 것을 통해 나와 가족의 삶도 역사의 일부가 될 수 있다는 것을 알 수 있습니다.

5 1문단은 김○○ 할머니가 기억하는 한국 전쟁이 일어났을 때의 상황을, 2문단은 한국 전쟁 때와 한국 전쟁이 끝난 이후 김○○ 할머니가 살아온 삶은 어떠했는지를, 3문단은 김○○ 할머니가 헤어진 가족을 다시 만나게 된 일을, 4문단은 역사의 일부인 김○○ 할머니의 삶에 대해 설명하고 있습니다.

6 할머니가 열 살 때 한국 전쟁이 일어났고, 흥남에 내려온 뒤 거제도에 자리 잡고 살며 가족을 이루었습니다. 이후 한 방송 프로그램을 통해 헤어진 오빠를 만나 대가족을 이루었습니다.

7 (1) '이루었다'는 '여럿이 모여 어떤 성질이나 모양을 띤 것이 되게 하였다.'라는 뜻입니다.
(2) '껴안고'는 '두 팔로 감싸서 안고.'라는 뜻입니다.
(3) '무작정'은 '앞으로의 일에 대해 미리 생각하거나 정한 것이 없이.'라는 뜻입니다.
(4) '일부'는 '한 부분. 또는 전체 중에서 얼마.'라는 뜻입니다.
(5) '극적으로'는 '연극처럼 감동적이거나 큰 긴장을 불러일으켜.'라는 뜻입니다.

비주얼 사회 교과서 개념　　**49 쪽**

(1) 가족　　(2) 연표

(1) '결혼이나 핏줄, 입양으로 맺어진 관계에서 만들어지는 기록.'을 '가족 역사'라고 합니다.
(2) '가족에게 있었던 일을 일어난 순서대로 나타낸 표.'를 '가족 역사 연표'라고 합니다.

- **글의 종류** 설명하는 글
- **글의 특징** 과거에 사용했던 물건들과 그것의 의미를 설명하는 글 입니다.
- **주제** 과거에 사용했던 물건들이 가지는 의의

051~052 쪽

1 ②   2 (1) ㉔ (2) ㉓ (3) ㉕

3 ③   4 민서

5

문단	중심 내용
1	(비디오테이프)처럼 생활 속에 존재하다가 쓰이지 않는 물건들
2	언제 어디에서나 음악을 들을 수 있도록 만들어졌으나 엠피스리 플레이어의 등장으로 점차 사라진 개인 휴대용 카세트 플레이어
3	선이 없이 연락을 주고받을 수 있어 인기를 얻었으나 휴대 전화의 등장으로 보기 힘들어진 (무선 호출기)
4	손쉬운 사용법 때문에 필수품이었다가 디지털 카메라의 등장으로 사용하는 사람이 줄어든 (필름 카메라)
5	사람들이 과거에 사용했던 물건들이 가지는 의의

6

과거의 물건	종류	개인 휴대용 카세트 플레이어, 무선 호출기, 필름 카메라
	사라진 까닭	• 새로운 (기술)의 등장 • 변화하는 (생활) 방식
	의의	• 살아온 삶의 방식과 쌓아 온 문화를 보여주는 증거 • (과거)와 현재를 이어 주는 연결 고리

7 (1) 필수품 (2) 존재 (3) 증거 (4) 기기

(5) 휴대용

1 이 글은 우리 생활에 자리 잡았다가 사라졌거나 보기 힘들어진 물건들에 대해 설명하고 있습니다.

오답 풀이

① 이 글 전체의 내용을 나타내기 어려운 제목입니다.

③ 필름 카메라에서 디지털 카메라로 발전했다는 것은 4 문단에 서만 설명한 내용이므로 글 전체의 내용을 나타내는 제목으로 알맞지 않습니다.

④ 선이 없이 연락을 주고받을 수 있는 기술에 대해서는 이 글에 서 설명하지 않았습니다.

⑤ 걸어 다닐 때 음악을 들을 수 있는 물건인 개인 휴대용 카세트 플레이어에 대한 설명은 2 문단에만 해당하는 내용이므로 글 전체의 내용을 나타내는 제목으로 알맞지 않습니다.

2 개인 휴대용 카세트 플레이어는 엠피스리 플레이어의

등장으로, 무선 호출기는 휴대 전화의 등장으로, 필름 카메라는 디지털 카메라의 등장으로 사용하는 사람이 줄어들었습니다.

3 개인 휴대용 카세트 플레이어는 걸어 다닐 때도 음악 을 들을 수 있도록 만든 기기로, 이 기기를 이용하게 되면서 사람들은 언제 어디에서나 자신이 듣고 싶은 노래를 들을 수 있게 되었습니다.

4 엠피스리 플레이어와 디지털 카메라는 컴퓨터 기술의 발전으로 나타난 물건입니다.

5 1 문단은 비디오테이프와 같이 생활 속에서 사용되었 다가 사라진 물건들, 2 문단은 걸으면서 음악을 들을 수 있어 인기를 얻었으나 엠피스리 플레이어의 등장으 로 점차 사라지게 된 개인 휴대용 카세트 플레이어를, 3 문단은 선이 없이 자유롭게 가지고 다니며 연락을 주고받을 수 있어 인기를 얻었으나 휴대 전화의 등장 으로 사용하지 않게 된 무선 호출기를, 4 문단은 사람 들의 필수품이었다가 디지털 카메라의 등장으로 사용 하는 사람이 줄게 된 필름 카메라를, 5 문단은 사람들 이 과거에 사용했던 물건들이 가지는 의의를 설명하고 있습니다.

6 한때 널리 사용되던 과거의 물건들은 새로운 기술의 등장과 변화하는 생활 방식으로 사라지거나 사용이 줄 어들었습니다. 하지만 이러한 물건은 삶의 방식을 보 여주는 중요한 증거이며 과거와 현재를 이어주는 연결 고리가 됩니다.

7 (1) '필수품'은 '일상생활에 없어서는 안 되는 꼭 필요한 물건.'이라는 뜻입니다.

(2) '존재'는 '현실에 실제로 있음.'이라는 뜻입니다.

(3) '증거'는 '어떤 사건이나 사실을 확인할 수 있는 근 거.'라는 뜻입니다.

(4) '기기'는 '기계, 기구 등을 모두 가리켜 부르는 말.' 이라는 뜻입니다.

(5) '휴대용'은 '손에 들거나 몸에 지니고 다닐 수 있게 만든 물건.'이라는 뜻입니다.

비주얼 사회 교과서 개념　　**053 쪽**

(1) 기록   (2) 증거

(1) '오래도록 남기기 위해 어떤 사실을 적는 것.'을 '기록' 이라고 합니다.

(2) '어떤 사건이나 사실을 확인할 수 있는 근거.'를 '증거' 라고 합니다.

- **글의 종류** 설명하는 글
- **글의 특징** 지명의 뜻과 지명에 담겨 있는 내용, 지명이 붙여진 까닭을 설명하는 글입니다.
- **주제** 지명의 유래와 지명으로 알 수 있는 내용

055~056쪽

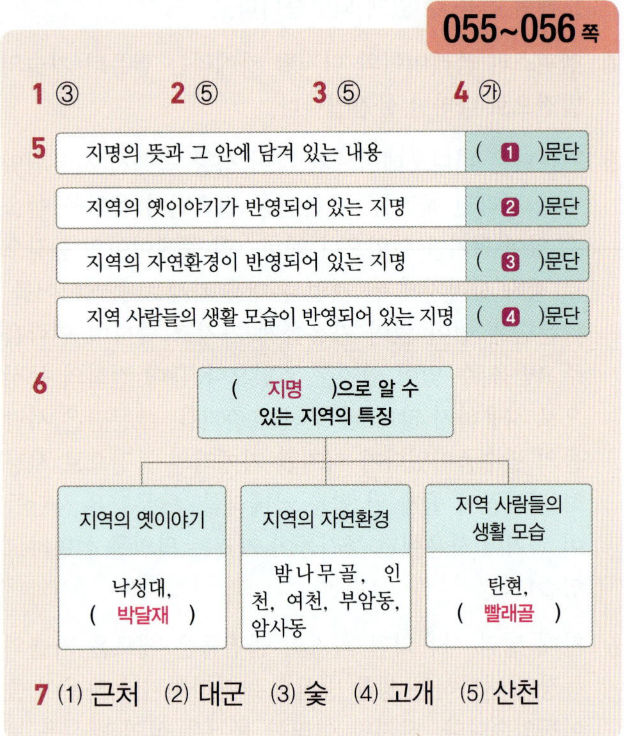

1 ③　**2** ⑤　**3** ⑤　**4** ㉮

5

지명의 뜻과 그 안에 담겨 있는 내용	(**1**)문단
지역의 옛이야기가 반영되어 있는 지명	(**2**)문단
지역의 자연환경이 반영되어 있는 지명	(**3**)문단
지역 사람들의 생활 모습이 반영되어 있는 지명	(**4**)문단

6

(**지명**)으로 알 수 있는 지역의 특징

지역의 옛이야기	지역의 자연환경	지역 사람들의 생활 모습
낙성대, (**박달재**)	밤나무골, 인천, 여천, 부암동, 암사동	탄현, (**빨래골**)

7 (1) 근처　(2) 대군　(3) 숯　(4) 고개　(5) 산천

1 지명을 통해 알 수 있는 그 지역의 특징을 예를 들어 설명하고 있습니다.

2 지명에는 그 지역 사람들이 생각한 미래의 모습은 드러나 있지 않습니다. 지명을 통해서는 지역의 자연환경, 관련 있는 옛이야기와 역사적 인물, 지역 사람들의 생활 모습 등을 알 수 있습니다.

3 지명은 보통 그 지역의 옛이야기, 자연환경, 생활 모습 가운데 한 가지를 반영하여 붙입니다. 한 지명의 유래에 역사, 자연환경, 생활 모습이 모두 반영되는 것은 아니므로 지명을 통해 세 가지를 모두 파악할 수는 없습니다.

오답 풀이

① 우리나라에는 지역을 가리지 않고 밤나무가 많은 마을이라는 뜻의 '밤나무골(밤골)'이라는 지명이 많습니다.
② '부암동', '암사동'처럼 '바위 암(岩)' 자가 들어간 지명은 바위와 관련이 있다고 했습니다.
③ '내 천(川)' 자가 들어간 지명은 그 지역이 맑은 하천과 관련이 있다는 것을 나타냅니다.
④ 지명을 통해 지역의 생활 모습을 알 수 있고, 그 모습을 통해 그 지역이 발전해 온 과정을 알 수 있습니다.

4 ㉠은 지역과 관련 있는 옛이야기가 담겨 있는 지명이

므로, 피난을 떠나던 인조 임금이 말에서 죽을 먹었던 곳이라는 뜻에서 유래한 '말죽거리'는 ㉠을 설명하기에 적절한 사례입니다.

오답 풀이

㉯ 누에를 치는 사람들이 많이 살던 곳이라 누에를 뜻하는 한자 '잠'을 써서 붙여진 지명인 '잠실'은 사람들의 생활 모습을 알 수 있는 지명입니다.
㉰ 북한강과 남한강의 두 물줄기가 만나는 곳이라는 뜻에서 붙여진 '두물머리'는 지역의 자연환경이 반영되어 있는 지명입니다.

5 **1**문단은 지명의 뜻과 그 안에 담겨 있는 내용, **2**문단은 지역의 옛이야기가 반영되어 있는 지명, **3**문단은 지역의 자연환경이 반영되어 있는 지명, **4**문단은 지역 사람들의 생활 모습이 반영되어 있는 지명에 대해 설명하고 있습니다.

6 지명은 사람들이 살아가면서 마을이나 지역, 산천에 붙인 이름입니다. 지명을 통해 지역의 옛이야기, 자연환경, 생활 모습 등을 알 수 있습니다.

7 (1) '근처'는 '어떤 장소나 물건, 사람을 중심으로 하여 가까운 곳.'이라는 뜻입니다.
(2) '대군'은 '병사의 수가 많은 군대.'라는 뜻입니다.
(3) '숯'은 '불을 피울 때 쓰기 위해 나무를 가마에 넣고 구워 낸 검은색 덩어리.'라는 뜻입니다.
(4) '고개'는 '산이나 언덕을 오르내리며 다닐 수 있게 길이 나 있는 곳.'이라는 뜻입니다.
(5) '산천'은 '산과 물, 산과 물 등의 자연.'이라는 뜻입니다.

비주얼 사회 교과서 개념　**057쪽**

(1) 지역　　(2) 지명

(1) '어떤 특징이나 일정한 기준에 따라 범위를 나눈 땅.'을 '지역'이라고 합니다.

(2) '마을이나 지방, 지역의 이름.'을 '지명'이라고 합니다.

- **글의 종류** 설명하는 글
- **글의 특징** 절기의 뜻과 절기와 관련 있는 우리나라의 말에 대해 설명하는 글입니다.
- **주제** 절기의 의미와 절기와 관련된 말

059~060 쪽

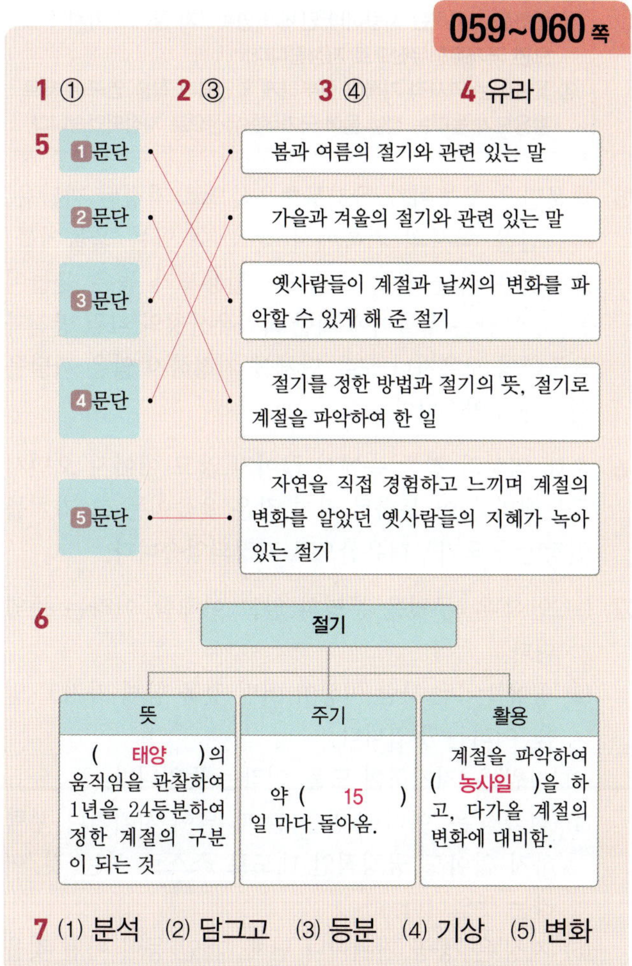

1 이 글은 태양의 움직임을 관찰해서 1년을 24등분하여 정한 '절기'에 대해 설명하고 있습니다.

2 오늘날 사람들은 기상을 분석하는 발전된 기술을 통해 날씨를 예측할 수 있습니다.

3 3문단은 사계절 중, 봄, 여름에 해당하는 절기와 관련 있는 말을, 4문단은 가을의 절기와 관련 있는 말을 설명하였습니다. 그러므로 이어지는 ⓐ에는 겨울의 절기와 관련 있는 말이 들어가는 것이 알맞습니다.

> **오답 풀이**
> ① 추석은 우리나라의 대표적인 명절로, 이 글에서 설명하는 절기와는 관련이 없습니다.
> ② 처서는 더위가 물러가고 선선해지는 가을의 절기입니다.
> ④ 경칩은 겨울잠을 자던 동물들이 깨어나는 봄의 절기입니다.
> ⑤ 대서는 더위가 절정에 이르는 여름의 절기입니다.

4 농사와 관련이 깊은 절기의 특징을 정확히 이해하여

말한 것은 유라입니다.

> **오답 풀이**
> 정우: 옛사람들은 절기에 따라 계절을 파악하여 농사일을 했으므로 농사일을 하는 데 도움이 되었다고 볼 수 있습니다.
> 혜주: 절기는 태양의 움직임을 관찰하여 1년을 24등분하여 정한 것으로, 해마다 비슷한 날짜에 돌아오지만 정확히 같은 날짜에 돌아오는 것은 아닙니다.

5 1문단은 옛사람들이 계절과 날씨의 변화를 파악할 수 있게 해 준 절기, 2문단은 절기를 정한 방법과 절기의 뜻, 절기로 계절을 파악하여 한 일, 3문단은 봄과 여름의 절기와 관련 있는 말, 4문단은 가을과 겨울의 절기와 관련 있는 말, 5문단은 절기에 자연을 직접 경험하고 느끼며 계절의 변화를 알았던 옛사람들의 지혜가 녹아 있음을 설명하고 있습니다.

6 절기는 태양의 움직임을 관찰하고, 1년을 24등분하여 정한 계절의 구분을 뜻합니다. 1년 365일을 24개로 나누었기 때문에 약 15일마다 돌아오며, 시기에 맞게 농사일을 할 수 있도록 절기를 이용하여 계절을 파악했습니다.

7 (1) '분석'은 '어떤 현상이나 사물을 여러 요소나 성질로 나눔.'이라는 뜻입니다.
(2) '담그고'는 '무엇을 액체 속에 넣고.'라는 뜻입니다.
(3) '등분'은 '어떤 것의 수나 양을 똑같이 나눔.'이라는 뜻입니다.
(4) '기상'은 '바람, 비, 구름, 눈 등의 대기 속에서 일어나는 현상.'이라는 뜻입니다.
(5) '변화'는 '무엇의 모양이나 상태, 성질 등이 달라짐.'이라는 뜻입니다.

비주얼 사회 교과서 개념　　**061 쪽**

(1) 절기　　(2) 풍습

(1) '일 년을 스물넷으로 나누어 계절을 구분하는 것'을 '절기'라고 합니다.

(2) '어떤 사회에 속한 사람들에게 옛날부터 전해져 내려오는 고유한 생활 모습이나 습관.'을 '풍습'이라고 합니다.

- **글의 종류** 신문 기사
- **글의 특징** 윷놀이가 국가무형유산으로 지정되었음을 알리고 그 가치와 의미를 짚어 보는 신문 기사입니다.
- **주제** 국가무형유산으로 지정된 윷놀이의 가치와 의미

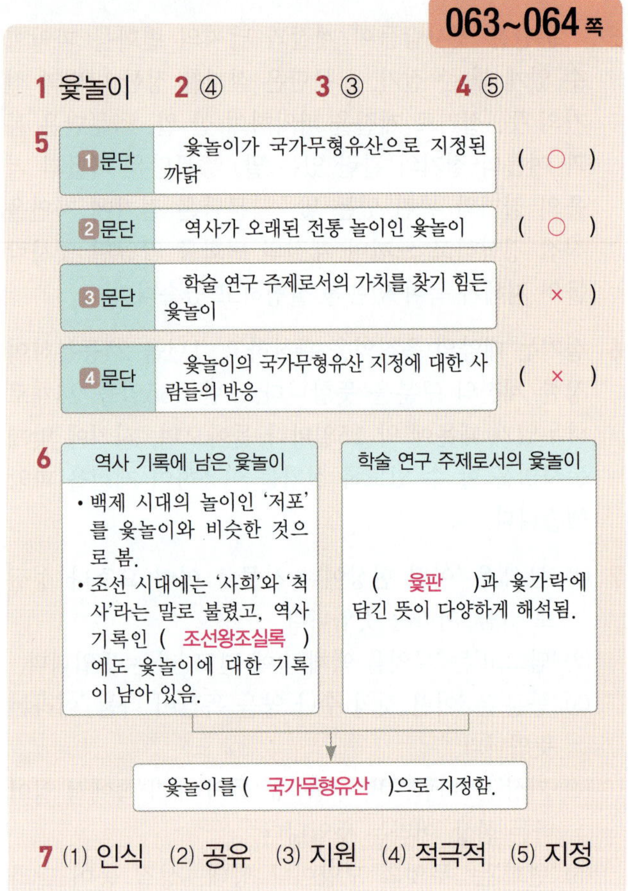

1 윷놀이가 국가무형유산으로 지정되었음을 알리고 그 가치에 대해 짚어 보는 글입니다.

2 조선 시대의 역사 기록인 『조선왕조실록』에도 윷놀이를 하던 사람들에 대한 기록이 남아 있다고 하였습니다.

3 이 글에서 국가유산청은 윷놀이의 가치를 공유하고 전할 수 있도록 여러 연구와 프로그램을 적극적으로 지원하겠다고 하였지만, 구체적인 내용은 나오지 않았습니다.

4 김치 담그기와 장 담그기는 전 국민이 하는 전통 생활 관습이자 식생활로 그 가치를 인정받아 국가무형유산으로 지정되었습니다.

5 1 문단은 윷놀이가 국가무형유산으로 지정된 까닭을, 2 문단은 역사의 기록에서 찾을 수 있는 윷놀이를, 3 문단은 학술 연구 주제로도 활용도가 높은 윷놀이를, 4 문단은 윷놀이에 대한 국가유산청의 지원 방침과 윷놀이의 보유자나 보유 단체를 지정하지 않은 까닭을 설명하고 있습니다.

6 오랜 역사와 전통 속에서 끊이지 않고 이어져 오면서 공동체의 놀이 문화로 자리 잡은 윷놀이는 그 가치를 인정받아 국가무형유산으로 지정되었습니다.

7 (1) '인식'은 '무엇을 분명히 알고 이해함.'이라는 뜻입니다.
(2) '공유'는 '두 사람 이상이 어떤 것을 함께 가지고 있음.'이라는 뜻입니다.
(3) '지원'은 '지지하여 도움.'이라는 뜻입니다.
(4) '적극적'은 '어떠한 일을 할 때 남이 시키거나 부탁하지 않아도 긍정적인 태도로 스스로 하는 것.'이라는 뜻입니다.
(5) '지정'은 '공공 기관이나 단체, 개인 등이 어떤 것을 특별한 자격이나 가치가 있는 것으로 정함.'이라는 뜻입니다.

(1) '해마다 오랜 관습에 따라 정하여 즐기거나 기념하는 때'를 '명절'이라고 합니다.
(2) '한 해의 절기나 달, 계절에 하는 옛날부터 전해 내려오는 생활 습관.'을 '세시 풍속'이라고 합니다.

- **글의 종류** 설명하는 글
- **글의 특징** 로마 제국이 건설한 도로망이 로마 제국의 번성에 끼친 영향에 대해 설명하는 글입니다.
- **주제** 로마 제국의 도로망

067~068 쪽

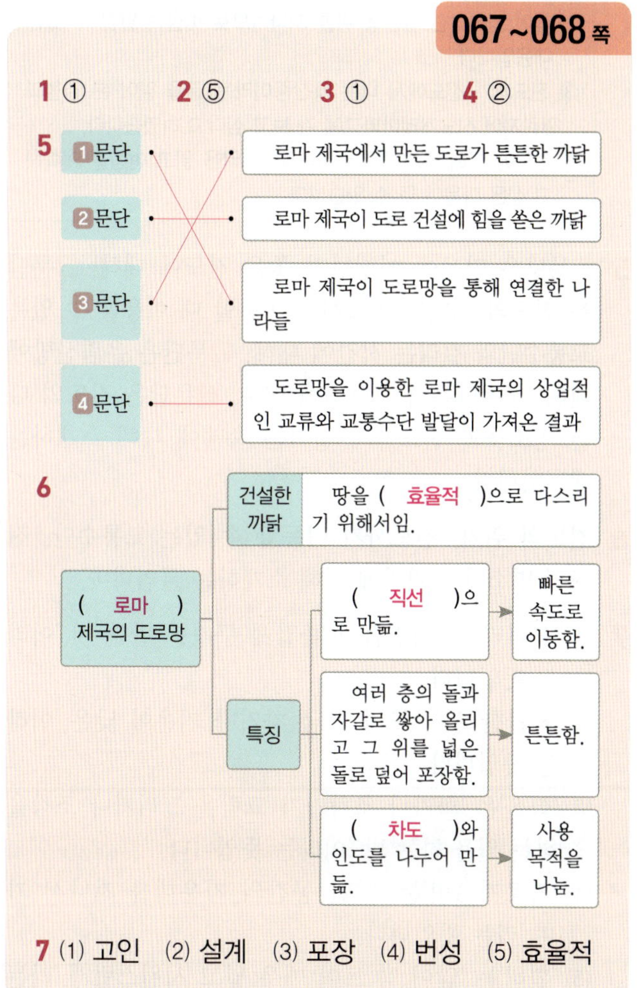

1 고대 로마 제국이 만든 도로와 도로망이 로마 제국의 번성에 미친 영향을 설명하는 글입니다.

2 로마의 도로는 직선으로 만들어져 전차나 마차가 그 위를 빠른 속도로 달릴 수 있었습니다.

오답 풀이

① 도로에서 흘러내린 빗물이 고인 곳을 기준으로 길을 나누어 길을 걷는 사람을 위한 인도를 만들었습니다.
② 로마 제국은 넓어지는 땅을 효율적으로 다루기 위해 도로 건설에 힘을 쏟았습니다.
③ 로마 제국은 세계 곳곳을 도로로 연결하여 고대에서 가장 발달한 도로망을 가지고 있었습니다.
④ 로마는 도로, 다리 등을 설계하고 건설하는 뛰어난 기술을 가지고 있었습니다.

3 ㉠은 다른 나라에서는 따라 할 수 없을 정도로 도로를 만드는 데에 뛰어난 기술을 가진 로마에 대해 말하고

있으므로 '천하제일'이 가장 어울리는 한자 성어입니다.

4 로마 제국이 도로를 신분이 높은 귀족들만 이용할 수 있게 제한했다는 내용은 찾을 수 없습니다.

오답 풀이

① 로마 제국이 번성한 것에서 로마 제국 사람들도 풍요로운 생활을 했다고 짐작할 수 있습니다.
③ 도로망 건설을 통해 로마 제국은 영토를 확장하고 상업을 발전시킬 수 있었습니다. 도로를 통해 시장이 생기며 교류가 활발해졌고, 경제가 번성하였습니다.
④ 고대 로마에 높은 건물이 생겼다는 것으로 보아 로마는 건물을 짓는 기술도 발전했다는 것을 알 수 있습니다.
⑤ 도로를 만들 때, 차도와 인도를 나누었다는 것에서 그 길을 이용하는 사람을 생각했다는 것을 알 수 있습니다.

5 1문단은 로마 제국이 만든 도로망과 연결한 나라들을, 2문단은 로마 제국이 도로 건설에 힘을 쏟은 까닭을, 3문단은 로마 제국에서 만든 도로가 튼튼한 까닭을, 4문단은 도로망을 이용한 로마 제국의 상업적인 교류와 교통수단 발달이 가져온 결과를 설명하고 있습니다.

6 이 글은 로마 제국이 만든 도로와 도로망에 대해 설명하는 글로, 로마 제국이 도로 건설에 힘쓴 까닭과 로마 도로의 특징에 대해 알 수 있습니다.

7 (1) '고인'은 '우묵한 곳이나 좁은 넓이의 공간에 액체나 냄새, 기체 등이 모인.'이라는 뜻입니다.
(2) '설계'는 '건축, 토목, 기계 등에 관한 계획을 세우거나 그 계획을 그림 등으로 나타냄.'이라는 뜻입니다.
(3) '포장'은 '길바닥에 돌, 모래 등을 깔고 그 위에 시멘트나 아스팔트 등으로 덮어 길을 단단하고 평평하게 만드는 일.'이라는 뜻입니다.
(4) '번성'은 '세력이 커져서 널리 퍼짐.'이라는 뜻입니다.
(5) '효율적'은 '들인 노력이나 힘에 비해 얻는 결과가 큰 것.'이라는 뜻입니다.

비주얼 사회 교과서 개념

069 쪽

(1) **교통**　(2) **수단**

(1) '자동차, 기차, 배, 비행기 등의 탈것을 이용하여 사람이나 짐이 오고 가는 일.'을 '교통'이라고 합니다.
(2) '자동차, 기차, 배, 비행기 등과 같이 사람이나 짐을 실어 나르는 수단.'을 '교통수단'이라고 합니다.

- **글의 종류** 소개하는 글
- **글의 특징** 전라남도에 위치한 섬인 진도를 여행지로 소개하는 글입니다.
- **주제** 진도의 여러 가지 명소

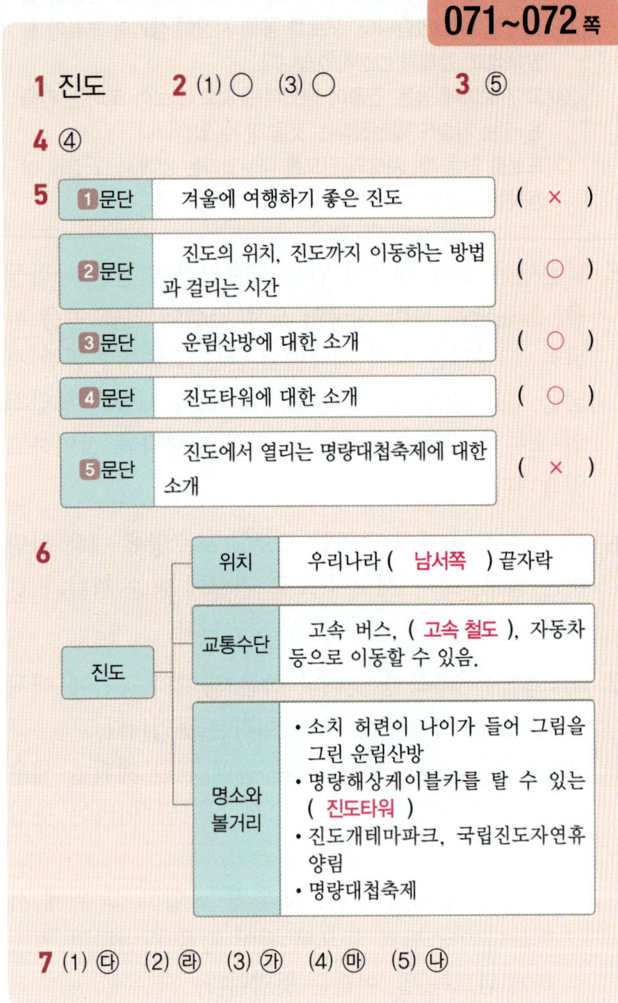

071~072 쪽

1 진도　**2** (1) ○　(3) ○　**3** ⑤

4 ④

5

1문단	겨울에 여행하기 좋은 진도	(×)
2문단	진도의 위치, 진도까지 이동하는 방법과 걸리는 시간	(○)
3문단	운림산방에 대한 소개	(○)
4문단	진도타워에 대한 소개	(○)
5문단	진도에서 열리는 명량대첩축제에 대한 소개	(×)

6

진도	위치	우리나라 (남서쪽) 끝자락
	교통수단	고속 버스, (고속 철도), 자동차 등으로 이동할 수 있음.
	명소와 볼거리	• 소치 허련이 나이가 들어 그림을 그린 운림산방 • 명량해상케이블카를 탈 수 있는 (진도타워) • 진도개테마파크, 국립진도자연휴양림 • 명량대첩축제

7 (1) ⓓ　(2) ⓔ　(3) ⓐ　(4) ⓕ　(5) ⓑ

1 이 글은 진도에 대해 소개하는 글입니다.

2 진도로 가는 방법은 **2**문단에, 진도와 관련 있는 역사적 사건인 '명량 대첩'은 **4**문단에서 찾을 수 있습니다.

3 서울에서 진도까지 고속 버스를 타면 4시간 40분 정도 걸리고, 고속 철도를 타면 목포까지 2시간 30분, 목포에서 차를 타고 진도까지 1시간 30분 정도 걸린다고 하였으므로 고속 철도를 타고 다시 차로 갈아타는 것이 버스를 타는 것보다 시간이 덜 걸립니다.

4 진도개테마파크에서 우리나라에 살고 있는 동물의 종류에 대해 배울 수 있을 것이라는 내용은 이 글을 읽고 나눌 대화의 내용으로 알맞지 않습니다.

5 **1**문단은 가을에 여행하기 좋은 진도에 대해, **2**문단은 진도의 위치와 진도까지 이동할 때 이용할 수 있는 교통수단과 걸리는 시간에 대해, **3**문단은 운림산방에 대해, **4**문단은 진도타워에 대해, **5**문단은 진도의 다른 명소들과 진도에서 열리는 축제에 대해 소개하는 내용입니다.

6 진도의 위치, 진도까지 이동할 수 있는 교통수단, 진도의 명소와 볼거리에 대해 소개하는 글입니다.

7 (1) '볼거리'는 '사람들이 즐겁게 구경할 만한 것.'이라는 뜻입니다.
(2) '서늘한'은 '온도가 조금 차거나 기온이 낮은.'이라는 뜻입니다.
(3) '화실'은 '화가나 조각가가 그림을 그리거나 조각을 하는 일을 하는 방.'이라는 뜻입니다.
(4) '가로지르며'는 '어떤 공간의 가운데를 지나서 가며.'라는 뜻입니다.
(5) '훤히'는 '앞이 탁 트여 매우 넓고 시원스럽게.'라는 뜻입니다.

비주얼 사회 교과서 개념　**073 쪽**

(1) 대중교통　(2) 여가 생활

(1) '여러 사람이 이용하는 버스, 철도 등의 교통수단을 가리키는 말.'을 '대중교통'이라고 합니다.
(2) '즐거움을 얻으려고 남는 시간에 하는 자유로운 활동.'을 '여가 생활'이라고 합니다.

- **글의 종류** 설명하는 글
- **글의 특징** 개발되고 있는 미래의 교통수단과 그로 인해 달라지는 생활 모습을 설명하는 글입니다.
- **주제** 미래 교통수단의 발달

075~076쪽

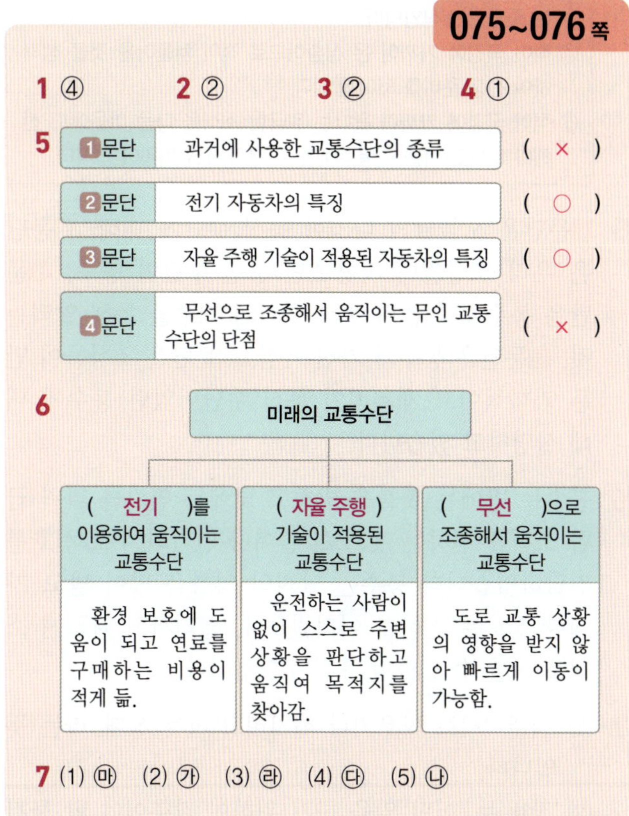

1 ④　　**2** ②　　**3** ②　　**4** ①

5

1문단	과거에 사용한 교통수단의 종류	(×)
2문단	전기 자동차의 특징	(○)
3문단	자율 주행 기술이 적용된 자동차의 특징	(○)
4문단	무선으로 조종해서 움직이는 무인 교통수단의 단점	(×)

6

미래의 교통수단

(전기)를 이용하여 움직이는 교통수단	(자율 주행) 기술이 적용된 교통수단	(무선)으로 조종해서 움직이는 교통수단
환경 보호에 도움이 되고 연료를 구매하는 비용이 적게 듦.	운전하는 사람이 없이 스스로 주변 상황을 판단하고 움직여 목적지를 찾아감.	도로 교통 상황의 영향을 받지 않아 빠르게 이동이 가능함.

7 (1) 마　(2) 가　(3) 라　(4) 다　(5) 나

1 이 글은 상상하던 미래의 교통수단이 실제로 개발되어 우리 생활에 쓰이면서 그로 인해 달라지는 모습에 대해 설명하고 있습니다.

2 자율 주행 기술을 적용된 자동차는 사람이 직접 타서 움직이지 않아도 스스로 차량을 제어하면서 움직여 목적지에 도착할 수 있습니다. 이 때, 눈과 귀의 역할을 하는 차에 달린 센서로 주변의 교통 상황을 인식합니다.

오답 풀이

① 자율 주행 기술이 적용된 자동차의 연료에 대한 설명은 이 글에서 찾을 수 없습니다.
③ 자율 주행 기술이 적용된 자동차는 사람이 움직이지 않아도 스스로 운행할 수 있습니다.
④ 도로 상황에 영향을 받지 않아 목적지까지 빠르게 이동할 수 있는 것은 드론에 대한 설명입니다.
⑤ 움직일 때 오염 물질을 배출하지 않아 환경 보호에 도움이 되는 것은 전기를 이용하여 움직이는 자동차에 대한 설명입니다.

3 미래에는 첨단 기술을 이용한 교통수단이 다양해지기 때문에 먼 곳까지 더욱 빠르고 편리하게 갈 수 있습

니다.

오답 풀이

①, ③ 미래에는 운전자 없이도 스스로 운행할 수 있는 자율 주행 자동차가 늘어날 것이므로 운전자의 운전 능력의 중요성은 줄어들 것입니다.
④ 미래에는 석유나 천연 가스 대신 전기로 운행하는 교통수단을 더 많이 이용하게 될 것입니다.
⑤ 미래에는 사람이 타지 않고 무선으로 조종해서 움직이는 교통수단이 늘어날 것이므로 서로 만나지 않고 물건을 전달하는 일이 더 많아질 것입니다.

4 드론을 이용해 주문한 물건을 빠르게 받는 것을 보고 세상이 무척 많이 바뀌었다는 뜻으로 한 말이므로 '상전벽해'가 어울립니다.

5 1문단은 미래의 새로운 교통수단 개발을 위한 노력, 2문단은 전기로 운행하는 자동차, 3문단은 운전하는 사람이 없이 스스로 운행하는 자율 주행 자동차, 4문단은 무인 교통 수단인 드론에 대해 설명하고 있습니다.

6 '전기를 이용하여 움직이는 교통수단'은 환경 보호에 도움이 되고 연료를 구입하는 비용이 적게 들며, '자율 주행 기술이 적용된 교통수단'은 운전자 없이 스스로 주변 상황을 판단하고 목적지를 찾아갈 수 있습니다. '무선으로 조종해서 움직이는 교통수단'은 도로 교통 상황의 영향을 받지 않아 빠르게 이동이 가능합니다.

7 (1) '운행'은 '정해진 길을 따라 자동차나 열차 등이 다님.'이라는 뜻입니다.
(2) '체증'은 '길이 막히고 복잡한 상태.'라는 뜻입니다.
(3) '고갈'은 '자원이나 물질 등이 다 써서 없어짐.'이라는 뜻입니다.
(4) '실현'은 '꿈이나 계획 등을 실제로 이룸.'이라는 뜻입니다.
(5) '인식'은 '무엇을 분명히 알고 이해함.'이라는 뜻입니다.

비주얼 사회 교과서 개념 **077쪽**

(1) 무인　　(2) 친환경

(1) '사람이 조작하지 않아도 스스로 운행할 수 있는 자동차.'를 '무인 자동차'라고 합니다.
(2) '자연환경을 손상시키지 않고 그대로의 상태와 잘 어울리는 일.'을 '친환경'이라고 합니다.

- **글의 종류** 설명하는 글
- **글의 특징** 옛날의 통신 수단인 봉수를 소개하며 봉수의 장점과 단점, 의의에 대해 설명하는 글입니다.
- **주제** 봉수의 특징과 의의

079~080 쪽

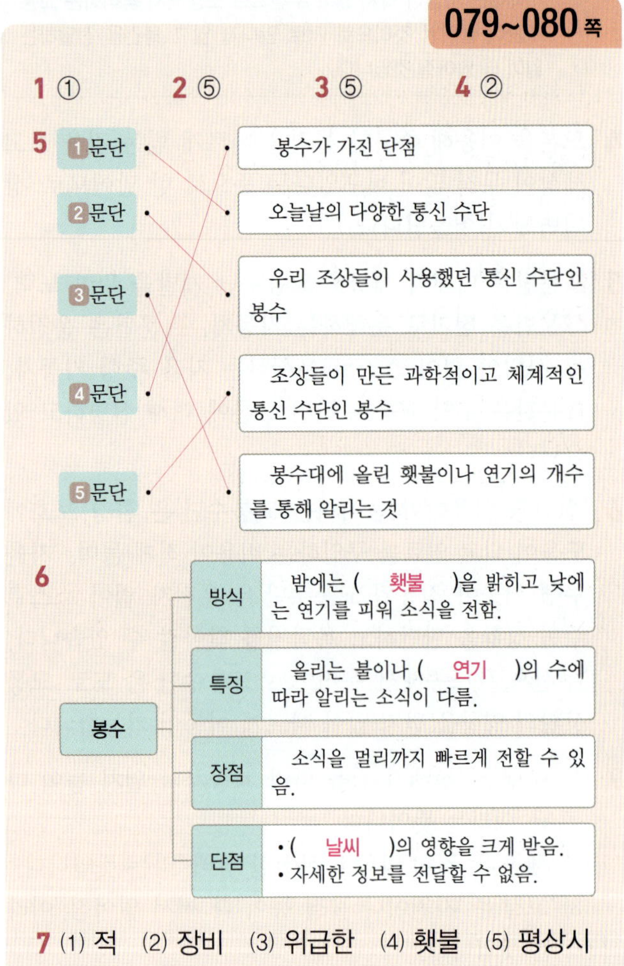

1 옛날의 통신 수단인 봉수에 대해 설명하고 있습니다.

2 평상시에는 한 개, 적이 나타나면 두 개, 적이 국경에 가까이 오면 세 개, 적이 쳐들어오면 네 개, 싸움이 시작되면 다섯 개의 햇불을 밝히거나 연기를 피웠습니다.

3 봉수는 낮과 밤에 맞는 방법을 선택하여, 먼 곳에서 전하는 소식이라도 매우 빠르게 전할 수 있는 과학적이고 체계적인 통신 수단이라고 하였습니다.

오답 풀이
① 봉수는 자세한 정보를 전달할 수 없어 불편했습니다.
② 봉수는 햇불이나 연기를 피워 멀리까지 소식을 전하므로 정보를 비밀스럽게 전달하기 어려웠습니다.
③ 봉수대에 햇불을 밝히고 연기를 피울 때 사용한 재료가 무엇인지는 설명하지 않았습니다.
④ 안개나 끼거나 구름이 많은 날, 비가 많이 오는 날에는 소식을 전하기 어려웠습니다.

4 다섯 개의 봉수대 중 세 개의 봉수대에 불이 올라온 것은 적이 국경에 접근하고 있다는 의미이므로 평소와 같은 일을 하는 것은 알맞지 않습니다.

오답 풀이
① 적이 국경에 가까이 온 이후에 어떤 일이 일어날지에 대한 대책을 세워야 합니다.
③ 적이 국경에 가까이 왔다는 것은 주변 사람들에게 전해야 하는 중요한 소식입니다.
④ 적이 국경에 가까이 온 상황이므로 적이 쳐들어올 것을 생각하여 전쟁 준비를 해야 합니다.
⑤ 적이 국경에 가까이 왔다는 위급한 소식을 다음 마을에도 전해야 하므로 마을의 봉수대에 세 개의 불을 피워야 합니다.

5 1문단은 오늘날의 다양한 통신 수단에 대해, 2문단은 우리 조상들이 사용했던 통신 수단인 봉수, 3문단은 봉수대에 올린 불과 연기의 개수를 통해 알리는 것, 4문단은 봉수가 가진 단점, 5문단은 조상들이 만든 과학적이고 체계적인 통신 수단이었던 봉수에 대해 설명하고 있습니다.

6 봉수는 밤에는 햇불을 밝히고 낮에는 연기를 피워 급한 소식을 전하는 것으로, 불이나 연기의 수로 신호를 전달하였습니다. 봉수는 날씨의 영향을 많이 받고 자세한 정보는 전하기 어려웠으나, 멀리까지 빠르게 소식을 전할 수 있었던 통신 수단입니다.

7 (1) '적'은 '서로 싸우거나 해치려고 하는 상대.'라는 뜻입니다.
(2) '장비'는 '어떤 일을 하기 위하여 갖추어야 할 물건이나 시설. 또는 그 물건이나 시설을 갖춤.'이라는 뜻입니다.
(3) '위급한'은 '매우 위험하고 급한.'이라는 뜻입니다.
(4) '햇불'은 '주로 밤길을 밝히기 위하여 갈대, 나뭇가지 등의 끝에 붙여 들고 다닐 수 있는 불.'이라는 뜻입니다.
(5) '평상시'는 '특별한 일이 없는 보통 때.'라는 뜻입니다.

비주얼 사회 교과서 개념　**081 쪽**

(1) 통신　(2) 통신 수단

(1) '정보나 소식을 주고받는 것.'을 '통신'이라고 합니다.

(2) '여러 가지 형태의 통신을 전하는 데 이용하는 방법이나 도구.'를 '통신 수단'이라고 합니다.

- **글의 종류** 주장하는 글
- **글의 특징** 스마트폰 중독의 위험성을 설명하고, 스마트폰을 현명하게 사용해야 한다고 주장하는 글입니다.
- **주제** 스마트폰 중독이 뇌에 끼치는 영향

083~084 쪽

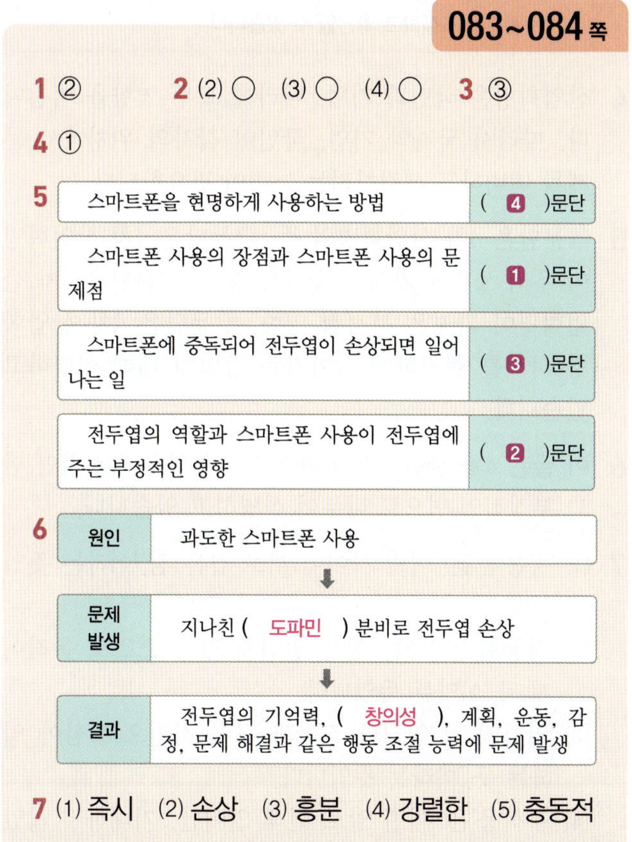

1 ② **2** ⑵ ○ ⑶ ○ ⑷ ○ **3** ③
4 ①

5

스마트폰을 현명하게 사용하는 방법	(**4**)문단
스마트폰 사용의 장점과 스마트폰 사용의 문제점	(**1**)문단
스마트폰에 중독되어 전두엽이 손상되면 일어나는 일	(**3**)문단
전두엽의 역할과 스마트폰 사용이 전두엽에 주는 부정적인 영향	(**2**)문단

6

원인	과도한 스마트폰 사용
문제 발생	지나친 (도파민) 분비로 전두엽 손상
결과	전두엽의 기억력, (창의성), 계획, 운동, 감정, 문제 해결과 같은 행동 조절 능력에 문제 발생

7 ⑴ 즉시　⑵ 손상　⑶ 흥분　⑷ 강렬한　⑸ 충동적

1 스마트폰이 우리 뇌의 전두엽에 미치는 부정적인 영향에 대해 말하고, 스마트폰을 현명하게 잘 사용해야 한다고 주장하는 글입니다.

2 ⑵ 전두엽이 손상되면 집중력이 떨어지고, 감정을 조절하는 능력이 떨어지게 됩니다.
⑶ 전두엽은 뇌에서 기억력, 창의성, 계획, 운동, 감정, 문제 해결처럼 높은 수준의 행동을 조절하는 역할을 합니다.
⑷ 스마트폰은 사용자가 원하는 정보를 즉시 제공해 주고 자극적인 콘텐츠를 보여주는데, 자극적인 콘텐츠를 보면 뇌를 흥분하게 만드는 도파민이라는 물질이 나옵니다.

3 전두엽이 손상되어 팝콘 브레인 증상이 나타나면 강한 자극에만 반응하게 되고, 행동을 조절하는 능력이 떨어지게 됩니다. 사람들에게 자신의 생각을 논리적으로 잘 설명하는 것은 전두엽이 손상되었을 때의 증상으로 알맞지 않습니다.

오답 풀이

① 전두엽 손상은 문제 해결 능력에 문제를 일으킵니다.
② 전두엽이 손상되면 집중력이 떨어지기 때문에 책을 읽을 때 집중하지 못하고 딴짓을 하게 됩니다.
④ 전두엽이 손상되면 감정을 조절하는 능력이 떨어져 충동적인 행동이 늘어나게 됩니다.
⑤ 전두엽이 손상되면 집중력이 떨어지므로 해야 할 일을 미루고 스마트폰을 보게 됩니다.

4 스마트폰을 반드시 사용해야 할 때에는 시간을 정해 놓고 사용하며, 자극적인 콘텐츠를 보지 않도록 노력해야 합니다.

5 1문단은 스마트폰 사용의 장점과 스마트폰 사용의 문제점, 2문단은 전두엽의 역할과 스마트폰 사용이 전두엽에 주는 부정적인 영향, 3문단은 스마트폰에 중독되어 전두엽이 손상되면 일어나는 일에 대해 설명하였고, 4문단에서는 스마트폰을 현명하게 사용하는 방법을 제시하였습니다.

6 전두엽은 뇌에서 높은 수준의 행동을 조절하는 역할을 합니다. 스마트폰을 과도하게 사용하면 도파민이 지나치게 많이 분비되어 전두엽이 손상되고, 전두엽이 하는 기능에 문제가 생깁니다.

7 ⑴ '즉시'는 '어떤 일이 일어난 바로 그때.'라는 뜻입니다.
⑵ '손상'은 '병이 들거나 몸이 다침.'이라는 뜻입니다.
⑶ '흥분'은 '어떤 자극을 받아 감정이 세차게 치밀어 오름.'이라는 뜻입니다.
⑷ '강렬한'은 '매우 강하고 센.'이라는 뜻입니다.
⑸ '충동적'은 '어떤 행동을 하고 싶은 마음이 갑작스럽게 생기는 것'이라는 뜻입니다.

비주얼 사회 교과서 개념　**085 쪽**

⑴ 정보 유출　　⑵ 중독

⑴ '이름, 주민 등록 번호, 직업, 주소, 전화번호 등 개인을 알아볼 수 있는 정보가 밖으로 나가는 일.'을 '개인 정보 유출'이라고 합니다.
⑵ '스마트폰에 몰두하여 일상 생활에 심각한 문제가 생기는 상태.'를 '스마트폰 중독'이라고 합니다.

- **글의 종류** 설명하는 글
- **글의 특징** 우리의 삶을 변화시키고 있는 4차 산업혁명에 대해 설명하는 글입니다.
- **주제** 일상을 변화시키는 4차 산업혁명

089~090 쪽

1 4차 산업혁명 **2** (1) ○ (2) ○ (4) ○

3 ② **4** ②

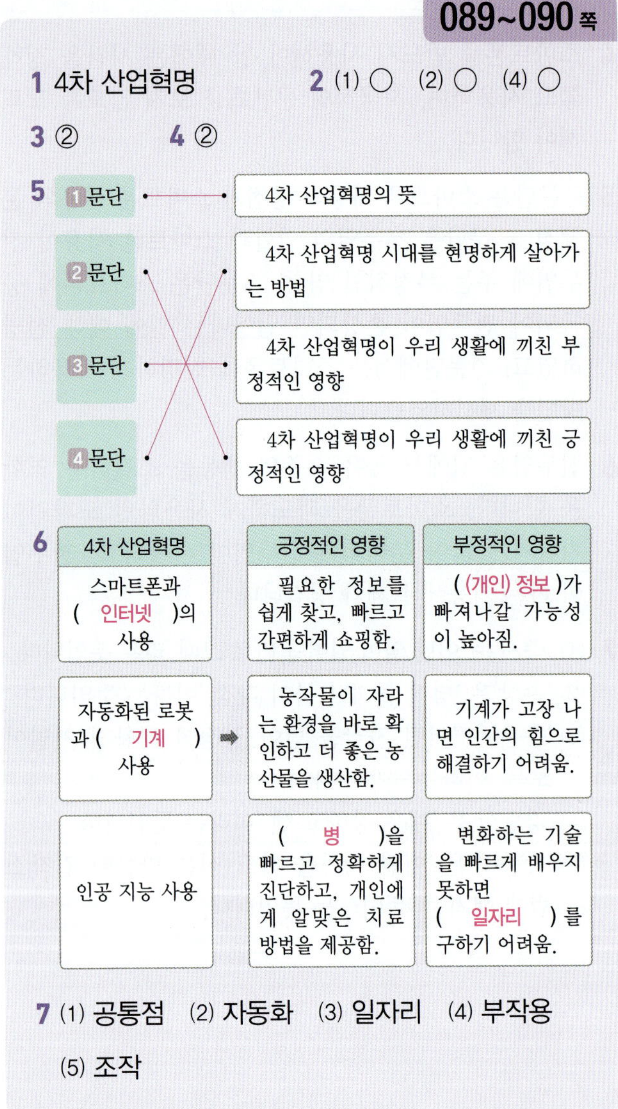

6

4차 산업혁명	긍정적인 영향	부정적인 영향
스마트폰과 (인터넷)의 사용	필요한 정보를 쉽게 찾고, 빠르고 간편하게 쇼핑함.	(개인) 정보가 빠져나갈 가능성이 높아짐.
자동화된 로봇과 (기계) 사용	농작물이 자라는 환경을 바로 확인하고 더 좋은 농산물을 생산함.	기계가 고장 나면 인간의 힘으로 해결하기 어려움.
인공 지능 사용	(병)을 빠르고 정확하게 진단하고, 개인에게 알맞은 치료 방법을 제공함.	변화하는 기술을 빠르게 배우지 못하면 (일자리)를 구하기 어려움.

7 (1) 공통점 (2) 자동화 (3) 일자리 (4) 부작용

(5) 조작

1 우리의 삶을 변화시키고 있는 4차 산업혁명에 대해 설명하고 있습니다.

2 4차 산업혁명이 가장 먼저 시작된 나라에 대한 내용은 이 글에서 찾을 수 없습니다.

> **오답 풀이**
> (1) 4차 산업혁명은 컴퓨터, 로봇, 인공 지능과 같은 기술이 우리가 사는 세상을 더 편리하게 만들어주는 것을 뜻합니다.(**1**문단)
> (2) 4차 산업혁명은 우리 생활 모습을 편리하게 바꾸고 있습니다.(**2**문단) (4) 4차 산업혁명은 긍정적인 변화와 동시에 문제점도 발생시킵니다.(**3**문단)

3 컴퓨터와 기계가 인간이 할 일을 대신하기 때문에 사람들의 일자리가 줄어들게 된다고 하였습니다.

> **오답 풀이**
> ① 병원에서는 인공 지능을 이용해 환자의 건강 상태를 살피고, 아픈 곳을 더 빠르게 찾아내어 치료할 수 있습니다.
> ③ 스마트폰이나 컴퓨터를 사용하여 필요한 정보를 찾고 빠르고 간편하게 쇼핑을 합니다.
> ④ 스스로 움직이는 자율 주행 자동차를 타면 자동차 안에서도 편하게 이동할 수 있습니다.
> ⑤ 농장에서는 자동화된 로봇과 기계를 사용하여 농작물이 자라는 환경을 조절하고 확인할 수 있습니다.

4 산업혁명은 국민과 기업, 나라에 모두 영향을 미칩니다. 따라서 국가와 기업, 국민이 각자의 위치에서 문제를 대비하고 해결하려는 노력이 필요합니다.

5 **1**문단은 4차 산업혁명의 뜻, **2**문단은 4차 산업혁명이 우리 생활에 가져온 긍정적 영향, **3**문단은 4차 산업혁명이 가져온 부정적 영향, **4**문단은 4차 산업혁명 사회를 현명하게 살아가는 방법에 대해 설명하고 있습니다.

6 이 글은 4차 산업혁명이 가져오는 영향을 긍정적인 면과 부정적인 면으로 나누어 설명하고 있습니다.

7 (1) '공통점'은 '여럿 사이에 서로 같은 점.'이라는 뜻입니다.
(2) '자동화'는 '다른 힘을 빌리지 않고 스스로 움직이게 됨.'이라는 뜻입니다.
(3) '일자리'는 '일터나 직장과 같이 직업으로 삼아 일하는 곳.'이라는 뜻입니다.
(4) '부작용'은 '어떤 일로 인해 일어난, 기대하지 않았던 바람직하지 못한 일.'이라는 뜻입니다.
(5) '조작'은 '기계나 장치 같은 것을 일정한 방식에 따라 다루어 움직이게 함.'이라는 뜻입니다.

비주얼 사회 교과서 개념 **091 쪽**

(1) 변화 (2) 기술

(1) '한 사회의 여러 분야에서 이미 있던 것들이 새롭게 바뀌고 사람들의 생활 모습이 달라지는 것.'을 '사회 변화'라고 합니다.

(2) '과학 이론을 실제 우리 생활에 적용하여 인간 생활에 쓰일 수 있도록 하는 수단.'을 '과학 기술'이라고 합니다.

저출산이 가져온 학교의 변화

- **글의 종류** 생활문
- **글의 특징** '나'와 할아버지의 대화를 통해 옛날과 오늘날의 학교 모습을 비교하여 살펴보고, 그 원인이 되는 저출산 문제에 대해 이야기하고 있습니다.
- **주제** 옛날과 오늘날의 달라진 학교의 모습과 저출산 문제

093~094 쪽

1 ③ **2** ④ **3** ⑤ **4** 예린

5

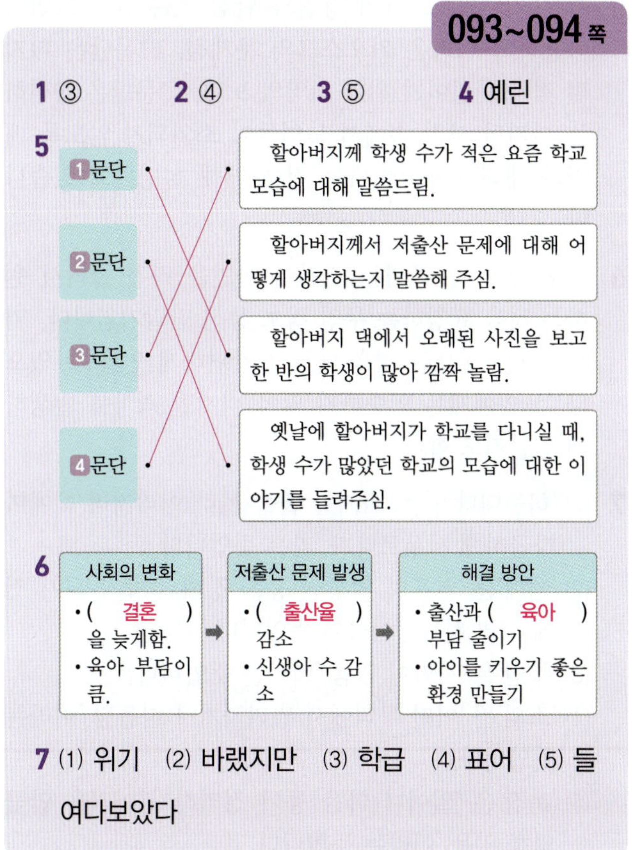

6

사회의 변화	저출산 문제 발생	해결 방안
• (**결혼**)을 늦게 함. • 육아 부담이 큼.	• (**출산율**) 감소 • 신생아 수 감소	• 출산과 (**육아**) 부담 줄이기 • 아이를 키우기 좋은 환경 만들기

7 (1) 위기 (2) 바랬지만 (3) 학급 (4) 표어 (5) 들여다보았다

1 할아버지의 어릴 적 모습이 담긴 사진을 보며 대화를 나눈 내용을 글로 썼습니다.

2 1학년으로 입학하는 학생의 수가 적다는 것은 세연이가 할아버지의 질문을 듣고 요즘 학교에 대해 말씀드린 내용입니다.

3 저출산 문제가 계속되면 아이들의 수가 적어져서 학교나 유치원과 같은 교육 관련 시설이 줄어들고, 노인 관련 시설이 그 자리를 대신하게 됩니다.

① 태어나는 아이의 수가 적어져 인구수가 줄어들 것입니다.
② 만날 수 있는 아이들이 적어질 것입니다.
③ 산부인과처럼 출산과 관련 있는 병원이 줄어들 것입니다.
④ 태어나는 인구가 적어지면 생산할 수 있는 인구도 줄어들게 됩니다. 그에 따라 일할 수 있는 곳도 줄어듭니다.

4 할아버지께서 하신 말씀을 통해 저출산과 관련한 현재의 상황을 파악하고 적절한 해결 방법을 말한 것은 예린입니다.

지훈: 출산율이 낮아지며 어린이, 학생 수가 줄어 학교와 같은 어린이 관련 시설도 줄어들게 됩니다.
소윤: 우리나라에서도 저출산 문제가 계속되면 나라가 사라질 위기에 처할 수도 있다고 하였습니다.

5 1문단은 할아버지 댁에서 오래된 사진을 보고 당시 모습에 깜짝 놀랐다는 내용, 2문단은 옛날에 할아버지께서 학교를 다니실 때 학생 수가 많았던 학교의 모습에 대해 들은 내용, 3문단은 할아버지께 학생 수가 적은 요즘의 학교 모습에 대해 말씀드린 내용, 4문단은 할아버지께서 저출산 문제에 대해 걱정하며 말씀하신 내용입니다.

6 저출산 문제는 결혼을 늦게 하고, 아이를 낳아도 육아 부담이 큰 사회의 변화로 인해 심해지고 있습니다. 이를 해결하기 위해 출산과 육아 부담을 줄이고 아이를 키우기 좋은 환경을 만드는 노력이 필요합니다.

7 (1) '위기'는 '위험해서 아슬아슬한 순간.'이라는 뜻입니다.
(2) '바랬지만'은 '볕이나 물기 때문에 색이 흐려지거나 누렇게 되었지만.'이라는 뜻입니다.
(3) '학급'은 '한 교실에서 공부하는 학생들.'이라는 뜻입니다.
(4) '표어'는 '주장을 간단하게 나타낸 짧은 말이나 글.'이라는 뜻입니다.
(5) '들여다보았다'는 '가까이서 자세히 보았다.'라는 뜻입니다.

(1) '공포'는 '두렵고 무서움.'이라는 뜻입니다.
(2) '바랐지만'은 '생각이나 희망대로 어떤 일이 이루어지기를 기대했지만.'이라는 뜻입니다.
(3) '학원'은 '학생을 모아서 지식, 기술 예체능 등을 가르치는 사립 교육 기관.'이라는 뜻입니다.
(4) '속담'은 '옛날부터 사람들 사이에 전해져 오는 교훈이 담긴 짧은 말.'이라는 뜻입니다.
(5) '올려다보았다'는 '고개를 들어 위쪽을 보았다.'라는 뜻입니다.

095 쪽

(1) 출산율 (2) 저출산

(1) '한 여성이 임신이 가능한 기간 동안 낳을 것으로 예상되는 자녀의 수.'를 '합계 출산율'이라고 합니다.
(2) '태어나는 아이의 수가 줄어드는 현상.'을 '저출산'이라고 합니다.

- **글의 종류** 설명하는 글
- **글의 특징** 키오스크 사용으로 발생하는 문제와 문제해결을 위한 노력, 앞으로 노력해야 할 방향에 대해 설명하는 글입니다.
- **주제** 키오스크

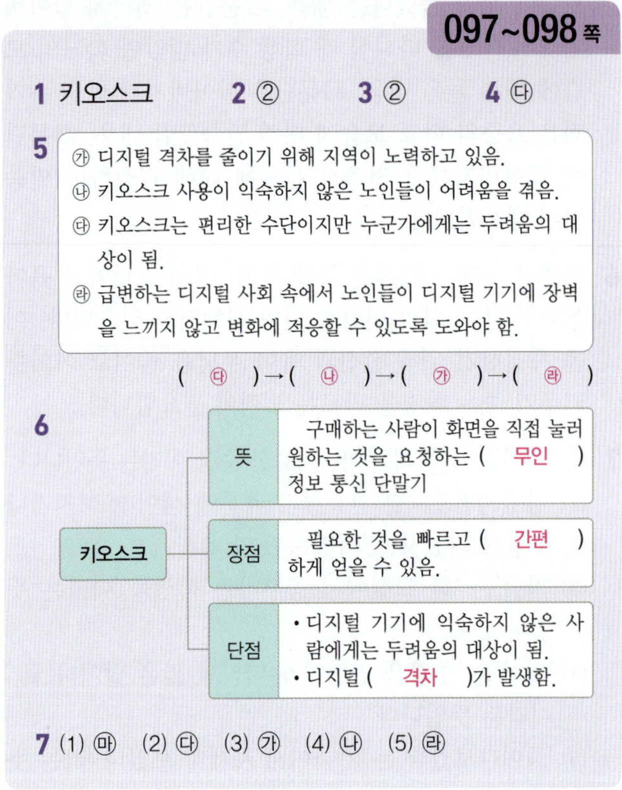

097~098 쪽

1 키오스크   **2** ②   **3** ②   **4** ㉲

5 ㉮ 디지털 격차를 줄이기 위해 지역이 노력하고 있음.
㉯ 키오스크 사용이 익숙하지 않은 노인들이 어려움을 겪음.
㉱ 키오스크는 편리한 수단이지만 누군가에게는 두려움의 대상이 됨.
㉲ 급변하는 디지털 사회 속에서 노인들이 디지털 기기에 장벽을 느끼지 않고 변화에 적응할 수 있도록 도와야 함.

(㉱) → (㉯) → (㉮) → (㉲)

6

키오스크	뜻	구매하는 사람이 화면을 직접 눌러 원하는 것을 요청하는 (무인) 정보 통신 단말기
	장점	필요한 것을 빠르고 (간편)하게 얻을 수 있음.
	단점	• 디지털 기기에 익숙하지 않은 사람에게는 두려움의 대상이 됨. • 디지털 (격차)가 발생함.

7 (1) ㉱ (2) ㉱ (3) ㉮ (4) ㉯ (5) ㉲

1 이 글은 키오스크로 인한 문제점, 문제점에 대한 해결 방안, 앞으로 나아가야 할 방향 등에 대해 설명하고 있습니다.

2 키오스크 설치에 반대하는 사람이 늘어나고 있는지는 이 글에서 알 수 없습니다.

3 노인과 같은 사회적 약자도 변화에 적응하여 디지털 기기를 사용하는 데 어려움이 없도록 도와야 합니다. 따라서 노인들이 어려운 디지털 기기를 사용하지 않도록 하는 것은 적절하지 않습니다.

오답 풀이

① 지역에서 디지털 격차를 줄이기 위해 키오스크와 같은 디지털 기기 사용에 어려움을 겪는 사람을 위한 여러 가지 교육을 하고 있습니다.
③ 적절한 교육을 통해 디지털 격차를 줄일 수 있습니다.
④ 노인들이 디지털 기기에 적응할 수 있도록 돕고 배려해야 합니다.
⑤ 디지털화되는 세상에서 누구나 디지털 기기에 장벽을 느끼지 않고 변화에 적응해 살아갈 수 있도록 도와야 합니다.

4 이 글의 내용으로 보아 고령화 사회에서는 늘어나는 노인 인구를 위해 다양한 종류의 디지털 기기에 대한 교육이 필요할 것임을 짐작할 수 있습니다.

오답 풀이

㉮ 이 글의 내용으로 보아 고령화 사회에서는 노인들이 새로운 기술을 익히거나 변화에 적응하기 힘들어 한다는 것을 알 수 있습니다.
㉯ 고령화 사회에서는 노인 인구가 많아지고 경제 활동을 통해 돈을 벌 수 있는 15~64세에 해당하는 인구가 줄어듭니다.

5 ❶문단은 키오스크의 장점과 단점, ❷문단은 노인이 사용하기 어려운 키오스크의 문제점, ❸문단은 디지털 격차를 줄이기 위한 지역의 노력, ❹문단은 급변하는 디지털 사회 속에서 노인들이 소외되지 않도록 배려와 대책이 필요하다는 것에 대해 설명하고 있습니다.

6 키오스크는 구매하는 사람이 화면을 직접 눌러서 원하는 것을 요청하는 무인 정보 통신 단말기입니다. 키오스크는 필요한 것을 빠르고 간편하게 얻을 수 있으나, 노인에게는 익숙하지 않아 디지털 격차를 발생하게 만들기도 합니다.

7 (1) '허둥대다가'는 '어찌할 줄을 몰라 이리저리 헤매며 다급하게 서두르다.'라는 뜻입니다.
(2) '예매'는 '차표나 입장권 등을 정해진 때가 되기 전에 미리 사 둠.'이라는 뜻입니다.
(3) '무인'은 '사람이 없음.'이라는 뜻입니다.
(4) '소외'는 '어떤 무리에서 멀리하거나 따돌림.'이라는 뜻입니다.
(5) '복잡'은 '일이나 마음 등이 정리하기 어려울 만큼 얽혀 있음.'이라는 뜻입니다.

비주얼 사회 교과서 개념   **099 쪽**

(1) 고령화   (2) 인구 문제

(1) '한 사회에서 노인의 인구 비율이 높은 상태로 나타나는 일.'을 '고령화'라고 합니다.
(2) '한 국가나 지역의 인구가 증가하거나 감소하거나 이동하는 등의 변화로 인해 생기는 여러 가지 문제.'를 '인구 문제'라고 합니다.

- **글의 종류** 설명하는 글
- **글의 특징** 인공 지능 스피커가 노인들의 삶에 미치는 긍정적인 영향에 대해 설명하는 글입니다.
- **주제** 노인의 삶에 도움을 주는 인공지능 스피커

101~102쪽

1 인공 지능 **2** (3) ○ (4) ○ **3** ④
4 ㉮
5

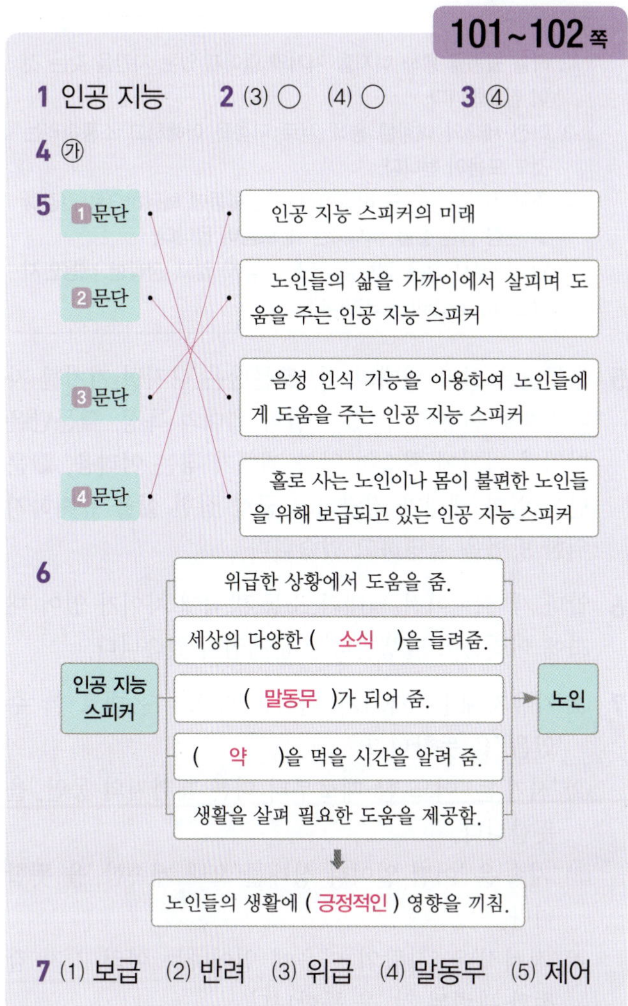

6

7 (1) 보급 (2) 반려 (3) 위급 (4) 말동무 (5) 제어

1 인공 지능 스피커가 노인들의 삶에 미치는 영향과 인공 지능 스피커가 미래에 할 역할에 대해 설명하는 글입니다.

2 **3**문단에서 인공 지능 스피커가 노인들의 삶에 도움을 주는 방법을 알 수 있고, **2**문단에서 노인들에게 위급한 일이 생겼을 때 인공 지능 스피커가 해 주는 일을 알 수 있습니다.

> **오답 풀이**
> (1), (2) 여러 지방 자치 단체에서 인공 지능 스피커의 보급을 확대하고 있다고 했으나, 인공 지능 스피커를 보급 받은 노인의 수나 보급 방법에 대해서는 알 수 없습니다.

3 인공 지능 스피커의 도움으로 어려운 일에서 벗어날 수 있었으므로 은혜를 입은 고마움에 대해 나타내는 한자 성어인 '각골난망'이 알맞습니다.

4 ㉠은 인공 지능 스피커를 통해 사회의 사각지대에 놓인 사람들의 어려움을 해결하는 것입니다. ㉮는 인공 지능 스피커를 통해 할 수 있는 일반적인 상황을 말한 것이므로 ㉠의 사례로 적절하지 않습니다.

> **오답 풀이**
> ㉯ 인공 지능 스피커의 대화 기능을 통해 홀로 사는 노인이 위급한 상황에 있는지 확인한 경우입니다.
> ㉰ 인공 지능 스피커가 사용자의 목소리와 말을 인식하여 노인의 상황을 파악하고 지방 자치 단체에 연결하여 필요한 도움을 준 경우입니다.

5 **1**문단은 홀로 사는 노인과 몸이 불편한 노인들을 위해 보급되고 있는 인공 지능 스피커에 대해, **2**문단은 음성 인식 기능을 이용하여 노인들에게 도움을 주는 인공 지능 스피커에 대해, **3**문단은 노인들의 삶을 가까이에서 살피며 도움을 주는 인공 지능 스피커에 대해, **4**문단은 인공 지능 스피커의 미래에 대해 말하고 있습니다.

6 인공 지능 스피커는 노인들이 위급한 상황에서 도움을 주고 세상의 다양한 소식을 들려줍니다. 또 말동무가 되어 주기도 하고 약을 먹을 시간을 알려 주기도 하는 등 노인들의 생활에 주는 긍정적인 영향이 큽니다.

7 (1) '보급'은 '어떤 것을 널리 퍼뜨려 여러 곳에 미치게 하거나 여러 사람이 누리게 함.'이라는 뜻입니다.
(2) '반려'는 '짝이 되는 사람이나 동물.'이라는 뜻입니다.
(3) '위급'은 '어떤 일이나 상태가 몹시 위험하고 급함.'이라는 뜻입니다.
(4) '말동무'는 '함께 이야기할 만한 친구.'라는 뜻입니다.
(5) '제어'는 '기계나 시설, 체계 등이 알맞게 움직이도록 조절함.'이라는 뜻입니다.

> **비주얼 사회 교과서 개념** **103쪽**
>
> (1) 인공 지능 (2) 정보화

(1) '인간처럼 생각하고 학습하는 능력을 가진 컴퓨터 기술.'을 '인공 지능'이라고 합니다.

(2) '우리의 삶에 인공 지능과 정보 통신 기술이 결합하여 활용되고, 그로 인해 새로운 가치가 생겨나고 발전하는 것.'을 '지능 정보화'라고 합니다.

- **글의 종류** 설명하는 글
- **글의 특징** 알파 세대가 누구인지, 알파 세대의 특징은 무엇인지, 알파 세대가 앞으로 살아갈 방법은 무엇인지 설명하는 글입니다.
- **주제** 알파 세대의 개념과 특징

105~106쪽

1 ① **2** ③ **3** ① **4** ①

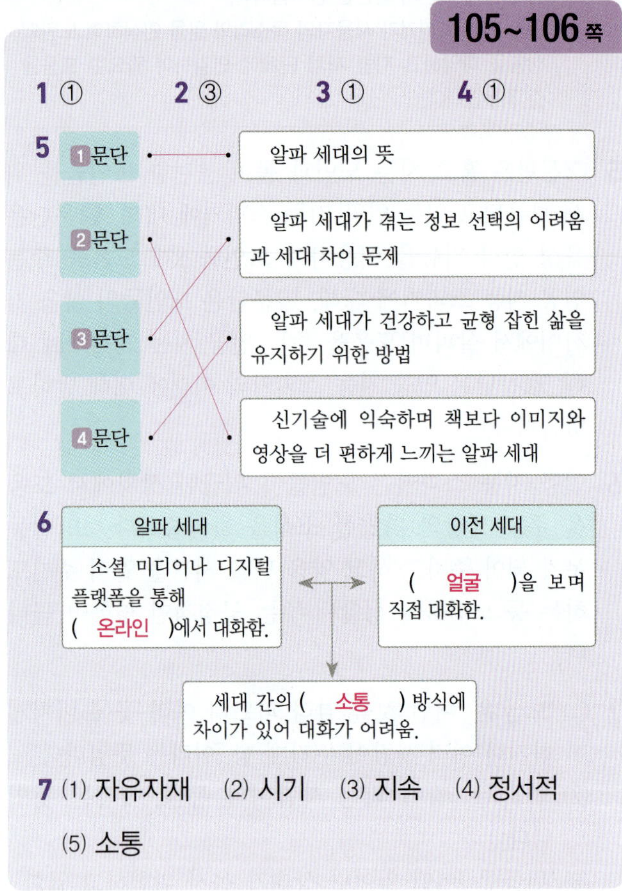

7 (1) **자유자재** (2) **시기** (3) **지속** (4) **정서적**

(5) **소통**

1 이 글은 알파 세대가 누구인지 설명하고, 알파 세대의 특징과 알파 세대가 앞으로 살아가는 방법에 대해 말하는 글입니다.

2 알파 세대는 얼굴을 보며 직접 대화하는 방식보다는 소셜 미디어처럼 온라인에서 이야기를 나누는 방식에 익숙합니다.

오답 풀이

① 알파 세대는 태어날 때부터 디지털 환경에서 자라, 디지털 기술과 떼려야 뗄 수 없는 사이라는 의미에서 '디지털 네이티브'라고도 불립니다.
② 알파 세대는 디지털 기기를 자신이 원하는 대로 사용할 수 있습니다.
④ 2010년 이후에 태어난 사람들을 알파 세대라고 부릅니다.
⑤ 알파 세대는 디지털 기기를 통해 볼 수 있는 이미지와 영상을 더 편하게 느낍니다.

3 알파 세대와 디지털 기기는 떼려야 뗄 수 없을 정도로 가까운 사이라고 하였으므로 물과 물고기의 관계처럼 아주 긴밀한 사이라는 뜻의 한자 성어인 '수어지교'가

가장 어울립니다.

4 알파 세대가 건강하고 균형 잡힌 삶을 살기 위해서는 올바른 정보가 무엇인지 확인하는 습관이 필요하며, 온라인에서 벗어나 사람들과 만나는 것도 중요하다고 하였습니다. 소셜 미디어로 사귄 친구들과 온라인 대화를 많이 나눈다는 것은 이러한 방법과 거리가 멉니다.

오답 풀이

② 바깥 활동을 통해 디지털 기기와 떨어져 있는 시간을 갖는 것이 필요합니다.
③ 이전 세대와 대화를 통해 서로 다름을 이해하고 소통하려는 것도 도움이 됩니다.
④ 축구 동아리 활동도 바깥에서 하는 활동에 해당하므로 건강하고 균형 잡힌 삶을 유지하는 데 도움이 됩니다.
⑤ 인터넷에서 찾은 정보를 무조건 믿지 않고 정확한 내용인지 확인하는 습관이 필요합니다.

5 1문단은 알파 세대의 뜻, 2문단은 디지털 기기를 자유자재로 활용할 수 있는 알파 세대의 특징, 3문단은 디지털 기기에 친숙한 알파 세대가 겪는 어려움, 4문단은 알파 세대가 건강하고 균형 잡힌 삶을 유지하기 위한 방법을 설명하고 있습니다.

6 알파 세대는 이전 세대와 소통 방식에 차이가 있어 대화에 어려움이 발생한다는 문제점이 있습니다.

7 (1) '자유자재'는 '자기가 원하는 대로 마음대로 할 수 있음.'을 뜻합니다.
(2) '시기'는 '어느 한 때로부터 다른 때까지의 동안.'을 뜻합니다.
(3) '지속'은 '어떤 일이나 상태를 오래 계속함.'을 뜻합니다.
(4) '정서적'은 '사람의 마음에 일어나는 여러 가지 감정과 관련된 것.'을 뜻합니다.
(5) '소통'은 '오해가 없도록 뜻이나 생각이 서로 잘 통함.'을 뜻합니다.

비주얼 사회 교과서 개념 **107쪽**

(1) **문화** (2) **의식주**

(1) '한 사회 안에서 사람들이 함께 생활하면서 만들어지고 전해지는 생활 방식.'을 '문화'라고 합니다.
(2) '사람이 살아가는 데 기본적으로 필요한 것으로 옷과 음식, 집을 통틀어 이르는 말.'을 '의식주'라고 합니다.

- **글의 종류** 설명하는 글
- **글의 특징** 사회의 변화 과정에서 1인 가구가 늘어나는 현상과 그 까닭에 대해 설명하는 글입니다.
- **주제** 1인 가구 증가의 장단점

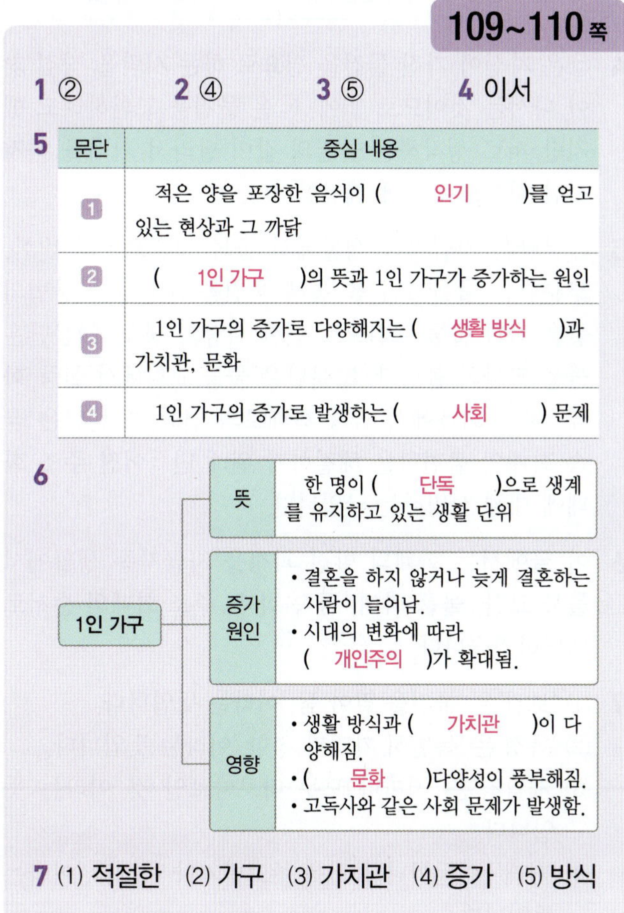

109~110쪽

1 ②　　**2** ④　　**3** ⑤　　**4** 이서

5

문단	중심 내용
1	적은 양을 포장한 음식이 (**인기**)를 얻고 있는 현상과 그 까닭
2	(**1인 가구**)의 뜻과 1인 가구가 증가하는 원인
3	1인 가구의 증가로 다양해지는 (**생활 방식**)과 가치관, 문화
4	1인 가구의 증가로 발생하는 (**사회**) 문제

6

1인 가구	뜻	한 명이 (**단독**)으로 생계를 유지하고 있는 생활 단위
	증가 원인	• 결혼을 하지 않거나 늦게 결혼하는 사람이 늘어남. • 시대의 변화에 따라 (**개인주의**)가 확대됨.
	영향	• 생활 방식과 (**가치관**)이 다양해짐. • (**문화**)다양성이 풍부해짐. • 고독사와 같은 사회 문제가 발생함.

7 (1) 적절한　(2) 가구　(3) 가치관　(4) 증가　(5) 방식

1 이 글의 전체 내용을 나타낼 수 있는 제목은 '늘어나는 1인 가구'입니다. 1인 가구가 겪는 어려움이나 1인 가구가 늘어나는 이유는 이 글의 일부분에서 다루는 내용이므로 제목으로 알맞지 않습니다.

2 부모님을 모시며 함께 사는 경우는 1인 가구에 해당하지 않습니다.

3 1인 가구는 주로 혼자서 식사하고 생활하여 배달 음식이나 간편 조리 음식을 선호한다고 했으므로 요리를 자주 하는 이유는 이 글에서 알 수 없습니다.

오답 풀이

① 1인 가구는 한 명이 단독으로 생계를 유지하고 있는 생활 단위를 뜻합니다.
② 경제적인 문제로 결혼을 하지 않거나 늦게 결혼하는 사람들이 늘어났고, 시대의 변화에 따라 개인주의가 확대되었기 때문입니다.
③ 1인 가구의 증가는 고독사 같은 사회 문제를 발생시킵니다.
④ 1인 가구의 구성원은 개인을 중요하게 생각합니다.

4 1인 가구의 증가 현상과 원인, 그로 인한 사회적 변화에 대해 파악하고 알맞은 해결 방안을 말한 것은 이서입니다.

오답 풀이

재우: 1인 가구가 증가하게 되면 소포장된 물건과 작지만 기능이 갖추어진 물건을 구매하는 사람이 늘어날 것입니다.
현수: 한국에서는 1인 가구가 계속해서 증가할 것이며, 1인 가구의 증가가 사회적 변화를 일으키고 있다고 하였습니다.

5 1 문단은 적은 양의 포장 음식이 인기를 얻고 있는 현상과 그 까닭, 2 문단은 1인 가구의 뜻과 1인 가구가 증가하는 원인, 3 문단은 1인 가구의 증가로 다양해지는 생활 방식과 가치관, 문화, 4 문단은 1인 가구의 증가로 발생하는 사회 문제에 대해 설명하고 있습니다.

6 '1인 가구'는 한 명이 단독으로 생계를 유지하고 있는 생활 단위로, 결혼을 하지 않거나 늦게 결혼하는 사람이 늘어나고 시대의 변화에 따라 개인주의가 확대되면서 점차 늘어나고 있습니다. 1인 가구 증가는 생활 방식과 가치관을 다양하게 만들고 문화 다양성을 풍부하게 만들었습니다. 하지만 고독사와 같은 사회 문제가 발생한다는 문제점이 있습니다.

7 (1) '적절한'은 '아주 딱 알맞은.'이라는 뜻입니다.
(2) '가구'는 '생활을 함께하는 사람을 세는 단위.'라는 뜻입니다.
(3) '가치관'은 '사람이 어떤 것의 가치에 대해 가지는 태도나 판단의 기준.'이라는 뜻입니다.
(4) '증가'는 '수나 양이 더 늘어나거나 많아짐.'이라는 뜻입니다.
(5) '방식'은 '일정한 방식이나 형식.'이라는 뜻입니다.

비주얼 사회 교과서 개념　　**111쪽**

(1) **차별**　　(2) **존중**

(1) '각 문화에 차이를 두어서 구별하는 것.'을 '문화 차별'이라고 합니다.

(2) '서로 다른 문화를 높이고 중요하게 대하는 것.'을 '문화 존중'이라고 합니다.

① 돈은 점점 사용하기 편한 방식으로 발달하고 있습니다.
② 화폐의 발달 단계에 따라 정리한 내용이므로 신용 카드는 지폐보다 물건을 사기 쉽고 편한 수단일 것입니다.
③ 화폐가 발달할수록 물건을 직접 바꾸거나 화폐를 보관하기 어려운 일이 줄어듭니다.
⑤ 화폐의 발달 단계에 따라 정리한 내용이므로 지폐는 주조 화폐를 사용할 때의 불편함을 해결하기 위해 만들어졌을 것입니다.

4 ㉠은 자신이 가진 물건을 필요로 하는 사람을 직접 찾아 나서는 것이므로 ②에, ㉡은 물건을 교환하려고 했지만 서로 생각하는 물건의 값이 달라서 거래를 하지 못한 것이므로 ⑤에 해당합니다.

5 ❶문단은 자급자족 생활에서 물물 교환으로의 변화, ❷문단은 물물 교환을 통해 물건을 교환하는 방법의 좋은 점과 물물 교환으로 인한 시장의 생성, ❸문단은 물물 교환의 불편함, ❹문단은 물물 교환에서 물품 화폐, 물품 화폐에서 금속 화폐로의 변화, ❺문단은 금속 화폐의 불편함을 해결하기 위해 만들어진 주조 화폐에 대해 설명하는 글입니다.

6 이 글에서는 화폐의 발전 과정을 자급자족 생활에서 물물 교환, 물품 화폐, 금속 화폐, 주조 화폐의 순서로 설명하였습니다.

7 (1) '보관'은 '물건을 맡아 둠.'이라는 뜻입니다.
(2) '특정'은 '특별히 가리켜 정함.'이라는 뜻입니다.
(3) '제각각'은 '저마다 모두 따로따로인 것.'이라는 뜻입니다.
(4) '거래'는 '돈이나 물건을 주고받거나 사고팖.'이라는 뜻입니다.
(5) '자급자족'은 '필요한 것을 스스로 만들어 채움.'이라는 뜻입니다.

- **글의 종류** 설명하는 글
- **글의 특징** 물물 교환에서 물품 화폐, 금속 화폐, 주조 화폐까지 화폐의 발달 과정을 설명한 글입니다.
- **주제** 화폐의 발달 과정

113~114쪽

1 ①   **2** ⑤   **3** ④   **4** (1) ②   (2) ⑤

5 ㉠ 물물 교환의 불편함.
㉡ 자급자족 생활에서 물물 교환으로의 변화
㉢ 금속 화폐의 불편함을 해결하기 위해 만들어진 주조 화폐
㉣ 물물 교환의 좋은 점과 물물 교환으로 인해 만들어진 시장
㉤ 물물 교환에서 물품 화폐, 물품 화폐에서 금속 화폐로의 변화

(㉡) → (㉣) → (㉠) → (㉤) → (㉢)

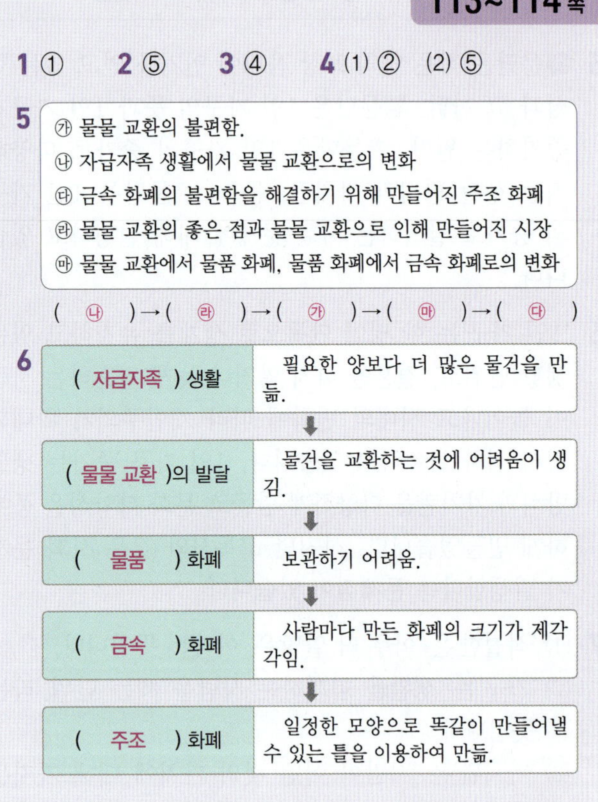

6

(자급자족) 생활	필요한 양보다 더 많은 물건을 만듦.
(물물 교환)의 발달	물건을 교환하는 것에 어려움이 생김.
(물품) 화폐	보관하기 어려움.
(금속) 화폐	사람마다 만든 화폐의 크기가 제각각임.
(주조) 화폐	일정한 모양으로 똑같이 만들어낼 수 있는 틀을 이용하여 만듦.

7 (1) 보관   (2) 특정   (3) 제각각   (4) 거래   (5) 자급자족

1 이 글은 화폐가 생겨난 까닭과 화폐가 발달한 과정을 설명하고 있습니다.

2 물물 교환을 편하게 하려면 특정 장소로 모여야 했고, 사람들이 모인 장소에 자연스럽게 시장이 만들어졌습니다.

① 물품 화폐는 보관하기 어렵다는 불편함이 있었습니다.
② 물물 교환을 하기 위해 물건을 직접 가지고 다니며 필요한 물건과 바꾸어 사용했습니다.
③ 물건을 바꾸는 데 어려움이 많아 물품 화폐를 쓰기 시작했습니다.
④ 물품 화폐의 불편한 점 때문에 금속 화폐가 생겼습니다.

3 이 글의 내용을 통해 화폐가 교환하기 더 편한 방향으로 발전하고 있다는 것을 알 수 있습니다. 그러므로 앞으로 더 사용하기 편리한 화폐가 나오지 않는다는 것은 적절하지 않습니다.

---

(1) 화폐   (2) 지폐

(1) '물건을 사고팔거나 다른 물건과 교환할 때 상품의 가치를 매기는 기준이 되는 것'을 '화폐'라고 합니다.
(2) '종이로 만든 화폐.'를 '지폐'라고 합니다.

- **글의 종류** 설명하는 글
- **글의 특징** 위조지폐를 방지하는 여러 가지 장치에 대해 설명하는 글입니다.
- **주제** 지폐에 숨겨진 위조지폐를 방지하는 장치

117~118쪽

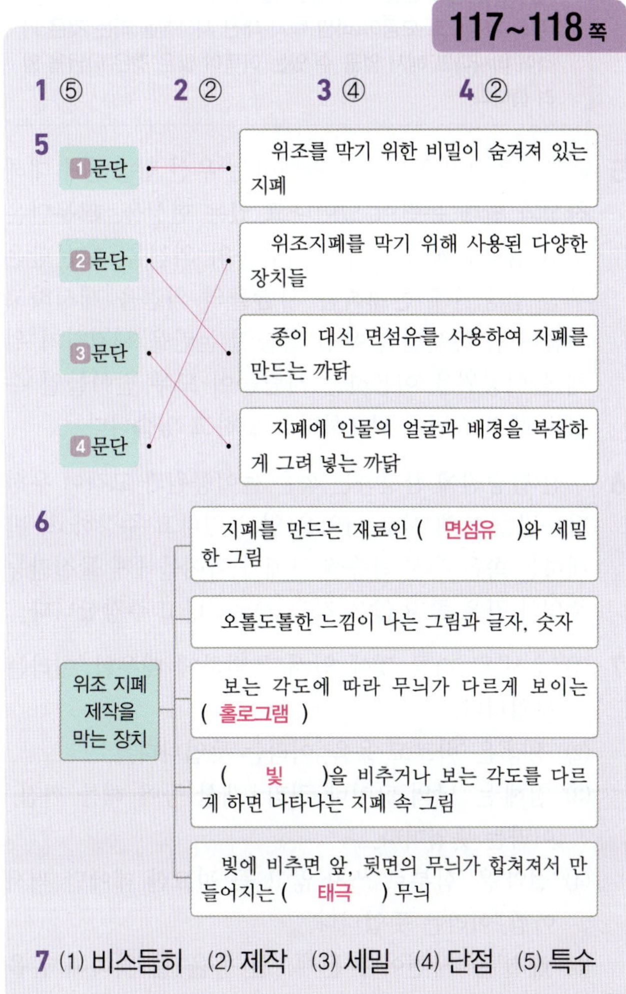

1 ⑤   **2** ②   **3** ④   **4** ②

5

1문단 · — 위조를 막기 위한 비밀이 숨겨져 있는 지폐

2문단 · — 위조지폐를 막기 위해 사용된 다양한 장치들

3문단 · — 종이 대신 면섬유를 사용하여 지폐를 만드는 까닭

4문단 · — 지폐에 인물의 얼굴과 배경을 복잡하게 그려 넣는 까닭

6 위조 지폐 제작을 막는 장치

- 지폐를 만드는 재료인 (면섬유)와 세밀한 그림
- 오톨도톨한 느낌이 나는 그림과 글자, 숫자
- 보는 각도에 따라 무늬가 다르게 보이는 (홀로그램)
- (빛)을 비추거나 보는 각도를 다르게 하면 나타나는 지폐 속 그림
- 빛에 비추면 앞, 뒷면의 무늬가 합쳐져서 만들어지는 (태극) 무늬

7 (1) 비스듬히   (2) 제작   (3) 세밀   (4) 단점   (5) 특수

1 이 글은 위조지폐의 제작을 막기 위해 지폐에 만들어 놓은 다양한 장치에 대해 설명하고 있습니다.

2 지폐는 종이가 아니라 면섬유를 이용해서 만든다고 하였습니다.

3 숨은 그림은 빛에 비추어 보거나 비스듬하게 보았을 때 나타나고, 정면으로 보았을 때는 나타나지 않습니다.

오답 풀이

① 우리나라의 지폐는 면섬유로 만들어 종이로 만든 위조지폐와 만졌을 때의 느낌이 다릅니다.
② 진짜 지폐에는 손으로 만지면 오톨도톨한 느낌이 나는 부분이 있습니다.
③ 진짜 지폐에는 보는 각도에 따라 무늬가 다르게 보이는 홀로그램을 사용하였습니다.
⑤ 인물의 얼굴을 세밀하게 그려서 그림이 이상할 경우 위조지폐임을 알 수 있게 하였습니다.

4 위조지폐가 늘어나지 않도록 하기 위해 지폐를 아예 없애고 사용하지 않는 것은 올바른 방법이 아닙니다.

오답 풀이

① 위조지폐는 진짜 지폐에 사용된 기술을 적용할 수 없어서 품질이 떨어집니다.
③ 지폐를 만들 때 다양하고 복잡한 기술이 필요합니다.
④ 위조지폐를 막기 위해 많은 노력을 하는 것을 통해 위조지폐 제작이 좋지 않은 일임을 알 수 있습니다.
⑤ 볼록하게 인쇄된 부분이나 각도에 따라 다르게 보이는 홀로그램 등 다양한 기술이 발전되어 있습니다.

5 1문단은 위조를 막기 위해 비밀이 숨겨져 있는 지폐에 대해, 2문단은 종이 대신 면섬유를 사용하여 지폐를 만드는 까닭에 대해, 3문단은 지폐에 인물의 얼굴과 배경을 복잡하게 그려 넣는 까닭에 대해, 4문단은 위조지폐 제작을 방지하기 위해 지폐에 사용된 또 다른 장치들에 대해 설명하고 있습니다.

6 지폐에는 위조지폐 제작을 막기 위한 다양한 장치들이 숨겨져 있습니다.

7 (1) '비스듬히'는 '똑바르게 되지 않고 한쪽으로 조금 기울어진 듯하게.'라는 뜻입니다.
(2) '제작'은 '재료를 가지고 기능과 내용을 가진 새로운 물건이나 작품을 만듦.'이라는 뜻입니다.
(3) '세밀'은 '자세하고 빈틈이 없이 꼼꼼함.'이라는 뜻입니다.
(4) '단점'은 '모자라거나 부족함이 되는 점.'이라는 뜻입니다.
(5) '특수'는 '보통과 매우 차이가 나게 다름.'이라는 뜻입니다.

비주얼 사회 교과서 개념   **119**쪽

(1) 발행   (2) 유통

(1) '공공의 기능을 하는 화폐나 증권, 증서 등을 만들어 내놓음.'을 '발행'이라고 합니다.
(2) '화폐나 물품 등이 널리 쓰임.'을 '유통'이라고 합니다.

- **글의 종류** 주장하는 글
- **글의 특징** 놀이공원 우선 탑승권에 대한 찬성과 반대 의견을 이야 기하고, 우선 탑승권 논란을 해결할 방법이 필요하다고 주장하는 글입니다.
- **주제** 놀이공원 우선 탑승권에 대한 찬반 의견

121~122 쪽

1 우선 탑승권　　**2** ①　　**3** ③　　**4** ④

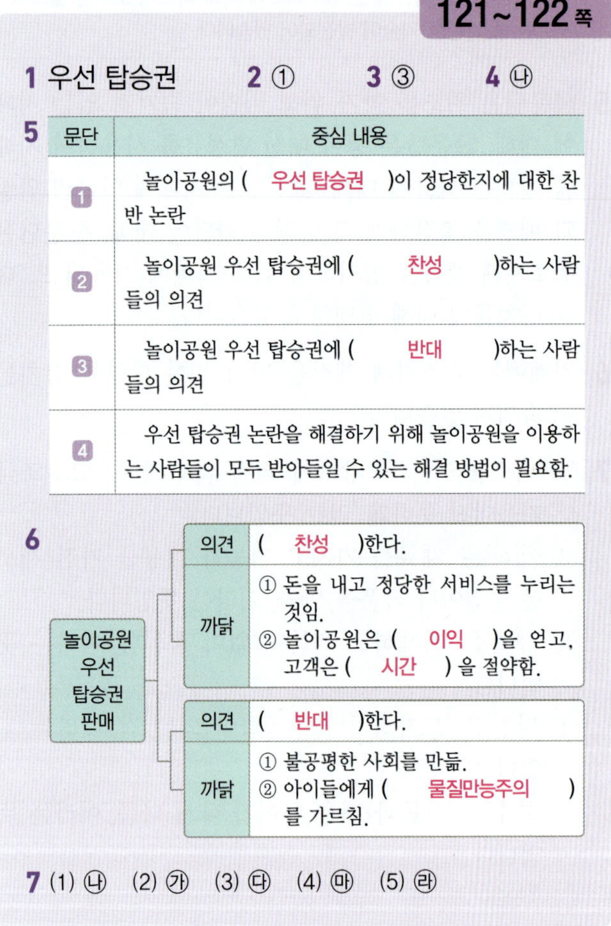

5

문단	중심 내용
1	놀이공원의 (우선 탑승권)이 정당한지에 대한 찬반 논란
2	놀이공원 우선 탑승권에 (찬성)하는 사람들의 의견
3	놀이공원 우선 탑승권에 (반대)하는 사람들의 의견
4	우선 탑승권 논란을 해결하기 위해 놀이공원을 이용하는 사람들이 모두 받아들일 수 있는 해결 방법이 필요함.

6

놀이공원 우선 탑승권 판매	의견	(찬성)한다.
	까닭	① 돈을 내고 정당한 서비스를 누리는 것임. ② 놀이공원은 (이익)을 얻고, 고객은 (시간)을 절약함.
	의견	(반대)한다.
	까닭	① 불공평한 사회를 만듦. ② 아이들에게 (물질만능주의)를 가르침.

7 (1) ④　(2) ㉮　(3) ㉰　(4) ㉯　(5) ㉭

1 이 글은 우선 탑승권 판매에 대한 찬성과 반대 논란에 대해 이야기하고 있습니다.

2 우선 탑승권을 구입한 사람과 놀이공원 모두 이익을 얻었으므로 '일석이조'가 ㉠의 상황에 어울립니다.

3 우선 탑승권이 물질만능주의에 대해 가르쳐 준다는 것은 놀이공원 우선 탑승권에 반대하는 사람들의 주장입니다.

> **오답 풀이**
> ① 놀이공원 우선 탑승권처럼 돈을 내고 돈을 번만큼의 서비스를 누리는 것과 같은 상황을 예로 들었으므로 찬성 측 의견입니다.
> ② 돈이 없는 사람과 돈이 있는 사람을 다르게 대하는 것이 불공평한 사회를 만든다는 것은 반대 측 의견입니다.
> ④ 다른 사람들의 권리를 침해하면 안 된다는 것은 놀이공원 우선 탑승권에 대한 반대 측 의견입니다.
> ⑤ 우선 탑승권을 구매하여 시간을 효율적으로 사용할 수 있다는 것은 우선 탑승권에 대한 찬성 측 의견입니다.

4 공연을 더 실감 나게 보기 위해서 비싼 좌석을 구매하는 것은 놀이기구를 타려고 기다리는 시간을 절약하기 위해 우선 탑승권을 구매하는 것과 비슷한 소비로 볼 수 있습니다.

> **오답 풀이**
> ㉮ 같은 물건을 할인할 때 저렴하게 구입한 것은 놀이공원 우선 탑승권을 통해 얻는 이익과는 다릅니다.
> ㉰ 교통 체증으로 요금이 비싼 택시 대신 지하철을 타는 것은 가격이 비싸다고 해서 얻을 수 있는 이득이 많은 것은 아님을 알려 줍니다.

5 ①문단은 놀이공원에서 판매하는 우선 탑승권에 대해 찬성과 반대 논란이 일어나고 있는 현상을, ②문단은 우선 탑승권에 찬성하는 사람들의 의견을, ③문단은 우선 탑승권에 반대하는 사람들의 의견을 제시하고 있습니다. ④문단은 우선 탑승권 논란을 해결하기 위해 놀이공원을 이용하는 사람들이 모두 받아들일 수 있는 해결 방법이 필요하다고 말하고 있습니다.

6 우선 탑승권에 찬성하는 쪽은 놀이공원과 고객이 우선 탑승권을 통해 서로 이익을 얻고 있다고 주장하고, 반대하는 쪽은 우선 탑승권 구매가 아이들에게 물질만능주의와 같은 좋지 않은 것을 가르친다고 주장합니다.

7 (1) '우선'은 '다른 것에 앞서 특별하게 대우함.'이라는 뜻입니다.
(2) '정당'은 '바르고 옳음.'이라는 뜻입니다.
(3) '침해'는 '남의 땅이나 권리, 재산 등에 해를 끼침.'이라는 뜻입니다.
(4) '절약'은 '함부로 쓰지 않고 꼭 필요한 데에만 써서 아낌.'이라는 뜻입니다.
(5) '해결'은 '사건이나 문제, 일 등을 잘 처리해 끝을 냄.'이라는 뜻입니다.

비주얼 사회 교과서 개념　　**123 쪽**

(1) **소비**　　(2) **저축**

(1) '필요한 물건을 얻기 위해 돈을 쓰는 것.'을 '소비'라고 합니다.
(2) '필요할 때에 쓰기 위해서 돈을 쓰지 않고 모아 두는 것.'을 '저축'이라고 합니다.

- **글의 종류** 설명하는 글
- **글의 특징** 민주주의의 근원지로 여겨지는 고대 그리스 아테네의 민주주의에 대해 설명하는 글입니다.
- **주제** 고대 그리스 아테네의 민주주의

125~126 쪽

1 ②   **2** ①   **3** ⑤   **4** 정치

5

문단	중심 내용
1	고대 그리스의 도시 국가인 (폴리스)의 특징
2	아테네의 시민들이 국가의 중요한 정책들을 결정하기 위해 열었던 (민회)와 의사 결정 방법
3	아테네의 도편추방제와 관리를 뽑는 방법
4	아테네 정치의 (한계점)과 의의

6

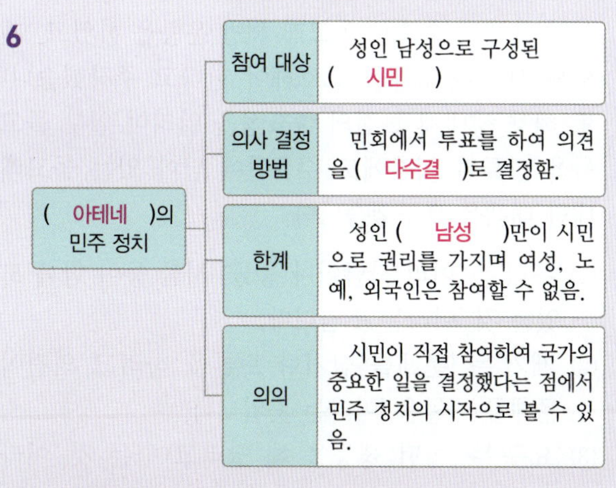

(아테네)의 민주 정치		
참여 대상	성인 남성으로 구성된 (시민)
의사 결정 방법	민회에서 투표를 하여 의견을 (다수결)로 결정함.
한계	성인 (남성)만이 시민으로 권리를 가지며 여성, 노예, 외국인은 참여할 수 없음.
의의	시민이 직접 참여하여 국가의 중요한 일을 결정했다는 점에서 민주 정치의 시작으로 볼 수 있음.

7 (1) 추첨   (2) 독립적   (3) 다수결   (4) 독재   (5) 정기적

1 아테네의 민주 정치에 대해 설명하는 글입니다.

2 아테네에서는 정기적으로 시민들이 모여서 민회를 열었습니다.

② 고대 그리스의 도시 국가인 폴리스들은 서로 독립적으로 지냈습니다.
③ 우리가 현재 사용하는 정치(politics)라는 말은 도시 국가를 뜻하는 폴리스(polis)에서 생겨났습니다.
④ 고대 그리스의 도시 국가들은 함께 모여 운동 경기를 하거나 행사를 열기도 하였습니다.
⑤ 폴리스 중에서 아테네는 가장 빠르게 발달하여 민주 정치를 발전시켰습니다.

3 아테네에서는 정책을 결정할 때 손을 들거나 항아리 속에 조개껍데기를 넣었는데, 수가 많은 쪽의 의견을 따르는 다수결의 방식으로 결정하였습니다.

① 아테네는 오로지 성인 남성만이 시민으로서 권리를 가졌고, 관리가 될 수 있었습니다.
② 아테네를 민주 정치의 시작이라고 여기는 것에서 지금의 민주 정치에도 영향을 미쳤다는 것을 알 수 있습니다.
③ 도편추방제에서 이름이 6천 표 이상 나온 사람을 쫓아냈으므로 전체 시민의 수가 6천 명을 넘었을 것입니다.
④ 아테네처럼 투표로 정책을 결정하는 것은 주변 국가에서는 볼 수 없는 민주적인 방법이었습니다.

4 '정치'는 사람들 사이에 서로 생각이 다르거나 다툼이 생겼을 때 이것을 해결하는 활동을 뜻합니다.

5 **1**문단은 정치라는 말의 유래가 된 고대 그리스의 도시 국가 폴리스에 대해, **2**문단은 아테네의 시민들이 국가의 정책을 결정하기 위해 열었던 민회와 민회에서의 의사 결정 방법에 대해, **3**문단은 아테네의 도편추방제와 관리 선출 방법에 대해, **4**문단은 아테네 정치의 한계점과 의의에 대해 설명하고 있습니다.

6 아테네의 민주 정치의 참여 대상은 성인 남성으로 구성된 시민이었고, 민회에서 다수결에 의한 투표로 의사를 결정했습니다. 여성, 노예, 외국인은 시민으로 인정받지 못했다는 것이 한계점이지만 시민이 직접 참여하여 국가를 다스렸다는 점에서 민주 정치의 시작이라는 의의를 갖습니다.

7 (1) '추첨'은 '미리 기호나 글을 적어 놓은 것을 뽑음.'이라는 뜻입니다.
(2) '독립적'은 '남이나 다른 것에 기대거나 속하지 않는 것.'이라는 뜻입니다.
(3) '다수결'은 '많은 사람의 의견에 따라 결정을 내리는 일.'이라는 뜻입니다.
(4) '독재'는 '지도자가 혼자 마음대로 결정하여 하는 정치.'라는 뜻입니다.
(5) '정기적'은 '기한이나 기간이 일정하게 정해져 있는 것.'이라는 뜻입니다.

비주얼 사회 교과서 개념   **127 쪽**

(1) 정치   (2) 갈등

(1) '사람들 사이의 의견 차이나 이해 관계를 둘러싼 다툼을 해결하는 과정.'을 '정치'라고 합니다.

(1) '생각이나 입장이 달라서 서로 대립하거나 다투는 상태.'를 '갈등'이라고 합니다.

- **글의 종류** 신문 기사
- **글의 특징** 시민 단체의 노력으로 바다로 다시 돌아간 돌고래들에 대해 설명하는 글입니다.
- **주제** 시민 단체의 노력으로 바다로 돌아간 돌고래들

129~130 쪽

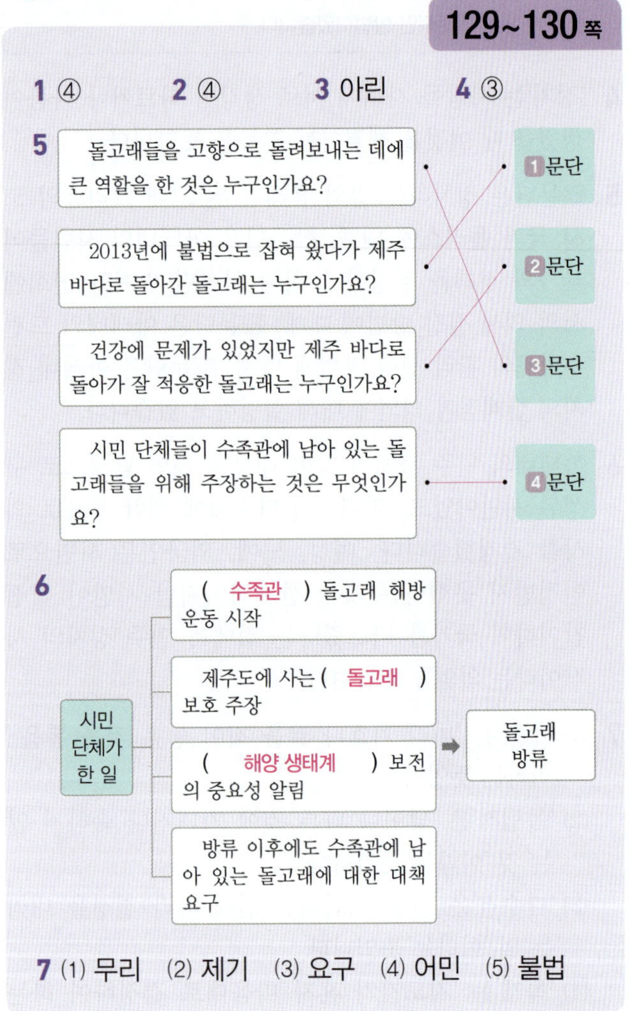

1 바다에서 불법으로 잡혀 왔다가 고향인 제주 앞바다로 돌아간 돌고래들에 대해 쓴 글입니다.

2 제돌이와 함께 방류된 춘삼이가 방류된 뒤 바다에 적응하지 못하고 다시 돌아왔다는 내용은 이 글에서 찾을 수 없습니다.

3 복순이와 태산이는 건강에 문제가 있었지만 바다에 방류한 이후 무리를 만나 잘 적응했다고 하였으므로 아린이의 말은 알맞지 않습니다.

오답 풀이

주아: 수족관 돌고래 해방 운동은 수족관에 갇힌 돌고래들을 원래 살던 바다로 돌려보내기 위해 스스로 모인 시민 단체가 하는 일입니다.
소현: 복순이와 태산이가 방류 이후 무리에 잘 적응했다는 내용에서 알 수 있습니다.

4 일반 시민들이 개인이나 집단의 이익이 아닌 사회와 국가의 발전을 위해 스스로 모임을 갖고 활동하는 것을 '시민 단체'라고 합니다.

오답 풀이

① 법을 어긴 사람을 심판하는 역할을 하는 것은 법원입니다.
② 대통령 후보자를 추천하고 선거에 참여하는 것은 정당입니다.
④ 자신들의 이익을 얻기 위해 활동을 하는 것은 이익 단체입니다.
⑤ 국민이 선거로 뽑은 사람들이 모여 법을 만드는 것은 국회의 원입니다.

5 1문단은 불법 포획되었다가 고향인 제주 바다로 돌아가게 된 돌고래 제돌이와 춘삼이에 대해, 2문단은 건강 문제가 있었지만 제주 바다로 돌아가 적응한 복순이와 태산이에 대해, 3문단은 돌고래들의 방류를 위해 노력한 시민 단체에 대해, 4문단은 아직 수족관에 남아 있는 돌고래들을 위해 시민 단체에서 요구하는 내용에 대해 설명하고 있습니다.

6 시민 단체는 수족관 돌고래 해방 운동을 하였고, 제주도에 사는 돌고래를 보호해야 한다고 주장했습니다. 또 해양 생태계 보전의 중요성을 알리며 일부 돌고래들을 방류한 이후에도 수족관에 남아 있는 돌고래에 대한 대책을 요구했습니다.

7 (1) '무리'는 '여러 사람이나 동물, 사물 등이 함께 모여 있는 것.'이라는 뜻입니다.
(2) '제기'는 '문제를 삼거나 토론을 하려고 의견이나 문제를 내놓음.'이라는 뜻입니다.
(3) '요구'는 '어떤 행동을 해 달라고 하는 것.'이라는 뜻입니다.
(4) '어민'은 '물고기를 잡는 일을 직업으로 하는 사람.'이라는 뜻입니다.
(5) '불법'은 '법에 어긋남.'이라는 뜻입니다.

비주얼 사회 교과서 개념　　**131 쪽**

(1) **정당**　　(2) **시민**

(1) '정치에 대해 생각이 비슷한 사람들이 모여서 만든 단체'를 '정당'이라고 합니다.
(2) '시민들이 스스로 모여 사회 전체의 이익을 위해 활동하는 단체'를 '시민 단체'라고 합니다.

- **글의 종류** 설명하는 글
- **글의 특징** 선거의 의미와 세계 여러 나라의 선거 방법에 대해 설명한 글입니다.
- **주제** 세계 여러 나라의 다양한 선거 방법

133~134 쪽

1 ④　　**2** (1) ○　(4) ○　　**3** ⑤　　**4** ⑤

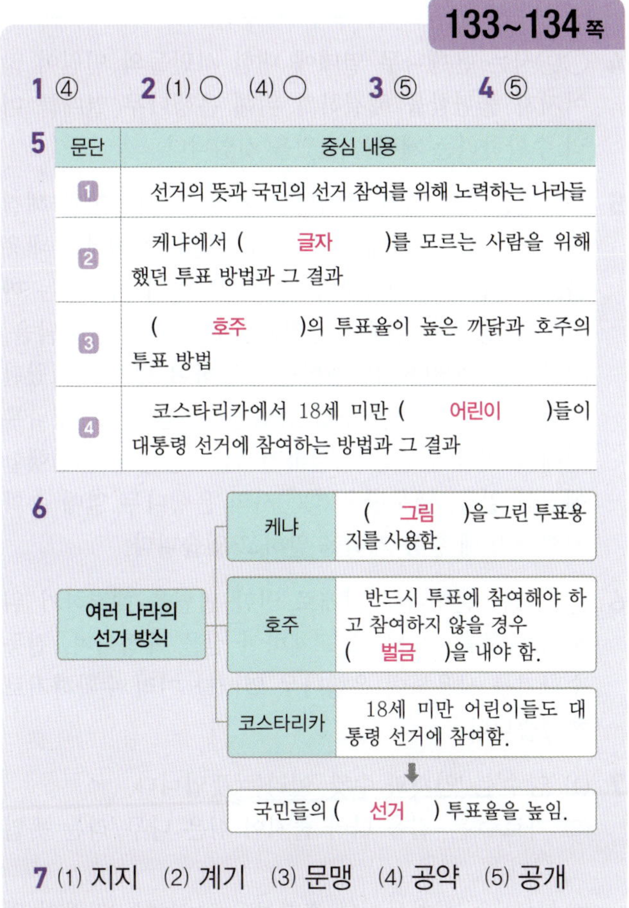

5

문단	중심 내용
1	선거의 뜻과 국민의 선거 참여를 위해 노력하는 나라들
2	케냐에서 (글자)를 모르는 사람을 위해 했던 투표 방법과 그 결과
3	(호주)의 투표율이 높은 까닭과 호주의 투표 방법
4	코스타리카에서 18세 미만 (어린이)들이 대통령 선거에 참여하는 방법과 그 결과

6

여러 나라의 선거 방식

- 케냐: (그림)을 그린 투표용지를 사용함.
- 호주: 반드시 투표에 참여해야 하고 참여하지 않을 경우 (벌금)을 내야 함.
- 코스타리카: 18세 미만 어린이들도 대통령 선거에 참여함.

↓

국민들의 (선거) 투표율을 높임.

7 (1) **지지**　(2) **계기**　(3) **문맹**　(4) **공약**　(5) **공개**

1 선거 투표율을 높이기 위해 다른 나라에서 시행하는 여러 가지 선거 방법을 설명하는 글입니다.

2 **2**문단에서는 케냐 선거의 투표 방법을, **3**문단에서는 호주 선거의 투표 방법을, **4**문단에서는 어린이들이 투표에 참가하는 코스타리카의 선거 방법을 설명하고 있습니다.

3 코스타리카에서는 18세 미만 어린이들이 대통령 선거에 참여하여 투표하지만, 어린이들이 한 투표 결과가 실제 선거 결과에 반영되지는 않습니다.

오답 풀이

① 코스타리카의 어린이들은 어릴 때부터 투표를 경험하며 민주주의에 대해 배웁니다.
② 호주의 시민은 반드시 선거에 참여해야 하고 참여하지 않으면 벌금을 내거나 재판을 받아서 투표율이 높습니다.
③, ④ 케냐는 투표용지에 그림을 그려 표시하는 방법을 사용했습니다. 이 방법은 글자를 모르는 사람도 이해하기 쉬워 투표율을 높였고, 국민들의 정치적 의사 표현도 활발해졌습니다.

4 코스타리카처럼 어린이들도 투표를 경험하게 하며 민주주의와 선거의 중요성을 깨닫게 하는 것은 장기적인 관점에서 투표율을 높이는 데 도움이 될 것입니다.

오답 풀이

① 호주는 투표를 하지 않으면 벌금을 내야 하고, 벌금을 내지 않으면 재판을 받게 됩니다. 투표를 하지 않는다고 강제로 재판을 받게 하는 방법은 반발을 가져올 수 있습니다.
② 우리나라는 케냐처럼 글자를 모르는 사람의 비율이 높지 않으므로 투표용지를 전부 그림으로 바꾸는 것은 알맞은 방법이 아닙니다.
③ 어른들이 투표를 하지 않는 방법은 장기적인 투표를 높이는 방법으로 알맞지 않습니다.
④ 각 나라마다 적절한 투표 방법이 있으므로 호주의 방법을 따라 하는 것은 알맞지 않습니다.

5 **1**문단은 선거의 뜻과 설명할 내용에 대해, **2**문단은 케냐의 투표 방법에 대해, **3**문단은 호주의 투표 방법에 대해, **4**문단은 코스타리카 어린이들이 투표에 참여하는 방법에 대해 설명하고 있습니다.

6 각 나라에서 다른 선거 방식을 쓰는 것은 나라마다 상황이 다르기 때문입니다. 하지만 모두 선거 투표율을 높이려는 목적을 가지고 있습니다.

7 (1) '지지'는 '어떤 사람이나 단체의 생각에 찬성하여 이를 위해 힘을 씀.'이라는 뜻입니다.
(2) '계기'는 '어떤 일이 일어나거나 결정되도록 하는 원인이나 기회.'라는 뜻입니다.
(3) '문맹'은 '배우지 못해서 글을 읽거나 쓸 줄 모르는 것. 또는 그러한 사람.'이라는 뜻입니다.
(4) '공약'은 '정부·정당·입후보자 등이 앞으로 어떤 일을 하겠다고 국민에게 약속함. 또는 그런 약속.'이라는 뜻입니다.
(5) '공개'는 '어떤 사실이나 사물, 내용 등을 사람들에게 널리 알림.'이라는 뜻입니다.

비주얼 사회 교과서 개념　**135 쪽**

(1) **선거**　　(2) **투표**

(1) '투표를 통해 여러 후보들 중에서 적절한 대표자를 뽑는 일.'을 '선거'라고 합니다.
(2) '선거를 하거나 어떤 일을 결정할 때 투표용지에 자신의 의견을 표시해서 내는 일.'을 '투표'라고 합니다.

- **글의 종류** 신문 기사
- **글의 특징** 은행나무 열매로 인한 민원과 이를 해결하기 위한 ○○시의 노력을 알리는 신문 기사입니다.
- **주제** 은행 열매로 인한 민원을 해결하기 위한 ○○시의 노력

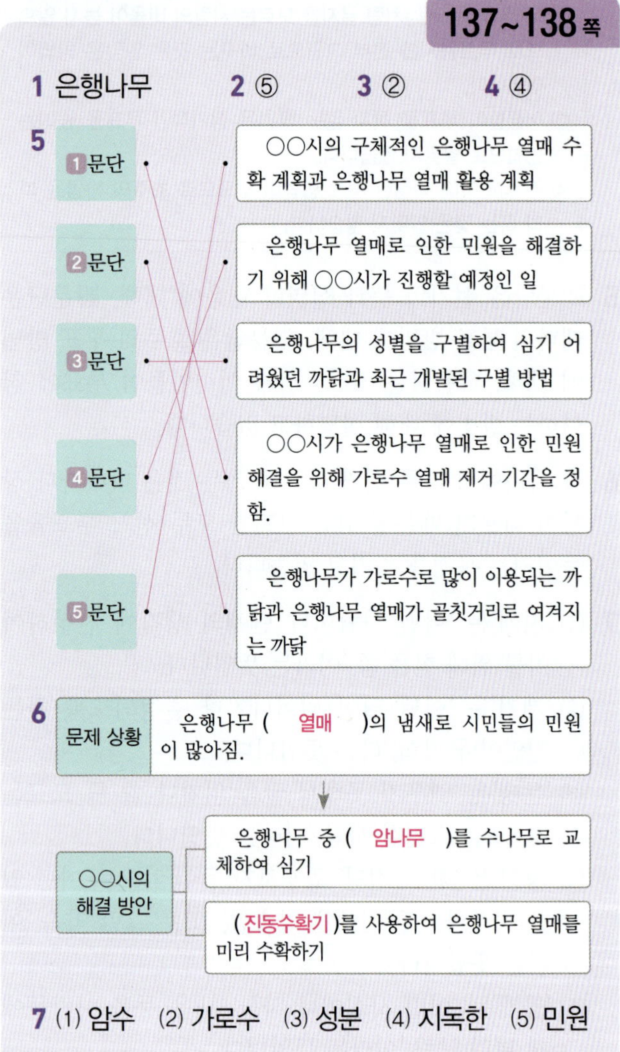

137~138쪽

1 은행나무 **2** ⑤ **3** ② **4** ④

5

문단	
1문단	○○시의 구체적인 은행나무 열매 수확 계획과 은행나무 열매 활용 계획
2문단	은행나무 열매로 인한 민원을 해결하기 위해 ○○시가 진행할 예정인 일
3문단	은행나무의 성별을 구별하여 심기 어려웠던 까닭과 최근 개발된 구별 방법
4문단	○○시가 은행나무 열매로 인한 민원 해결을 위해 가로수 열매 제거 기간을 정함.
5문단	은행나무가 가로수로 많이 이용되는 까닭과 은행나무 열매가 골칫거리로 여겨지는 까닭

6 문제 상황: 은행나무 (**열매**)의 냄새로 시민들의 민원이 많아짐.

○○시의 해결 방안:
- 은행나무 중 (**암나무**)를 수나무로 교체하여 심기
- (**진동수확기**)를 사용하여 은행나무 열매를 미리 수확하기

7 (1) **암수** (2) **가로수** (3) **성분** (4) **지독한** (5) **민원**

1 이 글은 은행나무 열매에서 나는 좋지 않은 냄새 때문에 시민들이 겪는 피해를 막고 민원 발생을 줄이기 위해 ○○시에서 내놓은 정책에 대해 알리는 신문 기사입니다.

2 은행나무는 도시의 나쁜 공기 속에서도 잘 자랄 뿐 아니라 공기 정화 능력이 뛰어나고 곰팡이나 벌레에도 강해서 가로수로 많이 이용된다고 하였습니다. 은행나무 열매는 땅에 떨어져 터지면 지독한 냄새가 나서 사람들을 불쾌하게 합니다.

3 이 글에서는 수거한 은행나무를 이후에 어떻게 할 예정인지는 나타나 있지만, 길에서 딴 은행나무 열매를 사람이 먹기 위해서 어떤 처리 과정이 필요한지는 설명하지 않았습니다.

① 은행나무 열매에는 뷰티르산이라는 물질이 들어 있어 지독한 냄새가 납니다.
③ 예전에는 은행나무가 10년 이상 자라야 암수를 확인할 수 있었습니다.
④ 은행나무 열매는 한꺼번에 열리지 않습니다.
⑤ 진동수확기는 은행나무에 큰 피해 없이 열매를 떨어뜨릴 수 있습니다.

4 ○○시는 은행나무 열매에 대한 시민들의 민원이 많아지자 불편함을 해결하기 위해 은행나무 열매를 미리 수확하려는 계획을 세웠을 것입니다.

5 **1**문단은 ○○시가 은행나무 열매로 인한 민원 해결을 위해 가로수 열매 집중 제거 기간을 정했다는 내용을, **2**문단은 은행나무가 가로수로 많이 이용되는 까닭과 은행나무 열매가 골칫거리로 여겨지는 까닭을, **3**문단은 은행나무의 성별을 구별하여 심기 어려웠던 까닭과 최근 개발된 구별 방법을, **4**문단은 은행나무 열매로 인한 민원을 해결하기 위해 ○○시가 진행할 예정인 일을, **5**문단은 ○○시의 은행나무 열매 수확 계획과 열매 활용 계획을 말하고 있습니다.

6 ○○시는 은행나무 열매로 인한 민원을 해결하기 위해 암나무를 수나무로 교체하여 심을 예정이며, 진동수확기를 사용하여 은행나무 열매를 미리 수확하기로 하였습니다.

7 (1) '암수'는 '암컷과 수컷.'이라는 뜻입니다.
(2) '가로수'는 '길을 따라 줄지어 심은 나무.'라는 뜻입니다.
(3) '성분'은 '화합물이나 혼합물을 구성하는 각각의 원소나 물질.'이라는 뜻입니다.
(4) '지독한'은 '맛이나 냄새 등이 몸에 좋지 않거나 참기 어려울 정도로 심한.'이라는 뜻입니다.
(5) '민원'은 '주민이 행정 기관에 처리해 달라고 요구하는 일.'이라는 뜻입니다.

비주얼 사회 교과서 개념 **139쪽**

(1) **중앙** (2) **지방** (3) **자치**

(1) '나라 전체의 살림을 맡아 하는 곳.'을 '중앙 정부'라고 합니다.
(2) '행정 구역을 나누어 한 지역에서 일어나는 일을 맡아서 하는 곳.'을 '지방 정부'라고 합니다.
(3) '지역 주민과 주민이 뽑은 대표가 함께 지역에서 생긴 문제를 해결하는 것.'을 '지방 자치 제도'라고 합니다.

정답과 해설

빠작

초등 비문학 독해 **통합사회**

믿고 보는 동아출판
초등 교재
기초학습서부터 교과서 개념 다지기, 과목별 전문서까지!
초등학교 입학 전부터, 예비 중등까지!
초등학생에게 꼭 필요한 영역을 빠짐없이! 동아출판 초등 교재 라인업
BEST
2022 개정 교육과정
초능력
맞춤법 + 받아쓰기
초등 1~2학년 공부 단칸
쉽고 빠른 맞춤법 학습
받아쓰기 단계별 연습
국어 교과서 어휘 학습
초등 국어 1·2
초능력 비주얼씽킹 과학
초능력 비주얼씽킹 초등 한국사
초능력 수학 연산
초능력 급수 한자
초능력 국어 독해
초등 영역별 기초학습서
초능력 국어 / 수학 / 과학 / 한국사 / 한자
초고필 비문학 독해 1
5-6학년 예비 중등
초고필 지금 유리수의 사칙연산 를 해야 할 때
초고필 지금, 국어 문법을 해야 할 때
초고필 지금 국어 어휘 를 해야 할 때
반편성 배치고사 + 진단평가
초고필 지금 한국사 를 해야 할 때
예비 중등
초고필 국어 / 수학 / 한국사
적중 반편성 배치고사 + 진단평가